U0827951

平安神宫大极殿，仿照平安京大内里大极殿缩建而成 （Saigen Jiro 提供图片）

迁都平安京

延历十三年（794），桓武天皇从容易遭受水患的长冈京，迁至北方地势较高的平安京（今京都市中心区域）。当时有传言：“子来之民，讴歌之辈，异口同辞，号曰平安京。”据说，这一传言成了“平安京”得名之缘由。

平安京的复原模型 （名古屋太郎提供图片，京都市平安京创生馆展示）

嵯峨天皇像（宫内厅侍从职藏）

桓武天皇像（延历寺藏）

深受唐风影响的宫廷

圣武朝以后，天皇的服饰发生了变化，至嵯峨天皇在位的弘仁十一年（820），天皇的服饰已定型为深受唐风影响的华丽礼服（称“衮衣”）与礼冠（称“冕冠”）。这一时期，宫中诸门、殿舍也全被改成了带有唐风的名字，世间一派唐风气象。

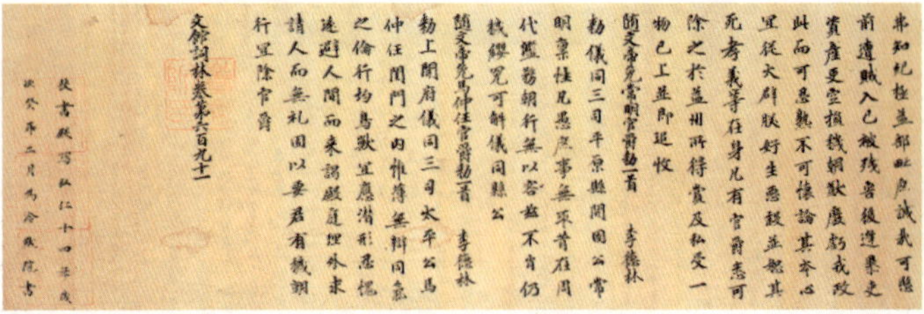

嵯峨天皇下旨抄写的初唐诗文集《文馆词林》（卷六百九十一残卷，高野山金刚峰寺正智院藏）

光明皇后像 （下村观山绘，三之丸尚藏馆藏）

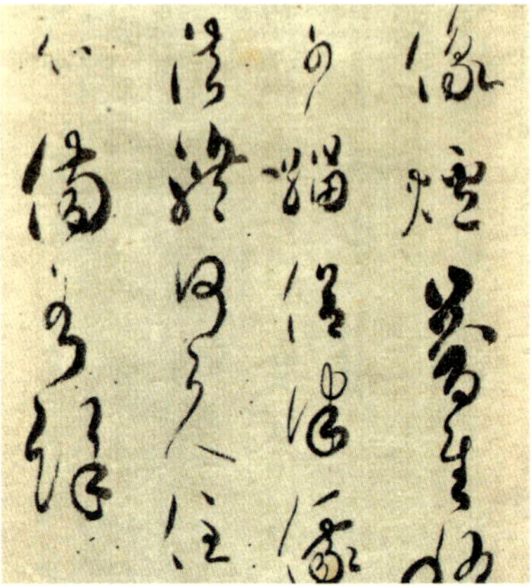

嵯峨天皇书《哭最澄上人》

最澄像 （一乘寺藏）

求法的足迹

9 世纪初，最澄、空海随延历遣唐使远渡唐土求法。空海师从真言宗第七祖惠果学习密教。归国后，空海传入的真言密教迎来隆盛，而最澄却深陷弟子叛离之苦。最澄圆寂后，为将正统密教导入天台宗，其弟子圆仁再次踏上入唐求法之路。

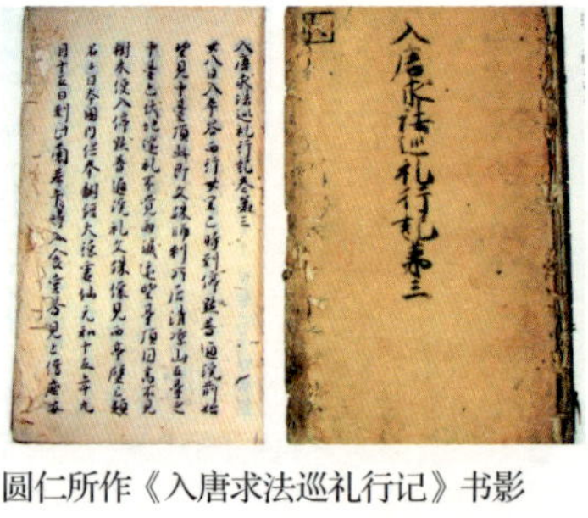

圆仁所作《入唐求法巡礼行记》书影

遣唐使船

空海跟随惠果学习密教的西安青龙寺 （Liuxingy 提供图片）

嵯峨天皇下赐空海的京都东寺 （Kakidai 提供图片）

失火的应天门

应天门之变

贞观八年（866），朝堂院正门应天门不知被何人纵火烧毁，左大臣源信被指控为纵火犯。时任太政大臣的藤原良房，感觉其中有异，便上书天皇予以彻查。最终，源信被无罪释放，伴善男等人被定罪。一场风波后，藤原良房成功把持朝政。从此，藤原氏的家族势力扶摇直上。

聚集在会昌门前观火的官员

▲ 朱雀门内扎堆的人群
▼ 藤原良房进谏清和天皇
◀ 清凉殿前谜一样的人物
（五幅图均出自《伴大纳言绘卷》，出光美术馆藏）

政务处理场所的转移

9世纪，历经“朝堂院—外记厅、侍从所—阵”的演变，公卿听政的场所渐渐移向内里（天皇的生活空间），朝堂院作为朝廷政务空间的功能逐渐衰退。

公卿听政 （出自《直干申文绘词》，日本国立国会图书馆藏）

讲谈社
日本的历史
03
HISTORY
OF JAPAN

律令国家的转变

奈良时代
平安时代前期

[日] 坂上康俊 著 石晓军 译

文匯出版社

新经典文化股份有限公司
www.readinglife.com
出　品

律令国家の転換と「日本」

講談社・日本の歴史03

【编辑委员】

网野善彦
大津透
鬼头宏
樱井英治
山本幸司

“横看成岭侧成峰”
——日本人书写的日本历史

2014年，理想国出版十卷本的“讲谈社·中国的历史”中文版，引起中国读者广泛关注：有人敬佩成立已达百年的讲谈社打造学术精品的底蕴与担当，有人惊叹日本史学家对中国历史理解的深度与广度。

阅读过这套丛书的读者，体味到“从周边看中国”的观念刺激与知识冲击，继而衍生出对日本历史的好奇与兴趣。如今，新经典文化推出十卷本的“讲谈社·日本的历史”，既与前述“讲谈社·中国的历史”成双，也契合了中国读者积聚多年的阅读趣味和需要。

放眼国际史学界，“日本历史”是重要的热点之一。从东方视角观之，因独特的地缘及紧密的文化纽带，日本史与周边国家的历史互相交织，自然而然成为各国观照自身的镜鉴；以西方立场视之，从古代神秘的“黄金岛”传说到现代经济腾飞的神话，无不触发西方人的探秘欲望与破译冲动。因此，日本历史研究的热潮，无论在东方还是西方均经久不衰。

以中国为例，从3世纪末的《三国志》到20世纪初的《清史稿》，历代正史专设日本传凡十七篇，时间跨度超过一千五百年，是研究日本历史不可或缺的原始史料群。加之，日本古代多以汉文撰写史书，依托此种得天独厚的史料解读优势，以周一良等主编的“中日文化交流史大系”为标志，中国史学家的研究在中日关系史及中日文化交流史领域别开生面，颇有建树。然而，中国史学家少有人通晓日本古代“和文”系统文献，如古代的宣命体、中世的武士文书、近世的候文等，因其解读难度大，所以迄今尚无一部获得公认的日本史丛书问世。

再举欧洲的例子，在英语读书界最受追捧的无疑是马里乌斯 · B. 詹森（Marius B. Jansen）等人主编的“剑桥日本史”（*The Cambridge History of Japan*）。这套集多国史学精锐撰写的六卷本，在西方史学理论框架下梳理日本历史脉络，无论其宏观视域还是研究方法，尤其是对政治史、社会史的叙述视角，都有颇多可取之处。然而，西方史学家的短板也同样存在。如第四卷至第六卷叙述近现代四百余年历史，而远古至中世数千年历史仅占全套书一半篇幅，薄古厚今的倾向明显；又如第一卷《古代日本》（*Ancient Japan*）拘泥于“成文史”的史观，将叙述重点置于弥生晚期以后，对日本历史黎明期的无土器时代、绳纹时代一笔带过。

总之，中国的日本史研究与欧美的日本史研究，属于“旁观者”书写的日本历史，虽各有建树，但存在不足。那么，作为“当事人”的日本史学家，他们书写的日本历史，又会具有什么特色呢？正如苏轼《题西林壁》中的诗句：“横看成岭侧成峰，远近高低各不同。”面对名为“日本历史”的“山”，倘若从中国望去是“峰”，站在西方看到的是“岭”，那么映现在立足于本土的日本史学家眼中的，又是何种“山容”呢？

大凡了解日本图书现状的读者都知道，历史题材受到的关注从未减弱。这方面笔者有亲身体验，但凡关涉圣德太子、鉴真、阿倍仲麻吕、最澄、圆仁等历史人物，每次演讲的听众动辄数百上千，报纸专栏、杂志特辑、系列丛书等的稿约应接不暇。正因为有众多历史爱好者旺盛的需求，日本大型出版社均有底气倾力打造标志性的日本历史丛书。此次新经典文化译介的“讲谈社·日本的历史”，便是代表日本史学界水准的学术精品。

该丛书原版共二十六卷，中文版萃取其中十卷，大致展示弥生时代至明治时期约两千年的日本历史进程。大而观之，第一卷《王权的诞生》叙述弥生时代至古坟时代，第二卷《从大王到天皇》聚焦古坟时代至飞鸟时代，第三卷《律令国家的转变》起自奈良时代、迄于平安时代前期，第四卷《武士的成长与院政》重点置于平安时代后期，第五卷《源赖朝与幕府初创》大抵等同镰仓时代断代史，第六卷《〈太平记〉的时代》跨越南北朝时代与室町时代，第七卷《织丰政权与江户幕府》聚焦战国时代，第八卷《天下泰平》侧重于江户时代前期，第九卷《开国与幕末变革》框定江户时代后期，第十卷《维新的构想与开展》铺叙明治维新时期迈入近代化的进程。

前述中国学者周一良等主编的“中日文化交流史大系”与美国学者詹森等主编的“剑桥日本史”，邀约各领域专家共同执笔，因而能确保历史脉络的连贯性及叙述层面的完整性。与此相较，中文版“讲谈社·日本的历史”各卷均为单人独著，各卷时段难免偶有重叠，每位著者叙述重点不一，但这将最大限度发挥著者“术业有专攻”的优势。日本史学界专业壁垒森严，史学家大多博通不足而深耕有余，浸淫擅长领域，积淀十分深厚，对相关史料掌控无遗，对学界动态紧追不懈，这既是日本史学界的严谨风格，也是这套丛书的一大看点。

这套丛书呈现的是日本人书写日本历史的成果，既不是从中国侧视的“峰”，亦非西方人横看的“岭”，置身此山的日本人，虽然未必能俯瞰延绵起伏的山脉，纵览云雾缭绕的山势，但可以肯定的是，他们作为“当事人”，比任何“旁观者”更能对溪流的叮咚、山谷的微风、草木的枯荣感同身受。比如在第二卷《从大王到天皇》中，“治天下大王”的“治”字读作“治（シラス）”久成定论，著者则将其训读为“治（オサム）”，二者间微乎其微的差异，绝非外国学者所能体味。而著者对此的解读是：前者“强调统治者拥有绝对性的统治权”，后者“强调互酬性……的统治权”，从而定性大王具有“以人身依附关系为纽带的原始性统治权”，区别于具有“以绝对君权和国家机器为后盾的强制性统治权”的天皇。关于大王称号的前缀“天下”，在著者细致入微的考证下，此“天下”与中国语境中蕴含“德治”与“天命”要素的“天下”观迥异，是指在众神群居的“高天原”之下，王权中心的所在地，与排斥“天命”且“万世一系”的天皇观一脉相承。诸如此类，抽丝剥茧地推演日本历史的内在机理，是该丛书的又一大亮点。

相对于其他学科，日本史学界给人的印象较为刻板、固守传统，连臭名昭著的“皇国史观”也尚存一席之地，右翼学者炒作的新历史教科书便属此类。然而，“讲谈社·日本的历史”带给我们的是开放式、客观性、国际化的史学新风。还是以第二卷《从大王到天皇》为例，朝鲜半岛南部曾有一个小国林立的地区，名为加罗，日本史书《日本书纪》称该地为“任那”，大和朝廷在那里设有“日本府”。长期以来，日本史学界偏信《日本书纪》，认为任那是大和朝廷的屯仓，也有朝鲜学者愤而反驳此观点，双方论战火药味甚浓。本卷著者持论公允，指出加罗地区虽然存在倭人势力，但尚未沦为日本的殖民地，而“任那”一词暴露了“日本古代国家的政治立场”，所以史学家不应使用该词。在墨守成规的日本史学界，这些看似微弱的声音，实如惊天霹雷，让我们看到现代日本史学家的良知与果敢，值得我们赞赏。

前面说过日本史学家“博通不足而深耕有余”的特点，穷尽史料、追根问底是其优势，局限性则体现在研究古代史的绝不涉猎中世史、近世史，攻日本史的鲜少涉足中国史、朝鲜史，总体而言多在日本框架下研究日本史。然而，“讲谈社·日本的历史”向读者呈现出些许不落窠臼的气象，从“从世界史和现代角度看王权诞生”（第一卷）、“东亚世界中的倭国”（第二卷）、“国际秩序构想的转变”（第三卷）等章节标题可见，一些著者不再局限于在日本列岛之内观照日本历史，而是从东亚乃至世界的联系中洞察日本历史的脉搏，剖析文明发展的机制。虽然上述气象还比较微弱，但也是这套丛书令人耳目一新之处。

《题西林壁》下联有云：“不识庐山真面目，只缘身在此山中。”置身此山的日本史学家，能够在至近距离凝视日本历史之“山”，可以鼻闻花草之芬芳，耳听虫鸟之啼鸣，眼观云雾之聚散，手触泉水之冷暖——一切都是那么自然、真实、细腻、神奇，深耕之下或许还能发现地下的根须、山中的矿石、溪流的水源，这是日本史学家与生俱来、得天独厚的优势。但正因为置身此山，未必能看清庐山真容。比如日本古代历史以“和汉”两条主脉交织而成，近代以来则形成“和洋”交叠的结构，而这套丛书呈现的基本上是“和”之一脉，甚至对国外同行的研究成果也有所忽略。然瑕不掩瑜，此不赘言。

临近尾声，笔者突然想起禅僧青原惟信的珠玑之语：参禅之初，看山是山；禅有悟时，看山不是山；禅中彻悟，看山仍是山。这说的是参禅的三重境界，化用到本文主题，中国人侧观、西方人横看、日本人仰视的“山”，属于第一境界；领悟到山有岭峰之姿、高低之相、远近之别，大抵迈入第二境界。何谓第三境界呢？或许等我们凝聚众人之眼，阅遍千姿万态，才能彻悟“山”之真容吧！

最后附言几句：大概因为笔者是“讲谈社·中国的历史”日文原版的作者之一，又曾强烈建议早日推出“讲谈社·日本的历史”中文版，这两套精品丛书的策划人杨晓燕女士嘱我写一篇序言。自忖国内日本史专家人才济济，还轮不到笔者这般资历尚浅、学养未丰之辈担纲作序。但念及“讲谈社·日本的历史”足可填补国内日本史学界的一块空白，身为行内一员有责任和义务为之推介，故不揣浅薄，勉草一文塞责。是为序。

浙江大学日本文化研究所

王勇

辛丑槐月吉日

写于武林桃花源

前言　模糊不清的 9 世纪印象

本书讨论的范围是 8 世纪末至 10 世纪初，论述中心是 9 世纪。换言之，本书主要论述平安时代初期的内容。人们通常对这一时期抱有怎样的印象？恐怕半数以上的人对该时期都有着模糊不清的印象吧。受众多美术作品、文学作品以及保存下来的古建筑的影响，即便不深究细琢，人们也能对天平时代、王朝贵族的时代[1]建立起清晰的形象。与之相对，人们却很难把握平安时代初期的情况，可以说对这一时期人们是比较生疏的。

一般人即便想不起来不空羂索观音像的面容，也不会忘记日光菩萨、月光菩萨尽显尊贵的体态，而鸟毛立女图和吉祥天女[2]丰腴的身姿同样令人印象深刻。因此我们也能理解为何每年秋天日本都要举办正仓院展[3]，而且每次正仓院展总是排着长

---

1 天平时代，日本文化史上的时代之一，指以天平时代为中心的时代，在广义上也可代指整个奈良时代（710—794）的文化。王朝贵族的时代，一般指平安时代中后期，由天皇掌握国家最高权力、贵族辅佐天皇的时代。

2 不空羂索观音像、日光菩萨、月光菩萨、鸟毛立女图、吉祥天女等均为奈良时代的绘画和雕刻作品，是当今日本的国宝。

3 正仓院展，正仓院最初作为东大寺的正仓（储存粮食和宝物的仓库）而建，现收藏各种艺术作品、佛具、宝物。正仓院展在每年十月下旬至十一月中旬举办。

队了。另一方面，《源氏物语》《枕草子》等日本文学古典名著也不遗笔力地描绘了10世纪后半至11世纪王朝贵族社会的图景。同时，秋天的净琉璃寺[1]也呈现出一种不可言传的雅趣。

诞生于9世纪、夹在上述两个时期之间的文化在日本文化史上被称为“弘仁、贞观文化”。这一时期的文化虽然具有划时代的意义，但却缺乏魅力和亲民性。主要代表为密教佛像、佛画以及汉文学作品。这些密教佛像很难看出什么大慈大悲，姿态也并不能震撼人心。即便有人能背诵几首唐诗或《万叶集》里的和歌，但要完整背诵一首平安时代的汉诗，恐怕也已经是万里挑一了。当然，笔者也不例外。总而言之，在今天看来平安时代的作品是缺乏魅力的。其中能让人感受到美感的，也只有室生寺的五重塔[2]之类吧。

如此看来，9世纪通常并没有那么受欢迎，这与历史学家的评价有些出入。历史学家们认为，9世纪是非常有趣的时期。不过也有人认为，学者多少有些古怪，所以他们才那样说。有鉴于此，笔者想先针对这个因人而异的9世纪印象展开简单的说明。

首先，请大家在脑海里描绘一幅“律令国家重建”的画面，然后推倒重建，描绘一幅“律令制瓦解”的画面。这样一

1 净琉璃寺，位于京都府南部木津川市，相传始建于奈良时代。

2 室生寺，位于奈良县真言宗室生寺派的大本山，据传始建于奈良时代，因允许女性参拜而闻名。寺内建造的五重塔、金堂等被定为日本国宝。

来，由户籍造成的差异便明显地显现出来，伪籍一目了然，班田收授[1]也随之越来越难施行。可以说，上述几点正是这一时期的典型特征。

然而，有实力的农民在同一个时期成长起来，向负名[2]、田堵，甚至是名主[3]阶层发展。尽管武士团的起源问题存在很大争议，但有一点毋庸置疑，即地方武装势力为其提供了有力的基础。如果说像原胜郎所指出的那样，9世纪是日本从模仿中国文化之皮毛的状态中脱离出来，并形成亚洲唯一一个类似于西欧的封建社会的萌芽期，那么问题就来了——这一切为什么会发生在9世纪？当我们这样思考时，9世纪在日本史上的重要地位便不言自明了。北山茂夫论述该时期的著作《平安京》(《日本的历史》第4卷)，就是他在兼顾上述两个方面的前提下，以一般读者为受众得出的研究成果。

然而在当时的研究动向中，"从国际关系看日本"这一视角被完全抛弃。简而言之，当时的学界认为，既然日本已经逐渐脱离东亚世界，那么不考虑国际关系也相当自然。因此，研究人员最多也就是把国际关系当成了其中的一个插曲。

还有一个被忽视的方面。桑原武夫在批评前述北山茂夫的

---

1 班田收授，给六岁以上的百姓分授田地，分授的面积根据性别、身份不等，收获量的一部分作为田租上缴。由此分得的田地称"口分田"。

2 负名，日本平安时代中期，在王朝国家体制下承包收取租税的人。

3 田堵，平安时代庄园的承租者，地位虽低，但享有人身自由。当田堵对耕地的权利逐渐扩大时，田堵便演变成了名主。

著作时说："北山氏似乎对孕育出《古今和歌集》的社会环境并不持有肯定态度……这里面有一种与日本永恒的美密切相关的东西，难道不是吗？"（桑原武夫《日本史的特色》）的确如此，《古今和歌集》虽然是10世纪初编纂的，但收录于其中的和歌却是在9世纪中期臻于完善的。在论述所谓的历史发展时，历史学者重视的是生产现场的形态以及变化。不过也有人认为，从文化史的层面来说，9世纪是10世纪的母体，因此我们应该重新评价9世纪。

而如何理解日本律令制的发展这一问题，又与上述问题微妙地交织在一起，成为迄今为止的研究中的一个基轴。我们是否可以说，律令制在奈良时代渗透至社会的各层面，然后又在平安时代土崩瓦解呢？

积极研究这一问题的吉田孝认为，9世纪时，日本已完成古典国制的建设。他在为普通读者重新撰写的《古代国家的足迹》（《大系日本的历史》第三卷）及《日本的诞生》等著作中，向我们明确阐释了其这一观点。历来的研究往往是在9世纪寻找中世[1]社会的萌芽，而吉田孝则提出了新的观点。他认为，9世纪是日本古代[2]的完成时期，同时也是中世以后的范本。不过，吉田氏用来佐证日本古典国制的具体例子仅仅是征夷大

1 中世，在日本史中指镰仓、室町时代，时间大体为12世纪末至16世纪末。
2 古代，在日本史中指大和朝廷时代至奈良、平安时代，时间大体为5世纪前后至12世纪末。

将军[1]、摄政、关白等，不免给人稍欠脉络、徒以罗列之感。

另一方面，在北山氏和吉田氏之间，早川庄八也围绕这一时期撰写过一本面向普通读者的通史著作《律令国家》(《日本的历史》第4卷)。在其后的研究中，早川庄八基于对宣命的语言分析，认为天皇的形态以9世纪的桓武朝为界开始出现变化，并成为其后制度的基础（早川庄八《律令国家、王朝国家中的天皇》)。从这一观点来看，9世纪之初应该发生了巨大的变化。

关于早川庄八提出的论据，土田直镇如是说："'那个时期就是那个样子'，他说这话的时候恐怕只看到了9世纪末的东西。""我认为就一般而论，院政[2]时期的奢华程度要远远超过奈良时代。人们光说崩溃抑或瓦解，可是致使这种奢华产生的力量到底从何而来呢？"（《座谈会　律令与日本人》）关于土田直镇的观点，吉田孝则说："对于平安时代后期到中世的贵族而言，尽管几乎所有的仪式和规范都源于广义上的律令制，但贵族们所认识到的先例，却只能追溯到9世纪末的宽平年间和10世纪初的延喜年间前后……生活在平安时代后期，即律令制瓦解之后的贵族，远比生活在律令制全盛时期，即奈良时代的贵族更为奢华吧。"的确，摄关时代以后的贵族都依照先

---

1 征夷大将军，平安时代初期为镇抚虾夷而临时派遣的远征军指挥官。镰仓时代以后变成了对幕府将军的称呼。

2 院政，指让位的上皇或法皇（出家的上皇）主导的政治。始于1086年的白河上皇，形式上一直持续到1840年光格上皇去世。

例办事，而这些先例可追溯到摄关家之祖藤原忠平，甚至是藤原基经，但最多也就追溯到藤原良房的时期为止了。这在 9 世纪还属于比较晚近的。如今，土田直镇和早川庄八都已作古。很遗憾，我们无法直接确认两位先生心目中 9 世纪的印象了。

以上笔者简单介绍了一些有关 9 世纪的评价与讨论。总而言之，究竟是综合理解 9 世纪与 8 世纪乃至更前的时期（比如律令制的崩溃），还是要联系 10 世纪理解 9 世纪（比如日本古典国制）呢？目前，该问题仍在讨论之中，且有大量的研究论著涌现。

自不待言，所有的历史时期都既承袭了前代的浓厚色彩，又包含了为下一时代做准备的要素。关键在于，论述大的历史潮流时，应该撷取哪一时代的哪一个要素、对其赋予怎样的意义，才更有说服力。宏观把握整个日本史时，9 世纪这一时期到底应该怎样定位？这是笔者执笔时对自己提出的问题。

目 录

第一章 迁都平安京与皇位的继承 / 001

第一节 革新与回归的桓武朝 / 002

第二节 不安的平城、风雅的嵯峨 / 028

第三节 两统迭立与承和之变 / 036

第二章 应该如何定位天皇? / 047

第一节 从神到人 / 048

第二节 天皇与谱系 / 062

第三节 天皇与作祟、污秽 / 075

第三章 帝国的重组 / 083

第一节 国际秩序构想的转变 / 084

第二节 对日本列岛内部帝国构造的清算 / 099

第三节 边界的内与外 / 109

第四章　求法之人　/ 127

第一节　最澄与空海　/ 128

第二节　圆仁求法之旅　/ 148

第五章　政务处理与法　/ 169

第一节　处理政务的流程和场所　/ 170

第二节　官僚机构的再编　/ 185

第三节　格式的编纂　/ 194

第六章　摄关制度的建立　/ 205

第一节　摄政藤原良房　/ 206

第二节　关白藤原基经　/ 223

第三节　宇多天皇及其时代　/ 230

第七章　征税逻辑的转变　/ 239

第一节　律令税制的逻辑　/ 240

第二节　去神话化与地税的确立　/ 251

第八章　地域社会的转变　/ 265

第一节　消失的聚落　/ 266

第二节　郡司的变化与郡衙的消失　/ 279

第九章　受领与负名　/ 291

第一节　受领的诞生　/ 292

第二节　名与负名　/ 305

结束语　开始的结束、结束的开始　/ 317

附录　/ 325

年表　/ 328

参考文献　/ 345

出版说明　/ 360

第一章

迁都平安京与皇位的继承

第一节 革新与回归的桓武朝

在对皇位继承问题没有明确表示的情况下，五十三岁的称德女皇结束了其不平凡的一生。故事由此开始。

真实情况是，女皇或许指定了一位继承人。但是当藤原百川、藤原永手、藤原良继等人伪造女皇遗诏，奉迎天智天皇之孙白壁王为皇太子时，曾经的宠臣、左大臣吉备真备就已经知道时局将变，惊叹之余，只有进呈辞表一途。吉备真备时年七十八岁（一说七十六岁），虽说能力拔群、处事果断，但置身官界也确实太久了。

宝龟元年（770）十月一日，光仁天皇即位。以藤原式家、北家[1]为中心的政权管理者将这位年届六十二岁的老亲王推上了台面。同年十一月六日，他们又将光仁天皇自白壁王时代的妻子、已故称德女皇同父异母的姐姐井上内亲王立为皇后。井上内亲王可以说是天武直系皇统的最后一人。次年正月，井上内亲王所生的他户亲王被立为皇太子。在确保和强化以奈良为

1 藤原式家、北家，奈良时期，藤原不比等的四个儿子振兴起四个家族，分别为以武智麻吕为先祖的藤原南家、以藤原房前为先祖的藤原北家、以藤原宇合为先祖的藤原式家、以藤原麻吕为先祖的藤原京家。

都城的皇统连续性的同时，新政权将道镜[1]流放至下野国药师寺，着手恢复旧有的政治体系。

《古事记》和《日本书纪》正好记载了一件如同此事先例一般的故事：雄略天皇的皇女春日大郎女与仁贤天皇生下手白香皇女。手白香皇女后来成为从越前国而来的继体天皇的皇后。两人所生的钦明天皇成为新的皇统之祖。从迄今为止的血统来看，要想将入赘的天皇与世代承袭的王统结合起来，将某人立为皇后或皇太子是最普遍的方式。光仁天皇的皇后和皇太子就是一例。

但是另一方面，光仁天皇在立井上内亲王为皇后的同时，又追封自己的父亲施基亲王为“春日宫御宇天皇”，次年又追封母亲纪橡姬为皇太后。此举是将自己的父母奉为天皇和皇后。光仁天皇显然是想营造一种自己承袭于施基，而施基承袭于天智，因此自己是天智天皇直系皇统的假象。换言之，光仁天皇通过册封井上内亲王为皇后、册封他户亲王为皇太子，来强调天武皇统的连续性。同时还不忘标榜自己乃天智天皇之直系。这一做法试图从两个系统来证明自己的正统性。然而，一位天皇同时有两个正统谱系，这本身就是矛盾的。不过这一问题早晚都会弄清。

因为被推上皇位的是一位老亲王，所以当时的政治有复古

1　道镜，奈良时代僧人，因为孝谦天皇（称德天皇）看病受到宠幸，一路升至法王位。因觊觎皇位，制造伪神谕，欲令称德天皇让位于他。称德天皇死后被贬至下野国药师寺。

之势，缺乏革新之风。可即便如此，新政权还是针对前面几位神经敏感、反复无常的天皇在位时，由藤原仲麻吕以及其后的道镜所制定的体系和积累起来的先例做了不少改革，该保留的保留，该抛弃的断然抛弃，从而为即将到来的真正的政权廓清道路。

起初，左大臣藤原永手作为台阁首班操纵朝政。但光仁天皇即位的第二年，即宝龟二年（771）二月，藤原永手去世，右大臣大中臣清麻吕成为整个宝龟年间的首辅大臣。不过，位居次席的内臣（后称“内大臣”）藤原良继，以及刚刚成为参议的藤原百川，作为维新元勋深得天皇信赖，于幕后震慑朝野。

废太子他户

上文提到的这些人想要拥戴之人并非他户皇太子。尽管我们已不可知他们心中最初的人选是谁、这一人选以怎样的标准选定、藤原永手和藤原百川的女儿们是从何时起受到山部亲王宠爱的。但从这些人的立场看，山部亲王是皇位继承人这件事，似乎很早以前就已经内定了。经历了短暂而奢华的册立大典之后，井上皇后和他户亲王母子二人每一天都为孤独寂寥所折磨。

宝龟三年（772）三月二日，井上皇后因诅咒天皇之嫌而

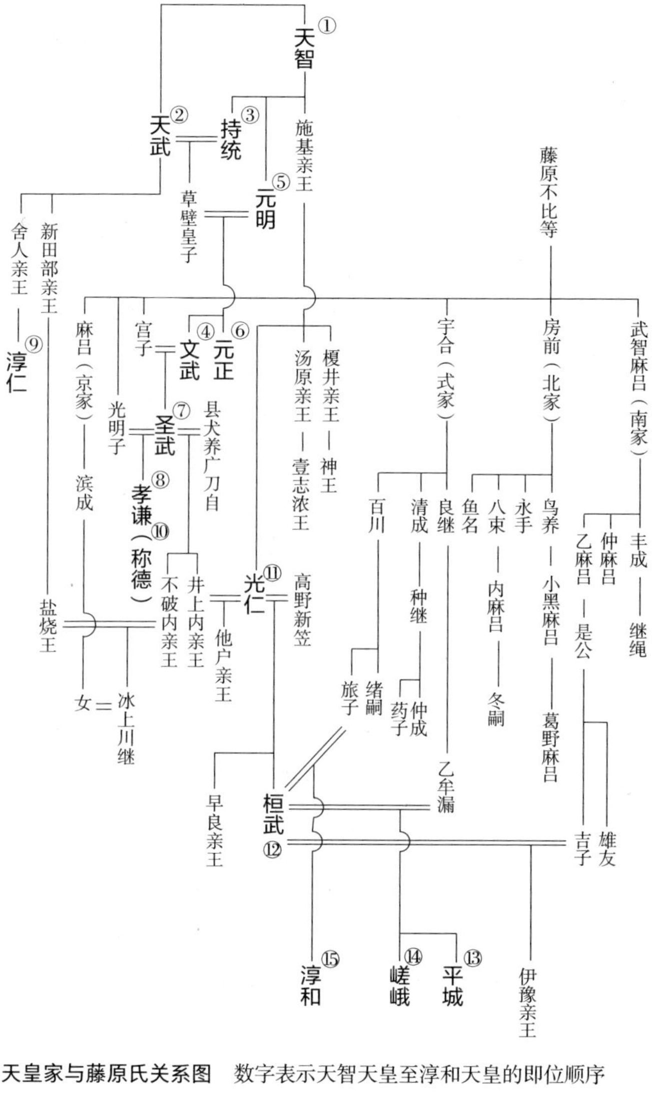

天皇家与藤原氏关系图　数字表示天智天皇至淳和天皇的即位顺序

失去了皇后之位。五月，他户皇太子受到牵连被废。次年正月二日，山部亲王按计划被立为太子。山部亲王时年三十七岁，正值盛年。在此前继承皇统的天武天皇的直系子孙中，还没有在壮年时期就被立为皇太子的男性。由此来看，一位可以亲掌国政的君主即将诞生。

被废黜的井上皇后与他户皇太子被幽禁在大和国宇智郡的某个地方。宝龟六年（775）四月，两人同日离世。显然，两人并非自然死亡。后来，坊间流传井上皇后的冤魂到处作祟。由此联系起来看，这一连串的悲剧恐怕都由藤原百川一手造成。如此一来，山部亲王排挤掉了嫡出皇太子，确保了自己皇位继承人的地位。像这样以实力排除嫡子成为君王之人，有唐太宗、隋炀帝等人。或许由于人们对这类君王怀有种种期待，因此虽然评价不一，有名君，亦有暴君，但至少他们都曾叱咤风云，创造过一段无人不知的历史。

山部亲王的母亲高野新笠是百济系渡来人[1]和乙继的女儿。而他户亲王的母亲井上内亲王则是圣武天皇之女。相比之下，山部亲王在血统上显然不如他户亲王。然而，山部亲王却将这种劣势转化成了优势。他提拔百济氏族的代表人物百济王一族，接受土师氏（山部亲王外祖母的氏族）的要求，允许他们改姓大枝（后来的“大江”）、秋篠、菅原，从而改变了土师氏

---

1 渡来人，4 世纪至 7 世纪前后朝鲜半岛、中国大陆的移民。

负责修建陵墓的固有形象，使其以新兴官僚氏族的全新面貌进入政界。山部亲王通过上述举措，开辟了一条不拘于传统的人才选拔之路，从而巩固了自身政权的基础。

桓武天皇即位与冰上川继之变

就在皇太子山部即将即位、着手开启新政权时，那些认为山部亲王“奇货可居”、从而成为其拥趸的朝廷重臣却相继离世。宝龟八年（777），藤原良继去世。宝龟十年（779），藤原百川去世。好在这些人及其一族留下了许多有才能的子女，其中的有些女性还与山部生下皇子，或正受到山部的宠爱。后来，山部也大力提拔了这些人的后代。不过反过来说，这些共同隐瞒着腌臜的事实、内心愧疚不安的老臣之死，对于即将亲政、无须忌惮他人的山部来说，反倒成了一件好事。

从血统和出身来说，山部本不可能成为皇太子。山部能有今天，都是这些已故朝廷重臣的功劳。然而，每当想起自己竟然能让这些重臣拥戴自己，山部还是会产生强烈的自负感。在山部看来，现在不是为了变化莫测的命运而胡思乱想的时候，他必须作为一名君主顺应天命。781 年是辛酉年，按照中国古代的传统说法，这一年将发生变革。其年正月一日，年号改为“天应”，新皇即位已万事俱备。四月三日，光仁天皇退位，皇太子山部践祚，即位大典在之后的十五日举行，桓武天皇由此诞生。关于践祚和即位的问题，笔者将在下一章说明。次年八月，桓武天皇再度改元，将自己在位的时代命名为“延历”。“延历”出典不详，或许是日本体察桓武之意而独创之词。其中大概包含着升平盛世永远延续之意。

这样看来，桓武天皇的即位似乎相当顺利。但实际上，在这期间曾发生过一次动乱，即“冰上川继之变”。冰上川继的父亲盐烧王曾是皇太子候选人之一。在天武天皇看来，冰上川继相当于他的曾孙，而冰上川继的母亲又是圣武天皇之女不破内亲王（即井上内亲王的姊妹），因此从血统上说，冰上川继丝毫不逊于桓武天皇。天应二年（782），冰上川继的随从携带武器闯入宫中被抓。据这名随从交代，他们密谋以闰正月十日为期，闯进平城宫，废掉新皇桓武天皇，拥戴冰上川继即位。桓武天皇旋即逮捕冰上川继，但鉴于光仁太上天皇驾崩不足一年，遂减死罪一等，流放伊豆。冰上川继的妻子是京家藤原麻吕之子藤原滨成的女儿。藤原滨成曾作为参议兼侍从，在台阁占有一席。然而事件发生的前一年，藤原滨成被指在大宰府[1]任职期间渎职而被解除大宰帅职务。据《水镜》（成书于后世的镰仓时代初期）记载，他户皇太子被废后，藤原百川推举山部亲王为皇太子，而藤原滨成则推举了另一位候选人（光仁天皇的第三皇子稗田亲王）与之对抗。此说是否可信，已不得而知。但倘若属实，那么

1 大宰府，设置在筑前国的地方官厅，负责统辖九州诸国的行政，接待外国使节、海边防备等。

对于桓武天皇来说，藤原滨成必将成为整肃的对象。对此，学界存在两种看法。一种看法认为，这的确是冰上川继的阴谋（林陆朗《奈良朝后期宫廷的暗云》）。另一看法认为，此事其实是桓武天皇一方的计谋（阿部猛《天应二年的冰上川继事件》）。

出人意料的是，川继事件影响很大，不仅藤原滨成被剥夺参议和侍从职务，左大弁大伴家持、右卫士督坂上苅田麻吕及其郎党多人也受到了牵连。此外，不知是否与此事有关，同年六月，时任左大臣的藤原鱼名及其一家或被解职或遭左迁。再加上前一年六月，右大臣大中臣清麻吕致仕、大纳言石上宅嗣去世，作为名门望族的代表而在政界举足轻重的老人纷纷退场。经过上述一连串的事件和偶然，桓武天皇及其近侍周缘的政治环境已畅通无阻。

皇太子早良

桓武天皇即位时，把母亲高野新笠尊为皇太夫人，将同母弟早良亲王立为皇太子。授予母亲高野新笠以皇太夫人称号，意味着将母亲视为光仁天皇的正室，将自己视为正室之子。反过来说，如果这一点成立的话，那么桓武天皇就是在昭告内外，只有正室之子才有皇位继承权。

另一方面，天皇的弟弟被立为皇太子也是律令制度下的首例。一般而言，皇太子就是皇位继承人。因此不得不说，桓武天皇将弟弟立为皇太子实属奇怪。这让人联想到了天智天皇和天武天皇的关系，实在有些犯忌讳。[1]此外，正仓院文书等处出现的“亲王禅师”，也很可能就是指早良亲王（山田英雄《早良亲王与东大寺》）。早良亲王曾作为僧侣在大安寺和东大寺生活过一段时间。尤其在东大寺期间，早良亲王是该寺事实上的主事者。桓武天皇既不允许在长冈京建设新寺院，也不允许将南都[2]寺院迁至平安京。桓武天皇的这一方针，想必从很早以前就给早良亲王的前途上蒙上了一层阴影（高田淳《早良亲王与长冈迁都》）。

其实，桓武天皇的皇子安殿亲王（后来的平城天皇）早在宝龟五年（774）八月就出生了，且其母藤原乙牟漏还是藤原良继的女儿，出身门第无可挑剔，但当时安殿亲王的年纪毕竟还是太小了。可是，当皇子安殿亲王长到十岁时，情况发生了变化。延历二年（783）四月，桓武天皇将藤原乙牟漏立为皇后。如前所述，桓武天皇曾以自身为例昭告内外，正室之子才是最有力的皇位继承人。如此一来，可以说从册立藤原乙牟漏为皇后的这一刻起，皇太子早良的处境就变得岌岌可危了。

---

1 天智天皇驾崩后，天智天皇之弟大海人皇子与天智天皇之子大友皇子展开皇位争夺战。最终大友皇子自杀，大海人皇子即位，成为天武天皇。此事件史称“壬申之乱”。

2 南都，平城京的别称，与平安京的别称“北都”相对。

迁都长冈京

延历三年（784）五月十六日，桓武天皇下令视察山背国乙训郡长冈村，为建造长冈京做准备。因为次年正月的元日朝贺要在长冈京举行，所以建造工期十分紧张。当年迁都藤原京时，正式营建新都的四年后才最终迁都。而迁都平城京时，也是下令营建的两年后才完成迁都。与前两次相比，此次迁都之匆忙可想而知。

负责视察的人有中纳言藤原小黑麻吕、藤原种继，以及能力卓著的实务官僚佐伯今毛人，甚至还有精通武略的坂上苅田麻吕（坂上田村麻吕之父）等人。其中，藤原小黑麻吕之妻以及藤原种继之母均出身渡来氏族秦氏。六月十日，藤原种继被任命为造长冈宫司，工事启动。同年十一月，天皇迁居长冈宫。据说营建该宫殿共征用各地百姓三十一万四千人（《续日本纪》延历四年七月二十日条）。在这一过程中，藤原种继杰出的领导才能格外引人关注。

延历三年的干支为甲子，按照中国的传统说法乃革令[1]之年。而且迁都前夕的十一月一日又是冬至，这种情况被称为“朔旦冬至”，十九年一遇。而有闰月的循环起始年则被视为可喜可贺之事。日本庆贺朔旦冬至就始于这一年。在革令之年、

1 革令，来源于“辛酉革命，甲子革令”的干支革命思想，指甲子年多变乱。

朔旦冬至后迁都，以当时的情况看，这是充分考虑中国历法的时髦行为，这同时也说明，从那时起，趋吉避凶的风气便已经相当浓厚了。

结果仅仅过了十年，长冈京就停止建造。延历十三年（794）十月，天皇决定再迁新都平安京。关于迁都长冈京、平安京的原因，历来各执一词，且其原因也不止一个。近年来，长冈京遗址的挖掘调查工作有了很大进展，而如何评价其成果，学界在很多方面并未达成一致（以下论述主要基于《长冈京造营论》《长冈京》等书）。

首都还是陪都?

首先要解决的问题是，长冈京是作为首都被建造，还是在复都制度的构想中作为陪都被建造？从都城规模、条坊布局来看，长冈京无疑是可与平城京、平安京匹敌的真材实料的都城。但另一方面，从政治中心——朝堂院[1]的规模来看，长冈京明显小于平城京和平安京。就朝堂院中的厅堂数量而言，正如第013页的图所示，长冈京的朝堂院没有遵循始于藤原京、沿袭至平城京与平安京的传统十二堂制，而只有八堂（关于朝堂政务将在第五章详述）。

但是，将朝堂院规模小、厅堂少当作长冈京是陪都的证

1 朝堂院，举行天皇即位、朝贺、召见外国使臣等重要仪式的正殿，第五章详述。

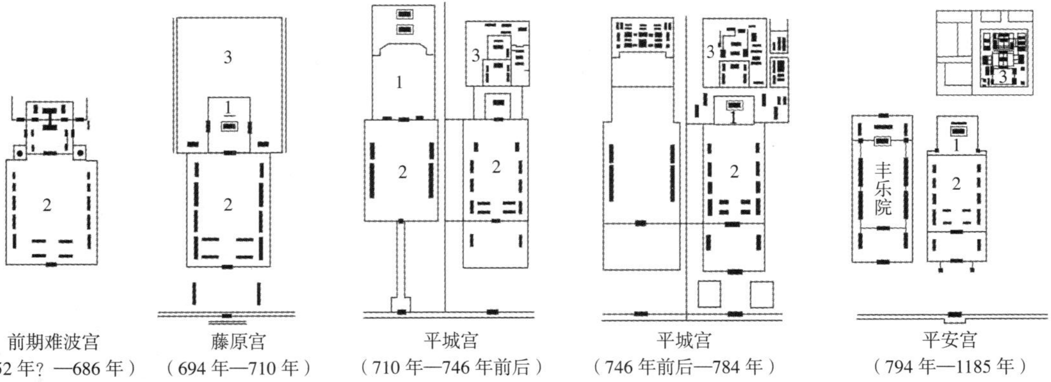

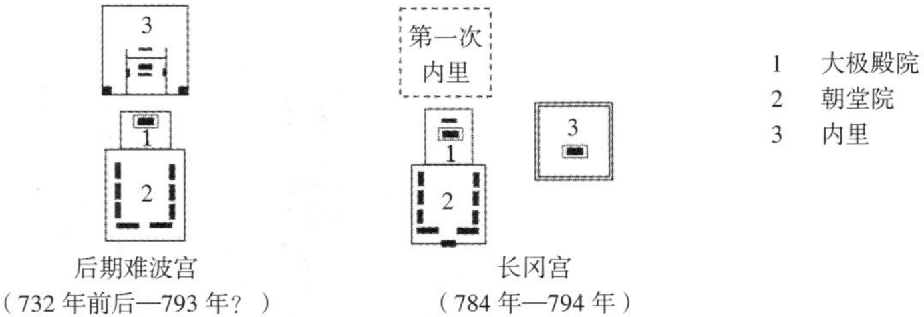

后期难波宫复原图，因为急于迁都，朝堂的建筑物被移建至长冈京（大阪市教育委员会提供）

朝堂院与内里的变迁（参照金子裕之《有关朝堂院变迁的诸问题》制成）

据，又显得过于武断。关于朝堂院规模较小的原因，笔者认为比较妥当的解释是当时迁都过于匆忙，于是将平城京的陪都——后期的难波宫朝堂原封不动地移建到了长冈京。长冈京的布局值得关注。平城京及其之前的时代，朝堂院的后面（北侧）就是天皇的居所“内里”，长冈京刚开始也是如此建造的。然而之后，长冈京与平安京一样，在稍稍离开朝堂院的东北方向修建了内里（延历八年［789］二月建成）。尽管中途由于设计方案变更，新的布局未能完全实现，但这无疑是桓武天皇积极营造长冈京的证据之一。另一方面，由于《日本后纪》记载有缺失，详情不得而知，不过基本可以肯定的是，迁都长冈京以后，除了狩猎、巡幸各地以外，桓武天皇几乎都待在长冈京，而非平城京。这一点意味深长，不容小视。

关于迁都长冈京的原因，应该从两个方面来考虑。其一是原因论，即为何要抛弃平城京。其二是从积极的方面来考虑，即为何选择长冈一地。关于前者，有人举出“皇统的转变带来了革命的氛围”“排除佛教势力”等诸多理由。此外，连接都城与濑户内海的水上交通线路这一因素也不容忽视。那时，人们为了营建都城和寺院，滥伐森林，大量挖掘制造瓦的黏土，淀川和大和川上游的泥沙流入大阪湾，致使难波津无法正常运转。而难波津的废弃又与难波宫的废弃密切相关，因此当时的人们认为，有必要新建一座都城，以尽可能地使其发挥此前陪都的功能（平川南《环境与历史学》）。不过既然要新建都城，

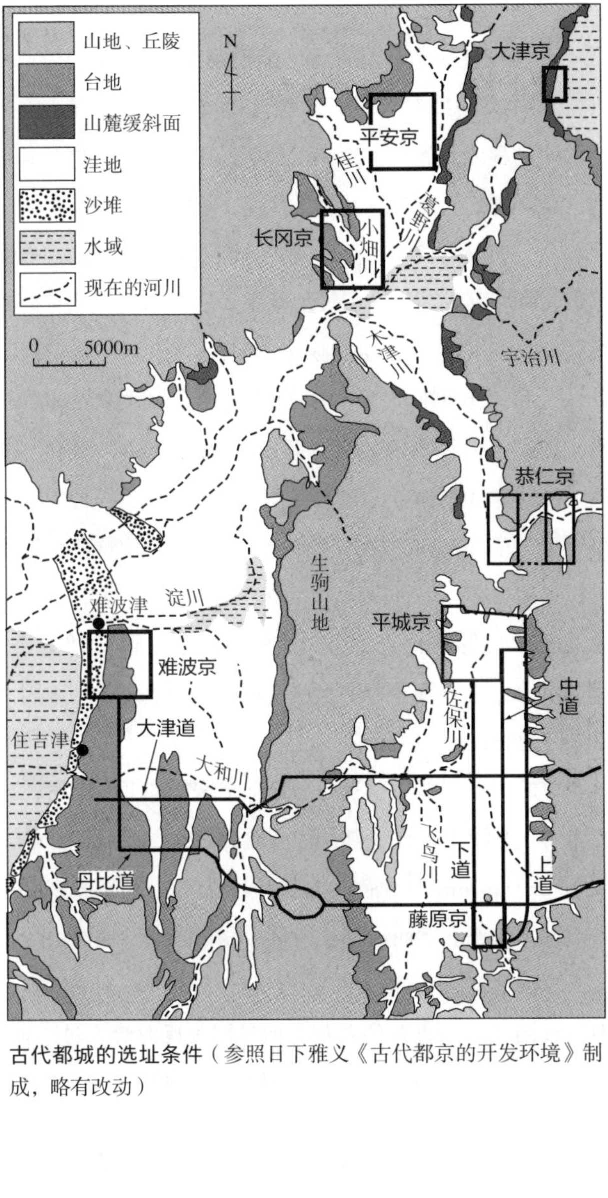

古代都城的选址条件（参照日下雅义《古代都京的开发环境》制成，略有改动）

那么不如干脆建一个具有首都功能的都城。随着城市的发展，当人口越来越集中时，大米等粮食必须要能大量运输。因此从水路的便利程度看，出了大和盆地后，越能直通濑户内海水路的地区就越理想。迁都长冈京的次年，朝廷马上开凿了三国川（神崎川），使其与淀川水系直接相连。这说明当时的人非常重视水运，并将其视为城市建设的基础。

此外，就平城京坐落之地——奈良盆地而言，这一地区散落着自大和朝廷以来建立起的豪族根据地。从世家大族到一般权贵，他们不仅在京内拥有宅邸，在京外也拥有广阔的庄园、别墅或经营农业的据点（北村优季《关于京户》）。可以说，当时以天皇为中心的向心力并未形成。因此，要使这些豪族完全脱离根据地、形成一种以天皇为中心的向心力，令其离开奈良盆地是最有效的办法。除此之外，取得迁都主导权这件事本身，也是显示桓武天皇领导力的绝佳机会。基于上述诸多原因，平城京最终遭到弃置。

相应的，迁都阻力也很大。迁都平城京和平安京时，天皇都发布了迁都诏书，但迁都长冈京时却没有。而且地方诸国的排位序列一直以平城京所在的大和国为首，迁都平安京后才变为以山城国为首。然而迁都长冈京后，长冈京所在的山背国并未成为诸国之首。实行上述这些不彻底、不上不下的措施，并非因为长冈京不是正式的首都，而是因为反对势力过于强大，不得不做出妥协。因此，迁都长冈京前的延历三年（784）十

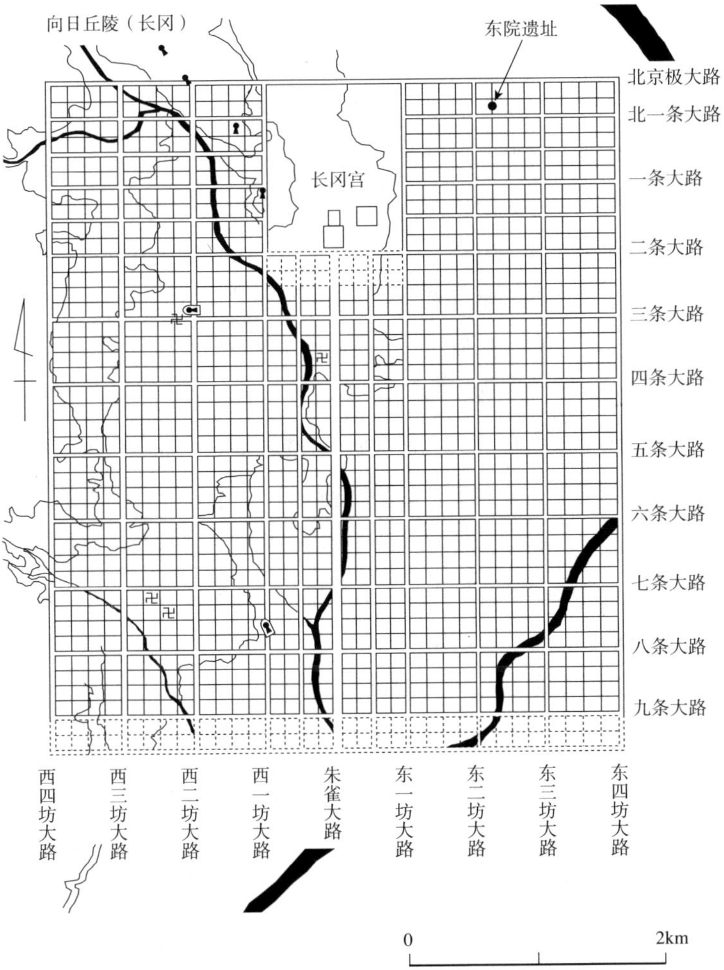

长冈京条坊图 （出自山中章《日本古代都城的研究》[有省略]）

月，天皇专门在平城京设立左右镇京使一职，努力维持社会稳定（笠井纯一《关于“迁都山城”的疑问》）。

以上就是放弃平城京的原因。反过来，为何选址长冈，原因也很简单。长冈京历来被视为秦氏的势力范围。秦氏虽是古老的渡来氏族，但它与拥护桓武天皇的藤原小黑麻吕、藤原种继有姻亲关系，照理说它自然会为桓武天皇效力。而且秦氏不负众望、积极协助朝廷的事例也可见于史书之中。比如据《续日本纪》延历三年（784）十二月十八日条记载，长冈葛野郡秦足长等人营建宫殿有功获赏；《续日本纪》延历四年（785）八月二十三日条记载，大秦宅守修筑太政官院（即朝堂院）围墙受赏等。此外，淀川南岸的河内国交野地区是与桓武天皇之母有亲缘关系的百济王一族的势力范围，桓武对这一地区同样比较放心。

长冈京位于淀川北岸，远离奈良盆地。只要把寺院从这一地区排挤出去，新朝廷不仅能从自大和朝廷以来的豪族根据地中脱身，还能摆脱深入奈良时代政治骨髓的寺院势力，吐故纳新，建立一个崭新的王朝。与此同时，长冈京还拥有便利的水陆交通，南边有淀川山崎津、淀津等交通通路。而且长冈京还受益于良好的地理位置，能将平城京以及难逃废弃命运的难波京之功能融于一身。当然，长冈京建成后，处理财政事务的效率也将得到大幅度的提升。

藤原种继被暗杀

就在人们夜以继日地营建长冈京时，延历四年（785）九月二十三日亥时发生了一件大事。指挥营建的中纳言兼式部卿藤原种继被两支利箭射穿，次日死亡（《日本纪略》）。藤原种继是藤原式家之祖藤原宇合之孙、藤原清成之子，他曾获“天皇委以重任，独断中外之事”的评价。长冈京也是在他的进言下开始营建的。然而就在“宫室草创，百官未就，匠手役夫，日夜兼作”之时，藤原种继“照炬催检，烛下被伤，明日薨于第（宅邸）”。

时值桓武天皇行幸故都平城，为年满七岁的女儿朝原内亲王以斋宫[1]身份前往伊势神宫送行，顺便在附近围猎消遣。听说此事，桓武天皇旋即改变行程，返回长冈宫，下令立刻抓捕犯人。

罪魁祸首指向大伴继人。大伴继人虽招请鉴真赴日有殊功，但他的父亲是橘奈良麻吕之变[2]时被捕杀的大伴古麻吕，他的孙子是其后在应天门之变（参见第六章）中被逐出政界的伴善男。而在暗杀事件前去世的中纳言大伴家持也受到株连，被剥夺生前官位。根据同时被捕的佐伯高成的供词，此事最早为大伴家持纠集大伴氏、佐伯氏诸人，并得到皇太子早良的首

---

1 斋宫，侍神公主。日本古代皇室有将幼小的未婚公主送往伊势神宫侍奉皇祖神的习俗，该公主即称“斋宫”。

2 橘奈良麻吕之变，757 年，贵族橘奈良麻吕联合大伴古麻吕等人，计划铲除藤原仲麻吕势力，废立天皇。政变最终因上道斐太都等人密告而失败。

肯（《日本纪略》），因此大伴家持才是实际魁首。事发当晚，留守长冈宫之人除了藤原种继之外，还有皇太子早良、右大臣藤原是公。大伴家持曾作为春宫大夫侍奉皇太子，因此被捕者中还包括大量春宫坊[1]官僚。而且如后文所述，早良与藤原种继一直不和，因此皇太子早良势必会受到牵连。

根据摘抄《续日本纪》内容成书的《日本纪略》记载，皇太子早良在离开先前居住的东宫后，于九月二十八日晚被软禁在乙训寺，其后绝食十余日，在乘船被送往淡路途中死于高濑桥附近，其后其遗体被运至淡路下葬。然而事实却是，遭软禁的亲王七天七夜“水浆不通”（不给喝水），于十月十七日衰竭而死（西本昌弘《早良亲王薨去的周边情况》）。

在此之前的天平神护元年（765）还发生了一件事。受和气王谋反事件[2]牵连，参议粟田道麻吕夫妇被移交到了宿敌上道斐太都手上。上道斐太都“即幽道麻吕夫妇于一院，不通往来，积月余日，并死院中”。长屋王之变[3]时，赐贵人自尽是一

1 春宫坊，负责春宫（东宫）事务、辅佐皇太子的机构。长官称“春宫大夫”，次官称“春宫亮”。

2 和气王谋反事件，和气王是天武天皇的曾孙，官位为从三位参议。765 年，称德天皇未获子嗣，皇太子人选迟迟未定。和气王觊觎皇位，招来巫女下咒，联合粟田道麻吕等人计划谋反，最终因事泄而失败。

3 长屋王之变，长屋王是天武天皇之孙，高市皇子长子。藤原不比等死后，不比等四子与掌握政权的长屋王形成政治对立，长屋王反对立藤原不比等之女藤原光明子为后。为了铲除反对势力，729 年藤原氏向圣武天皇进谗言称长屋王有意谋反，圣武天皇派人包围长屋王府邸进行质询。长屋王被迫自尽，国家大权自此由皇族转移到藤原氏手中。

种礼仪。但上述事件不同，这种做法显然是出卖橘奈良麻吕的告密者上道斐太都的主意。桓武天皇仿效这种做法，变本加厉地施加在了亲弟弟早良身上，可见其对早良憎恶之深。此后，桓武天皇常常夜不能寐，想来也是再自然不过的了。在先前的十月八日，桓武天皇已向天智、光仁、圣武皇陵禀报废太子一事，因此在形式上，此事算是告一段落。

在探讨上述事件的背景时，我们还应注意到，在其后发生的药子之变（参见本章第二节）的相关记载中，早良亲王与藤原种继的反目被作为正史记录下来。如前所述，同南都渊源极深的早良亲王与力主舍弃南都的藤原种继存在很深的矛盾。自藤原良继、藤原百川去世后，藤原种继不仅成为藤原式家的希望，他还以藤原良继之女乙牟漏（安殿亲王之母）、藤原百川之女旅子的保护者自居。因此，藤原种继势必会对皇太子早良继承皇位一事有所不满。虽说早良在壮年以前一直为僧籍，但其身边却始终没有藤原氏一族女性的身影，这一点实属罕见。从上述迹象来看，皇太子早良与藤原种继不和之说的可信度很高。换言之，此二人早晚都要决一死战。而且，两人的关系还曾在两年前藤原乙牟漏立后一事中受到微妙影响，暂且不说早良本人是否参与其中，至少支持早良的一方已经开始行动了。

放弃建造长冈京

事件告一段落的十一月二十五日，安殿亲王立太子仪式举行。次年延历五年（786）九月，安殿的同母弟神野亲王（后来的嵯峨天皇）出生。同年，皇太子桓武天皇又与藤原旅子生下大伴亲王（后来的淳和天皇）。如此一来，桓武天皇进一步强化了与创业功臣的姻亲关系，新王朝的基础稳如磐石。如此看来，在下一章将要提到的延历六年（787）河内国交野祭祀天神时，桓武天皇所展现出的那种自负似乎也情有可原了。然而，其后的延历七年（788）五月，藤原旅子去世。延历八年（789）十二月，皇太夫人高野新笠去世。延历九年（790）闰三月，皇后藤原乙牟漏去世。藤原旅子、藤原乙牟漏的去世，以及藤原种继被暗杀等事件直接导致了藤原式家的没落。取而代之的是藤原氏原本的嫡系——藤原南家，藤原南家以藤原继绳（藤原丰成之子）为中心迅速扩张。

在此期间，朝廷于延历七年三月发布动员令，调集东海道、东山道、北陆道等地军粮，调动东海、东山、坂东军力共计五万二千八百余人赴陆奥国多贺城集结。七月，朝廷任命纪古佐美为征东大使，正式发动针对虾夷[1]的战争。然而，此次战争败于虾夷族长阿弖流为（《续日本纪》延历八年六月三日

1 虾夷，日本古代对居住在奥羽至北海道地区、不服从中央朝廷统治之人的称呼。

条），纪古佐美返还战前天皇授予的节刀，承担战败责任（《续日本纪》延历八年九月十九日条）。次年，桓武天皇重整军备，命百济王俊哲、坂上田村麻吕等手握重兵之人继续推进征讨虾夷的计划。

尽管在虾夷问题上表现得勇猛果敢，但对眼前紧要之事，桓武天皇处理得并不理想。尽管早在延历五年（786）七月十九日，太政官院便已建成，且完全可以投入使用，但直至延历十年（791）九月，桓武天皇才向越前、丹波、但马、播磨、美作、备前、阿波、伊豫各国下达命令，将平城宫诸门移建至长冈宫。鉴于上述诸国之中的大多数国，都在其后被委以建造平安宫[1]美福门、伟鉴门、藻壁门、待贤门、阳明门、谈天门、郁芳门等门的重任，因而此时他们负责移建的应该也就是长冈宫的诸门吧（小林清《长冈京的新研究》）。该措施意在明示天皇不会再返回平城京，但迁都将满七年，宫门竟然还没建好，这也绝非寻常之事了。进而次年六月和八月，长冈京一带又如屋漏偏逢连夜雨一般发生洪灾（《日本纪略》）。长冈一带原本就被若干丘陵分割，并非一马平川。从此时起，朝廷逐渐认识到了在此建都的困难。

洪水到来前，皇太子安殿正患病不起，人们认为这是早良亲王的冤魂在作祟。“冤魂作祟”也正是在此时登上了日本的

1 平安宫，即平安京的宫城，又称“大内里”，指包括内里、朝堂院以及各官厅的区域。详见第五章。

历史舞台。如此一来，人们对前述的藤原旅子、高野新笠、藤原乙牟漏之死议论纷纷，自然也属人之常情了。最终，难以抵挡轮番指摘的桓武天皇放弃营建长冈京。不过，平城京固有的缺点依然存在，所以此时桓武天皇也无法把从平城宫里搬出来的建材再送回原处。

平安乐土万年春

在这种情况下，有人转念一想，提议在同属于山背国境内的葛野郡宇太村建造新京。据说提出该建议的是和气清麻吕（《日本后纪》延历十八年［799］二月二十一日条）。延历十二年（793）正月十五日，视察新京候选地的藤原小黑麻吕复命。六天后，长冈宫内里开始拆除，桓武天皇迁至东院。二月二日，桓武天皇向候选地境内的贺茂神社敬告迁都一事。三月，桓武天皇亲自前往现场巡视。由此可见，桓武天皇对此事非常重视，且并未改变此前抛弃平城京的态度。长冈一地如今已不见任何希望，藤原种继在此被杀，桓武的母亲和两位妻子也在这里相继去世。对于桓武天皇来说，长冈已经没有什么值得留恋的了。

新京候选地北部地势较高，水运条件也不错。《拾芥抄》卷中《宫城部》所引村上天皇日记称，“大内里（宫城）乃建于秦河胜宅地遗址之上”。虽然这是后世的传说，时间间

长冈京与平安京 从容易遭受水患的长冈京迁至北方地势较高的平安京（京都市埋藏文化财研究所藏）

隔久远，真伪难以分辨，但至少由此可知，葛野郡曾是渡来氏族、独霸一方的秦氏的根据地。与营建长冈京时相比，桓武天皇此时得到了更多的帮助。在这一年中，新京城门建造完毕，官员分得宅地。次年延历十三年（794）十月二十二日，桓武天皇迁都新京。在紧接着发布的诏书中，桓武天皇说：

> 葛野大宫地者，山川丽，四方国百姓参出来事便，云云。

而后又在十一月八日的诏书中说：

山势实合前闻，云云。此国山河襟带，自然作城。因斯形胜，可制新号，宜改山背国为山城国。

当时有传言“子来之民，讴歌之辈，异口同辞，号曰平安京”。自不待言，这是在朝廷的指示下流传开来的，而这一传言也成了“平安京”得名之缘由。虽说这是迁都新京之际的国赞之辞，但可以看出，朝野对此处的地势十分满意。想起仅仅十年前迁都长冈京时，由于反对声过大，以至于新京竟无城名。而这次，人们毫无顾忌地唱诵赞词，由此也可窥见桓武天皇在这十余年间所树立起来的领导力。那么，桓武天皇此次迁都的最大原因是什么？他对这座新都有何期待？对此，恐怕没有比“平安京”这个名字更能说明问题的了。这是因为目前的朝廷最需要的就是“平安”。次年延历十四年（795）正月十六日，群臣载歌载舞，高颂“新京乐，平安乐土，万年春”的赞词（《类聚国史》卷七十二）。

迁都后，日本迎来桓武治国的时代。以右大臣神王、大纳言壹志浓王两位皇亲国戚为首的台阁（两人都是桓武天皇的堂兄弟，该体制于延历十七年形成）是这一时代的中流砥柱。而新都的营建、征夷、隼人的公民化（第三章详述）、国司监察制度的完善，以及桓武天皇于即位后第二十四年派出的遣唐使最澄、空海等文化巨人为该时代做出了贡献。这些事件所包含的意义笔者将在后述章节中论述。在本章的后半部分，笔者拟

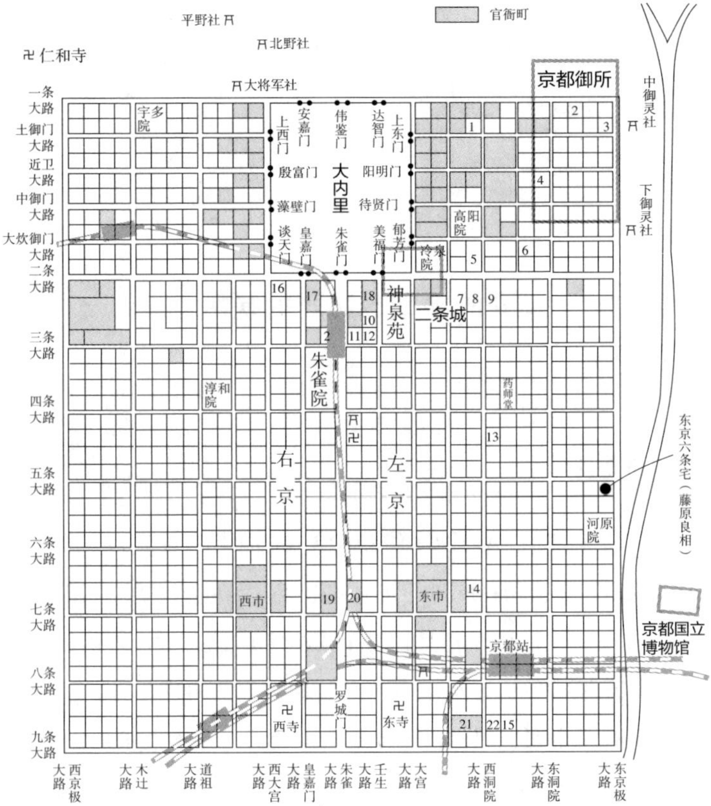

1 北边邸（源信）
2 白花亭（藤原良相）
3 染殿（藤原良房）
4 东京一条第（藤原内麻吕、冬嗣、良房）
5 阳成院
6 小野宫（惟乔亲王）
7 堀河院（藤原基经）
8 闲院（藤原冬嗣、基经）
9 东三条殿（藤原良房）
10 弘文院
11 奖学院
12 劝学院
13 红梅殿（菅原道真）
14 亭子院（宇多上皇）
15 九条殿（藤原基经）
16 学馆院
17 谷仓院
18 大学寮
19 西鸿胪馆
20 东鸿胪馆
21 综艺种智院
22 施药院

9 世纪的平安京　参照《日本史广辞典》（山川出版社，1997 年）“平安京”词条以及村井康彦编《苏醒的平安京》（淡交社，1995 年）制成围绕皇位继承的逻辑及其变迁问题，回溯9世纪中期前不断在平安宫上演的宫廷政变史。

第二节 | 不安的平城、风雅的嵯峨

伊豫亲王事件

延历二十二年（803），桓武天皇迎来第二个朔旦冬至。在此前后，坂上田村麻吕的努力使得虾夷问题暂时告一段落（延历二十一年［802］正月，胆泽城建成）；新京大极殿落成（延历十五年［796］），元日朝贺仪式时隔多年再次举办；桓武天皇也有了余暇，偶尔行幸神泉苑（延历十九年［800］首次见诸记载），与群臣饮酒游乐。

然而另一方面，桓武天皇一心想要抹去的昔日旧影也在此时再次浮现。皇太子安殿身体欠佳，牵挂在心的桓武天皇于延历十九年（800）追赠已故的早良亲王“崇道天皇”的称号，恢复已故井上内亲王的皇后身份。无论是给早良追封天皇之号，还是恢复井上的皇后之位，显然其目的都是安抚冤魂。桓武天皇震怒于皇太子安殿与皇太子妃之母藤原药子

（藤原种继之女）的丑闻，而两人的关系也难免让人联想到冤魂作祟之说。

延历二十五年（806）三月十七日，桓武天皇驾崩，享年七十岁。皇太子安殿旋即践祚，于同年五月十八日即位（平城天皇），改元大同。即位次日，平城天皇追赠祖母高野新笠为太皇太后、母亲藤原乙牟漏为皇太后，以此明示光仁天皇的正妻是高野新笠、桓武天皇的正妻是藤原乙牟漏（前引春名宏昭论文）。如此一来，平城天皇将正室之子的谱系锁定在了同母弟神野（后来的嵯峨天皇）身上，并凭此将神野亲王立为皇太子。

延历十一年（792），平城天皇与葛井藤子生下皇长子阿保亲王。延历十八年（799），平城天皇又与伊势继子生下后来被立为皇太子的高岳亲王。倘若平城天皇从这两位亲王的母亲之中择其一，将其立为皇后，那么神野亲王的命运将会如前例一般急转直下。然而大同元年六月，平城天皇将皇后之位赠予自己在皇太子时代的妃子、未曾生育便已亡故的藤原带子（延历十三年［794］五月去世），以此表示将不会在自己的血脉中挑选皇位继承人（前引春名宏昭论文）。皇太子年幼，无论是葛井藤子还是伊势继子，其外戚势力都太过薄弱，这亦是其中的缘由之一。与此同时，平城天皇似乎还有优先维护同母弟皇室家族的意愿。也许在平城天皇看来，较之自己的弟弟，桓武天皇与藤原乙牟漏以外的皇后、妃子所生的孩子更为危险吧。

平城天皇一方面展现了匍匐在桓武天皇的棺木上痛哭流涕的一面，另一方面又在桓武天皇驾崩之年即刻改元大同，仿佛是想要尽快忘却先帝。当时人们认为，在先帝驾崩后的第二年改元才更合乎礼仪，这被称为“逾年改元”。因此平城天皇的做法自然会引来臆测。平城天皇驾崩后，史书《类聚国史》卷二十五评论其为“躬亲万机，克己励精，省撤烦费，弃绝珍奇，法令严整，群下肃然”“性多猜忌，居上不宽”。由此可见，平城天皇天性敏感易怒，常常疑神疑鬼。如果将这种性格与违反常规的改元之事结合来看，即可以说平城天皇与桓武天皇的性格完全不同，甚至可以说平城天皇是反对桓武天皇的（桥本义彦《“药子之变”私考》）。

大同二年（807）发生了一件事。一个名叫藤原宗成的男子鼓动桓武天皇的皇子伊豫亲王谋反。闻知此事后，大纳言藤原雄友立刻与右大臣藤原内麻吕共商对策。察知到危险的伊豫亲王于十月二十七日上奏天皇，称藤原宗成煽动自己谋反。然而藤原宗成辩解称伊豫亲王才是谋反的主谋。相信这一说法的平城天皇将伊豫亲王及其母亲藤原吉子（南家藤原是公之女、藤原雄友的姊妹）软禁于大和国川原寺。断食十日的母子二人自知命不久矣，遂于十一月十二日服毒自尽（《日本纪略》）。此即伊豫亲王事件。

伊豫亲王是平城天皇的异母弟，深受桓武天皇宠爱，据说其性格也十分豪放。毋庸置疑的是，深受桓武天皇宠爱这一点，很可能对平城天皇和伊豫亲王产生微妙的影响。因此也可以说，该事件是平城天皇的过度防卫意识所引起的。平城天皇一直被早良亲王的冤魂所困扰，而今他又陷入了对伊豫亲王母子冤魂的恐惧，这导致他风病（或为抑郁症）再发，于官制改革刚刚拉开序幕的大同四年（809）四月一日下达让位之意，次日移居东宫。

四月三日，皇太子神野亲王践祚。四月十三日，即位大典举行，神野亲王成为嵯峨天皇。即位次日，嵯峨天皇将平城天皇的皇子高岳亲王立为皇太子。此时，嵯峨天皇的皇子尚未出生。按照“在皇后所生的皇子中选择皇太子”的原则，藤原乙牟漏血统中的高岳亲王成为最有力的皇位继承人。可是需要注意的是，嵯峨天皇并未授予高岳亲王之母伊势继子以皇太后或皇太夫人的称号。这一举措十分微妙，尽管不好断言嵯峨天皇是否有意为之，但不得不说，嵯峨天皇此举让高岳亲王继位一事变得不那么确定了。

药子之变

让位后，平城上皇在宠爱的藤原药子以及众多官僚的陪同下，于同年（809）十二月移居平城京故宫。藤原药子的兄长藤原仲成自上个月起便雇用两千五百人改建平城宫。

嵯峨天皇方面对这一动向十分敏感，遂于弘仁元年（810）

任命巨势野足、藤原冬嗣为藏人头[1]，以确保天皇向太政官[2]下达敕令的通路足够顺畅。另一方面，平城上皇方面发布诏书，宣布废除于大同二年四月取代参议设立的观察使一职，恢复参议。由于跟随平城上皇的藤原药子被任命为尚侍，参与诏敕的发布，再加上当时上皇也有权发布诏敕，因此平城上皇发布诏敕时并没有经过嵯峨天皇的同意。

九月六日，平城上皇终于下令还都平城京。事已至此，嵯峨天皇方面只好在九月十日下令解除藤原药子尚侍一职，逮捕并监禁当时正在平安京的藤原仲成，并于次日将其射杀。可以说，嵯峨天皇方面明确显示出了要与平城上皇方面对抗的姿态。平城上皇进入东国（近畿以东地区），计划再起，不料却被坂上田村麻吕等天皇方面的军队阻拦，只好于九月十二日出家，藤原药子服毒自杀。此事件被世间称为“药子之变”。其后，平城上皇活到了五十一岁，于天长元年（824）七月离世。

关于药子之变的原因及背景，历来众说纷纭（佐佐木惠介《药子之变》）。从后世《水镜》的记载来看，要说藤原药子、藤原仲成一方没有煽动平城上皇复辟，借机扩张势力，似

---

1 藏人头，藏人所的长官。藏人所是嵯峨朝设立的总管宫内事务的机构，负责在天皇和公卿之间上传下达。

2 太政官，古代日本律令制下的国政最高机关，长官为“太政大臣”，下设左右大臣、内大臣等，下辖“八省”，即八个官厅以及地方各个官厅，统揽政务。

乎并不太可能。而且，远有齐明天皇（皇极天皇重祚），近有称德天皇（孝谦天皇重祚），她们都曾暂时退位，之后又复辟。平安京定都不过十几年，自己下令还都平城京又有何不可呢？平城上皇选择了与孝谦上皇同样的做法，只不过他没有像孝谦上皇那样做好十足的准备（当然，笔者这么说是一种“马后炮式”的结果论），所以平城上皇才会以失败告终。

清算“二所朝廷”

与其说问题出现在每位天皇、上皇的个性以及周围人的意志上，不如说这是权力构造本身存在缺陷使然，该缺陷即终极皇权究竟归属于让位的上皇还是现任天皇（关于这一点将在第二章详述）。俗话说，有第二次就有第三次。在药子之变中，由于反应迅速（但由于过于迅速，有人怀疑这是嵯峨天皇设下的圈套），嵯峨天皇方面全面压制了平城上皇方面，并以此为契机整顿了太上天皇与现任天皇的关系，将太上天皇从政治中心驱逐出去。当时的太政官办公官署——外记局，在平城京（供平城上皇使用）和平安京（供嵯峨天皇使用）均有设置，这种政治体制被称为“二所朝廷”（《日本后纪》大同五年［810］九月十日条）。为了改变这种现状，嵯峨天皇废除了平城京的办公官署。其后，当嵯峨天皇退位成为上皇时，他又退出内里，隐居在嵯峨院。这样一来，天皇拥有唯一至高权力的体系便被确立下来（春名宏昭《太上天皇制的成立》）。与此同时，作为上述事件的余波，嵯峨天皇为了打消人们还都平城京的念想，再次盛赞“平安京”，该行为使得还都平城京的论调彻底消亡。

平城上皇在药子之变后完全丧失了影响力。九月十三日，受到牵连的皇太子高岳被废。可是嵯峨天皇当时没有皇子，于是他将母亲出身高贵的大伴亲王立为皇太子。然而就在同一年内，嵯峨天皇与橘嘉智子生下正良亲王（后来的仁明天皇）。弘仁六年（815）七月，嵯峨天皇将橘嘉智子立为皇后。如此一来，嵯峨天皇便营造出了一种“天皇与皇后生下皇子”的表象（实际上顺序刚好相反，应该先有皇后，后有皇子）。这将嵯峨天皇欲立正良亲王为皇太子的意图表露无遗。反之，现任皇太子大伴亲王则被置于非常危险的境地。需要明确的一点是，大伴亲王的立场完全由嵯峨天皇决定，大伴亲王只有恭敬顺从的份儿。

嵯峨天皇一方面苦于旱魃[1]、水灾以及随之而来的饥荒和疫病，另一方面又讴歌军事上的“中外无事”。在主持编纂《内里仪式[2]》《内里式[3]》，规范各项仪式庆典的同时（山中裕

1 旱魃，传说中引起旱灾的怪物。
2 仪式，指执行公务、节日庆典时的礼仪作法。
3 式，指律令和格的实施细则。详见第五章。

《平安朝的年中行事》)，嵯峨天皇还主持汇编了《弘仁格[1]》《弘仁式》，并整理了律令制实施以来的各项法令。这一时期，宫中诸门、殿舍全被改成了充满中国韵味的名字，各项仪式也明显呈现出一种唐风倾向，再加上该时期编纂的日本最早的敕撰汉诗文集《凌云集》和《文华秀丽集》，世间呈现出一派中国风的文化景象。与此同时，最澄、空海从中国带回的天台宗、真言宗历经种种曲折，也开始在日本佛教界建立起稳固的地位。

凭借天皇的信任，藤原北家的藤原冬嗣成为台阁首班，时为弘仁十一年（820）。次年，为教育藤原氏子弟，藤原冬嗣创办劝学院，以自身为主导，探索氏族结合的新理论和新场域（海野良美、大津透《劝学院小考》）。弘仁十四年（823），藤原冬嗣之子藤原良房迎娶嵯峨天皇的皇女源洁姬。只要嵯峨天皇作为皇室的家长一直保持潜在的权威，藤原北家的繁荣就能得到可靠的保障。另一方面，嵯峨天皇赐予皇子信及以下皇族“源”姓，降其为臣籍，为日后源氏占据政界之巅提供了契机。

1 格，指由律令的修改法令汇集起来的法典。详见第五章。

第三节 | 两统迭立与承和之变

嵯峨上皇与淳和天皇的心理战

弘仁十四年（823）四月十六日，嵯峨天皇退位，皇太子大伴亲王践祚，于同月二十七日即位，即淳和天皇。作为顺利即位的交换，正良亲王于此前的十八日被立为皇太子。其后，淳和天皇追赠藤原带子太皇太后称号，赐予橘嘉智子皇太后称号。这些都很正常，但淳和天皇还同时赐予生母藤原旅子皇太后称号。此举表明，淳和天皇也是桓武天皇的正室之子。淳和天皇的这一做法到底是对生母的礼节，还是对嵯峨上皇的对抗呢？

而淳和天皇追赠高志内亲王为皇后一事同样意味深长。高志内亲王与平城天皇、嵯峨天皇一样，均为桓武天皇与藤原乙牟漏所生，早年嫁给大伴亲王，于延历二十四年（805）生下恒世亲王，于大同四年（809）去世，年仅二十一岁。虽然高志内亲王是嵯峨天皇的亲妹妹，出身无可挑剔，但淳和天皇仍将其追赠为皇后，为的就是要给恒世亲王一个正统身份，使其成为天皇和皇后所生的皇子。由于现任皇太子正良亲王也是天皇和皇后所生，因此双方都具有正统性，形成颉颃之势。

淳和天皇即位之初有意立恒世亲王为皇太子，然而恒世亲王推辞不受，淳和天皇这才决定立正良亲王为皇太子。从这一点来看，或许有人会认为淳和是在对嵯峨表达恭顺之意。可是，倘若将此事与追封高志内亲王为皇后一事相联系，即可知淳和天皇很有可能是在为将来让位于正良亲王并立自己的儿子恒世亲王为皇太子做准备，所以淳和天皇才会提前强调恒世亲王的资格，为其廓清环境（前引春名宏昭论文）。

然而，被淳和天皇暗中寄予厚望的恒世亲王竟然在天长三年（826）去世了，年仅二十二岁。虽然淳和天皇与正子内亲王在前一年生下恒贞亲王，但年龄因素却让淳和天皇的计划遇到了一些困难。就在此时，令淳和天皇更加不安的事情发生了。皇太子正良于天长四年（827）八月与妃子藤原顺子（藤原冬嗣之女，通称“五条后”）产下道康亲王（后来的文德天皇）。而淳和天皇一方犹如回应一般，于同年立恒贞亲王之母正子内亲王为皇后。正子内亲王是嵯峨天皇和橘嘉智子的女儿，从血统来说，立后毫无问题。不过在这一时间点册立皇后，只能说明失去恒世亲王后，淳和天皇为了将自己的子孙送上皇位，就必须得使恒贞亲王拥有皇太子正良拥有的正统性。淳和天皇与嵯峨上皇、皇太子正良之间的关系表面上风平浪静，但实际上双方一直在进行着激烈的心理战。

双方的关系难免会下渗到臣子之间。后来在承和之变爆发之际，贵族分成了两派，公然反目。其间，天长七年（830），正良亲王与藤原泽子生下时康亲王（后来的光孝天皇）。

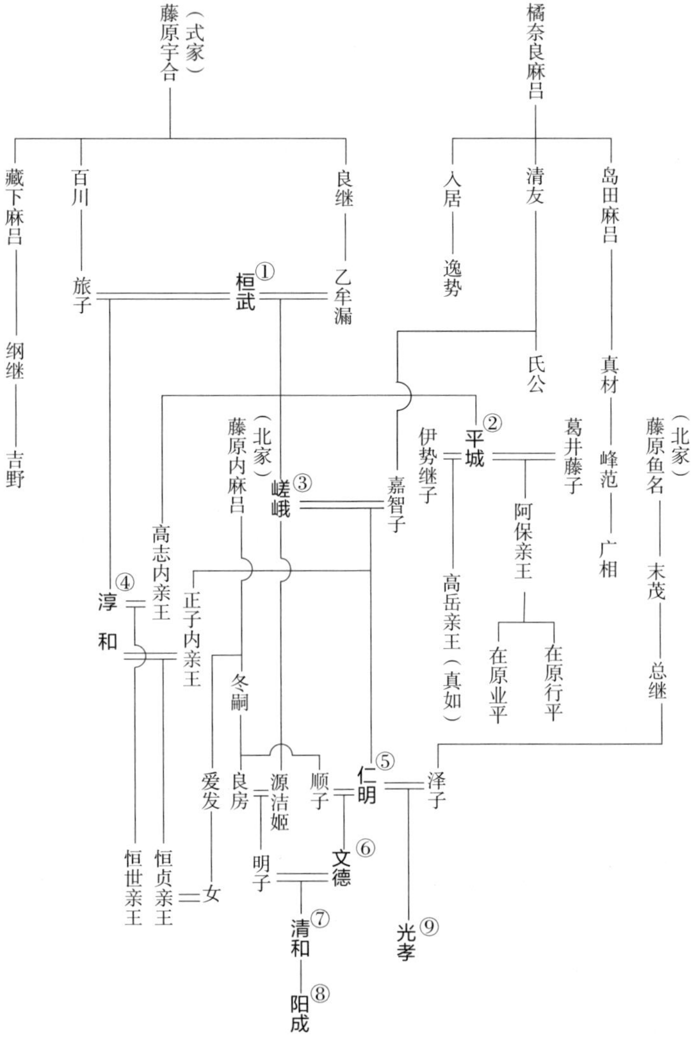

天皇家、藤原氏、橘氏谱系略图　数字表示桓武天皇至光孝天皇的即位顺序

天长十年（833）二月二十八日，太平盛世落下帷幕，淳和天皇让位，皇太子正良践祚。二月三十日，恒贞亲王被立为皇太子。三月二日，皇太后橘嘉智子成为太皇太后。同月六日，正良即位（仁明天皇）。仁明天皇当时已经与藤原顺子生下道康亲王，因此倘若仁明天皇有意，大可在其后将近十年的时间里将藤原顺子立为皇后，只不过这样做等于公开挑战皇太子恒贞亲王的地位。在嵯峨、淳和两位上皇的心理战中，立后一事就这样被暂时搁置了下来。

承和之变

承和九年（842）七月十五日，嵯峨上皇去世，享年五十七岁。淳和上皇稍早于嵯峨上皇，于承和七年（840）五月八日去世，享年五十五岁。

拥护皇太子恒贞的春宫坊带刀伴健岑、但马权守橘逸势本计划在东国举兵，废掉仁明天皇。然而，该计划在嵯峨上皇刚刚去世后的承和九年七月十七日暴露。据持有官方立场的《续日本后纪》记载，伴健岑欲煽动平城天皇之子阿保亲王起兵谋反。阿保亲王曾在药子之变中亲眼见到弟弟皇太子高岳亲王被废，自己也被流放大宰府。因此在被质询时，吃一堑长一智的阿保亲王为表忠义，便给太皇太后橘嘉智子送去密信，和盘托出了整个计划。橘嘉智子则将密信原封不动地交给了藤原良房，藤原良房把此事上报给了仁明天皇，于是事件瞬间明朗，伴健岑、橘逸势等人被捕。尽管伴健岑和橘逸势竭力否认，但该事件仍被定性为以春宫坊为中心的大规模谋反事件。七月二十三日，皇太子恒贞被废。八月四日，藤原良房的外甥道康亲王被立为太子。此即“承和之变”。

在仁明天皇看来，这是清算两统迭立（两个皇统分别继承皇位）的绝佳机会。另一方面，藤原良房（藤原顺子之兄）在仁明天皇还是皇太子时就担任春宫亮，在仁明天皇即位后又被提拔为藏人头。从藤原良房的角度来说，较之正子内亲王所生的恒贞亲王，他当然更希望自己的妹妹顺子所生的道康亲王成为皇太子。在这一问题上，仁明天皇与藤原良房的想法达成了一致。

此次事变后，包括春宫大夫文室秋津、春宫亮藤原贞守在内——“坊司并品官佐官以上及侍人、藏人、诸近仕者等，又所长以上”——皇太子身边的官员几乎均遭左迁。结合下一章将会提及的东宫机构完善这一背景，该事件充分反映了春宫坊官员的动态。他们原本与皇太子并不十分亲密，但都逐渐依附于皇太子，在皇太子即位一事上各怀鬼胎、打着小算盘，并结成相互依存的稳固关系（福井俊彦《关于承和之变的一项考察》)。

从上述背景看，将此次事变说成是“藤原氏排挤其他氏族”似乎并不妥当。伴健岑以及被当成同犯的橘逸势固然受到了重罚，但看一看政界上层就会发现，情况实则完全不同。在此次事变中，因受牵连而被左迁之人有大纳言藤原爱发（免官）、中纳言藤原吉野（贬为大宰员外帅）、参议文室秋津（贬为出云权守）。而橘氏的头号人物、同年三月成为大纳言的橘氏公因有太皇太后橘嘉智子之兄的身份加持，事后仅丢掉了右近卫大将一职（被藤原良房取代），可以说是毫发无伤。甚至在承和十一年（844）时，橘氏公还顺利晋升成为右大臣。橘奈良麻吕的长男橘岛田麻吕一支是橘氏主流，可谓人才辈出。比如在“阿衡之争”（第六章详述）中登场的橘广相；橘岛田麻吕的弟弟橘清友所生的橘氏公、橘嘉智子；有过入唐经历、以善书而闻名的橘逸势（橘清友的弟弟橘入居的三子）等。由此看来，藤原氏要打击橘氏未免太过迂远。

仁明天皇与藤原良房的意图

伴健岑虽被认定为主犯，但其身份谱系却甚为不详。弘仁十四年（823），成为参议的伴国道（在藤原种继暗杀事件后被处分的伴继人之子）一支，可以说是大伴氏（伴氏）的嫡系，可伴国道在天长五年（828）已经去世，其子伴善男虽于其后成为大纳言，但承和之变时伴善男不过三十二岁，仅为六位（位阶）藏人，且尚不足以成为打击对象，因此其仕途并未受到影响。

与处置伴健岑、橘逸势这种小人物时声势浩大的阵仗不同，大纳言藤原爱发是在悄无声息中遭受处罚的。藤原爱发是藤原北家一族藤原内麻吕的第七子、藤原良房的叔父，曾担任淳和天皇的藏人头，并将女儿嫁给了恒贞亲王。可以说，在仁明天皇和藤原良房看来，藤原爱发无异于眼中钉、肉中刺。另一方面，中纳言藤原吉野来自藤原式家一族，也曾担任淳和天皇的藏人头，甚至还当过正子内亲王的皇后宫大夫（统领皇后事务的最高长官）。淳和天皇让位后，他辞去右近卫大将职务，陪侍淳和上皇，可以说与淳和关系十分密切。因此在仁明天皇看来，藤原吉野的麻烦程度不亚于藤原爱发。另一方面，时任中纳言的藤原良房自然也不会反对将大纳言藤原爱发、前任中纳言藤原吉野逐出政界一事。

这样一来，仁明天皇便与藤原良房联手终结了两统迭立的局面，两人的关系也因此更为紧密。倘若放任两统迭立的局面继续发展，局势就会变得如镰仓时代后期那般，三个甚至四个政权轮番上台。如此一来，千辛万苦将故人追赠为皇后、将母亲封为皇太后或皇太夫人以示只有正室之子才是皇位最佳继承人的做法，也将变得毫无意义。换言之，为了达到某个目的而费尽心机，却不承想这些心机最终只不过是一种对结果的追认，其整个过程已经丧失了规范性。

当年正子内亲王奉父亲嵯峨之命，嫁给叔叔淳和，生下皇太子恒贞。然而恒贞又因外祖母橘嘉智子转送密信，被舅舅仁明天皇废掉皇太子之位。最终，正子于贞观二年（860）在圆仁处受菩萨戒，法名良祚。贞观十八年（876）二月，正子将嵯峨天皇的离宫嵯峨院改名为大觉寺，其子恒贞（法名恒寂）成为开祖。据说后来藤原基经计划废掉阳成天皇时，曾前来询问恒贞能否出山继承皇位。恒贞答曰："只闻舍弃王位而为僧者众多，舍僧籍而为王者未尝闻也。"

鼎盛的仁明天皇时代

仁明朝以后，再无死后追封皇后、皇太后的做法，尽管光孝朝后上述做法曾有死灰复燃之势，但那也只是偶发现象。究其原因，以"赠后"之方式赋予皇位候选人以正统性的做法，往往会带来错综复杂的倾轧。此外，不仅赠后的做法不复存在，在仁明、文德、清和、阳成、光孝、宇多的时代，就连生前立后的做法也不再施行了。这是因为，早早立后即等于认可其子拥有正统地位，但当时皇太子废立频繁，因此立后也只会频繁导致废后。在那时看来，儿子即位、母亲成为皇太夫人，恐怕才是最安全妥当的做法。不过天皇不指认正妻这一点，仍不免给人一种理念丧失之感。

迁都平安京已过半个世纪，人们已经没有再迁都的想法，人人都能感受到当下皇统的安定。作为对华外交的漂亮收尾，日本派出承和遣唐使；宗教界也刮起了一股新风（详见第四章）。但是，有一种思想认为，派遣使节既耗费财力又耗费人力，在这种思想的影响下，派遣外交使节的必要性也随之消失。

让我们再将目光转回日本国内。当时庸调[1]粗恶、违期、未进的情况愈发严重，朝廷也对此陆续出台了一些政策（详见第九章）。三善清行在《意见封事十二条》中严厉谴责当时的情况："仁明天皇即位，尤好奢靡。雕文刻镂，锦绣绮组，伤农事、害（妨碍）女工。朝制夕改，日变月悛。后房内寝之饰，饫宴歌乐之储，丽靡焕烂，冠绝古今。府帑由是空虚，赋敛由之滋起。"从仁明天皇死后的传书来看，其才能毋庸置疑：习熟汉音，通晓儒家经典甚至老庄思想，善书，长于骑射，乐器演奏亦非浅尝辄止，医术方面也多有涉猎，可暗诵医书（《续日本后纪》嘉祥三年［850］三月二十五日条）。不过，作为帝王，仁明天皇是否称职，那可就另当别论了。

我们应该看到，天皇及其身边人有如此嗜好必然会开风气之先。其典型即樱花的"复辟"。很早以前，日本贵族甚爱樱花。然而到了奈良时代，梅花一跃成为贵族的最爱。偏爱梅花的嗜好源自中国。大伴旅人在大宰府举办的梅花宴就充分体现了万叶时代[2]的此种审美趣味。因此，平安宫内里紫宸殿的前庭原先一直栽种着橘树和梅树。而"左近之樱、右近之

---

1 庸调，庸，代替劳役缴纳的布、米等物，调，丝、绵、铁、鱼贝类等土产。
2 万叶时代，指《万叶集》成书的奈良时代。

橘”的格局，则要等到仁明天皇的时代才逐渐成形（山田孝雄《樱史》）。

此前虽有嵯峨天皇于神泉苑、淳和天皇于内里举办花宴，樱花大受欢迎的先例，但喜爱樱花之风真正深入人心，还是仁明朝的事情。无论仁明天皇宠臣藤原良房东京（左京）的宅邸（称“染殿”），抑或其弟藤原良相西京的宅邸，皆以樱花之繁盛而著称。据说仁明天皇曾打算行幸藤原良房的染殿观赏樱花，然未及成行而驾崩（《文德天皇实录》仁寿元年［851］三月十日条）。据《三代实录》记载，其后藤原良房还曾多次在自家宅邸举办观樱宴，邀请清和天皇赏樱。

如后文所述，以宇多天皇为首、对藤原北家持批判态度之人为《古今和歌集》开辟了道路。而再度发现樱花之美、使其成为和歌主题之人，却是仁明天皇与藤原良房。

行文至此，不觉已至9世纪之转折点。在此，让我们暂别这些皇位继承问题上的杯中波澜，以更开阔的视野来眺望9世纪的时代特征。

第二章

应该如何定位天皇？

第一节 | 从神到人

即位大典上的天皇

9 世纪时，天皇发生了最为显著的变化，而且这一变化一直延续至下一个时代。简单来说，该变化暗含两个截然相反的方向，一个方向接近中国皇帝的形象，另一个方向则乖离中国皇帝的形象，回归日本古代天皇之根本。

首先，让我们来看一看接近中国皇帝的方向。在律令国家编纂的官修史书《日本书纪》中，神武天皇即位前的时代被称为“神代纪”，而神武天皇即位后则进入了人而非神的时代。可是，尽管《日本书纪》有过这样的设定，但在许多情况下奈良时代的天皇仍被视作神。在此，笔者尝试向读者复原即位大典当时的情景，以兹说明（下文部分情景根据元日朝贺仪式类推所得）。

首先是即位大典和朝贺仪式时天皇的服饰。起初，天皇穿的是清一色的白衣，称“帛衣”。但圣武天皇在位的天平四年（732）元日朝贺前后，天皇的服饰发生了变化，至嵯峨天皇在位的弘仁十一年（820），天皇的服饰则被定型为极富中国风情的华丽礼服（称“衮衣”）与礼冠（称“冕冠”）。与此同时，

“大小诸神事，及季冬奉币[1]诸陵，则用帛衣”。也就是说，只有在神事活动等特定场合，天皇才会身着传统的帛衣（《日本纪略》弘仁十一年二月二日条）。该做法还被次年编纂的《内里式》“元正受群臣朝贺式”一条收录，成为后世的典范（大津透《天皇的服饰与律令、礼仪的继承》）。

另一方面，即位大典要宣读即位宣命，而收载于《续日本纪》中的几乎所有的即位宣命都以“明神”“现御神”起首。另外，在大宝、养老年间的公式令[2]中，卷首处用于最重要事项的诏书开头部分，也将发布宣命的人写成了“明神御宇日本天皇”。在诏书的开头部分明确说明君主是现身于人世的神，这是日本特有的规定，在中国则不存在这种做法（西岛定生《遣唐使与国书》）。而且不仅是即位之时的宣命，奈良时代大部分的宣命也都以此类词句为起首。

宣读完即位宣命后，参列百官须以拍手回应（根据《内里仪式》“元旦受群臣朝贺式”类推得来）。如今人们参拜神社也要双手击掌，不过那时的群臣则需要跪在地上连续拍手三十二下。面对身份尊贵之人拍手，是倭人的独特风俗，《三国志·魏志·倭人传》中便有相关的记载。延历十八年（799）元日朝贺之际，由于渤海使节参列其中，因此往年四拜天皇的

---

1 奉币，奉天皇之命或由天皇亲自参拜神社、山陵，进献币帛。币帛，泛指除神馔以外进献给神的一切物品。

2 公式令，令之一，关于公文样式、制作、实施的细则，对官印、驿制（陆上交通制度）等方面也做出了规定。

规矩改成了两拜，拍手环节也被省去（《日本后纪》），这大概也是因为拍手是日本特有的规矩吧。此外，拍手的动作也表明，向天皇致礼与向神灵致礼是同一回事。

以上三点表明，在奈良时代，天皇被视为神明。

不过如前所述，平安时代初期举办即位大典时，天皇身着的是中国风的礼服和礼冠，百官也不拍手，而是“拜舞”（左右扭转身体），这一点在《内里式》中有明确的规定（西本昌弘《从古礼视角看“内里仪式”的形成》）。这些改变都竭力效仿中国皇帝的即位大典（大隅清阳《仪制令与律令国家》），天皇相应地也离日本神明的样子越来越远。虽然即位宣命依然以“明神”“现御神”等称谓起首，但平安时代的即位宣命已成为一种定式，无须再如奈良时代那般，借助神话来事无巨细地陈述天皇即位与统治的由来。是神也好，非神也罢，总而言之到了平安时代，举行即位大典时已无须再解释天皇即位的缘由了（早川庄八《律令国家、王朝国家中的天皇》）。

重整即位仪礼

重整即位仪礼也是我们考察奈良至平安时代天皇变化的一个重点。

律令原本规定，践祚之日（在律令中指举行即位仪式之日，依据井上光贞《日本古代的王权与祭祀》），中臣要奏天神祝词，忌部[1]要奉上象征天皇身份的三种神器中的两种——镜和剑，在这之后新皇才能登上御座。最早实施该流程的即位仪式可追溯至持统天皇的即位大典。

不过，该流程也存在一个问题，即从先帝去世到举办新皇即位仪式期间，皇权的归属十分模糊。天武天皇驾崩后，其安葬前的殡仪准备竟然前前后后用了三年的时间。那么在此期间，神器——镜和剑需交由谁来掌管呢？新皇即位时之所以要奉上镜和剑，就是为了明示皇权之所在。因此按照这条律令的逻辑，不举行即位仪式就不需要奉上镜和剑了。理论虽然如此，但实际上自持统天皇以来，天皇让位的现象已十分普遍，因此在奈良时代皇权归属模糊的问题其实还不太突出。

而且，即位大典时奉上镜和剑的仪式也只延续到了光仁天皇的时代。到了桓武天皇、平城天皇即位之际，践祚仪式变为只在先帝让位或去世时才举行。奉上镜和剑的仪式也变成了在先帝死后即刻转交给皇太子，此称“剑玺渡御”（柳沼千枝《践祚的形成与其意义》）。让位仪式亦是如此。让位诏书发布后，剑玺渡御仪式当即举行。即位大典则在践祚仪式后不久举办，此时新皇需像前文所述，登上御座，宣读即位宣言。由于忌部所负责的向新皇奉上镜和剑的仪式与践祚仪式

1 忌部和中臣都是古代日本掌管朝廷祭祀的氏族。

有所重合，因此自桓武朝大尝祭[1]后，该仪式与中臣奏天神祝词的仪式一并改在大尝祭的辰日（次日）举办。这一规定可见于9世纪后半编纂的《贞观仪式》和10世纪初的《延喜式》中。不过，自天长十年（833）仁明天皇举办完大尝祭后，中臣和忌部便消失在历史的长河之中了（加茂正典《大尝祭“辰日前段行事”考》）。

由于授受象征皇位器物的仪式已改在践祚之际举行，因此即便没有出现让位的情况，皇权的归属也不会存在空白。中臣和忌部曾在记纪神话[2]中登场，也就是说记纪神话中有关于这两个氏族臣属于天皇家由来的明确记载。然而到了大变革的桓武天皇时代，从飞鸟时代一直传承到奈良时代的中臣和忌部，却失去了存在的必要性。向皇太子奉上镜和剑的流程被编入践祚仪式，成为后世典范。这充分表明，以中臣和忌部为代表、以神话为媒介来象征诸氏族臣服于新皇的方式已发生了改变，改变后新皇通过前任天皇让与的方式，继承皇位。

皇太子制度的成熟

桓武天皇以后，皇位继承的方式开始向新的方向发展，其

1 大尝祭，新皇即位后的第一次新尝祭。新尝祭是天皇向天神地祇敬献新谷以表感谢的祭礼。
2 记纪神话，《古事记》和《日本书纪》中的神话。

中有些方向可以说是奈良时代反复试错的结果，例如皇太子制度的成熟以及后宫的改革等，以下试举几例详述。

律令规定，天皇在位时要提前决定皇位继承人。然而，受到“只有草壁皇子的血统才是正统的皇嗣”这一意识的影响（堀江洁《奈良时代的“皇嗣”与皇太子制》），奈良时代甚至出现了立女性为皇太子等乱象，防患于未然的皇太子制度已无法健全地发挥作用。与此同时，皇太子之位空缺的时期也变得异常漫长（荒木敏夫《日本古代的皇太子》）。

进入平安时代后，状况为之一变。立太子仪式在天皇即位仪式前后举行，皇太子制度恢复正常。尽管如前章多次提到的那样，废太子一事频繁发生，但不管怎么说，册立皇太子一事已成为时代的共识。

不仅如此，还有一点不容忽视，即支撑皇太子的机构得到了整备与完善。譬如，就皇太子的经济基础而言，律令规定皇太子可以得到俸禄，称“东宫一年杂用料”，但不能像中宫（皇后）那样得到“封户”。封户是俸禄制度的一种，即指定承担租庸调的课户，课户所缴纳的全部庸调以及二分之一的租（后来变成所有的租）收归封主所有。皇太子之所以得不到封户，是因为壬申之乱时，“汤沐”（封户的前身）成了大海人皇子的势力基础。为了避免皇太子在拥有经济基础后，与现任天皇关系恶化，所以律令才规定不给皇太子封户（坂上康俊《东宫机构与皇太子》）。

或许由于这种做法过于极端，所以不久之后皇太子也可获得封户了，只不过形式稍有不同，即皇太子的封户必须同母亲的封户一道管理（堀江洁《东宫封的形成》）。而皇太子本人直接得到封户的情况，则始于山部亲王（后来的桓武天皇）被立为太子之时（《九条家本延喜式纸背文书》）。当时山部亲王获封户一千，平安时代以后，皇太子的封户增加至两千，与中宫并列，迥异于其他亲王和臣子，其地位也随之彰显。

随着皇太子成为常设、其经济基础有所整备与完善，附属于皇太子的官僚机构——春宫坊的功能也得到了充实，皇太子与春宫坊官员之间的关系更是愈发牢固。如前章所述，奈良时代末期至平安时代初期，废太子事件频发，例如他户亲王、早良亲王、高岳亲王、恒贞亲王等都曾被废。在这些事件中，以春宫大夫为代表的东宫官员或被流放，或遭左迁。

反之，如果皇太子能够顺利即位，其亲信自然也将平步青云。孝谦天皇的学士[1]吉备真备就是如此。9世纪时，上述现象十分引人关注。

1 学士，春宫坊官员之一，负责为皇太子讲授经书。

重整后妃制度

天皇的正室是皇后，天皇和皇后所生的皇子即位时，皇后就成了皇太后。皇太后的孙子（孙女）即位时，皇太后就荣升为太皇太后。如果皇后没有生皇子，皇妃之子即位为天皇，那么新皇的母妃则成为皇太妃。皇太妃的孙子（孙女）即位时，皇太妃就荣升为太皇太妃。尽管律令没有明确规定上述内容，但这应该是最为理想的状态。按照令的设定，只有内亲王才有资格成为皇后或皇妃。因此如若皇后或皇妃之子没有即位（包括皇后或皇妃没有生育的情况），而是由大臣之女出身的夫人[1]之子即位时，则该夫人可成为皇太夫人。在天皇和太上天皇无法行使皇权的特殊情况下，这些带有“皇”字头衔的女性便可被赋予与天皇相同的权能（春名宏昭《皇太妃阿闭皇女》）。

不过实际上，整个奈良时代只有藤原光明子一人成为皇后，皇太夫人也只有藤原宫子一人。暂且不提圣武天皇之母藤原宫子的境遇，藤原光明子立后之事曾遭到激烈的反对。在此事件中，长屋王因谋反之罪名被消灭。或许是受到草壁皇子体弱多病遗传的影响，也可能是因为接二连三的政治斗争已导致许多人牺牲，总之在天武天皇、持统天皇的直系皇统中，本该成为皇太子的亲王、本该成为皇后或皇妃的内亲

1 夫人，次于皇后、皇妃的天皇配偶。

王最终大都没能如愿以偿。[1]其结果就是，天武皇统不得不将皇位让与天智皇统。而天智皇统的光仁天皇在经历一系列事件之后，深知政治斗争背后的真正原因，因此他开始着手改革后妃制度，并将改革后的制度延续下去。

若想增加皇子，最简单的办法就是增加皇妃。日本的令虽以中国的令为典范，但远不如中国庞杂。日本的令规定，皇后之外，妃子二人、夫人三人、嫔四人，皇后、皇妃只能从内亲王中选择，因此可选范围极小。自律令国家诞生以来，男性天皇只有文武天皇、圣武天皇、淳仁天皇这三人，而此三人的后宫人数是否达到了规定的要求，目前并无史料可寻。

据正史及《本朝皇胤绍运录》等史料记载，桓武天皇的皇后和皇妃共有二十七人。其中虽有藤原氏主动嫁女的因素存在，但更重要的原因还在于天皇必须要有男性皇子。不过，二十七人毕竟大大超过了令制规定的人数。所以桓武朝出现了“女御”的称呼，用来统称超过规定人数的皇后和皇妃（玉井力《女御、更衣制的形成》）。

再者，在嵯峨天皇的皇后与皇妃中，有生育史之人便已达二十四人，她们共生二十三位皇子、二十七位皇女。虽说家大

1 天武天皇在世时，曾要求皇后和诸位皇子不要为了争夺皇位而发生政治斗争。然而天武天皇去世后，与草壁皇太子对立的大津皇子被指谋反。为了确保草壁皇太子的地位，皇后下令诛杀大津皇子及其党羽。而草壁皇太子也因体弱多病去世，年仅二十八岁。

业大，但人数未免过多了。这些皇子、皇女的养育费，以及长大成人后依据品阶授予的俸禄是一笔莫大的开销，就连嵯峨天皇自己也承认“男女稍多，空费府库”。

桓武天皇画像（延历寺藏）

于是，嵯峨朝又将女御分成了两部分，其中出身相对低下的称“更衣”。随之编纂的《弘仁式》由此规定，妃、夫人、嫔之下还有女御和更衣（《本朝月令》）。更衣生下的绝大多数皇子、皇女被赐“源”姓，降为臣籍。此事始于弘仁五年（814）五月八日，被赐姓的有源信等男女八人。另一方面，女御所生的皇子、皇女则基本上都能得到亲王、内亲王的待遇（林陆朗《嵯峨源氏研究》）。《源氏物语》中的“桐壶更衣”和“弘徽殿女御”就是上述背景下的产物。

然而，桓武天皇竟然违背这一规定，无视井上内亲王所生的皇妃酒人内亲王，而将藤原乙牟漏立为皇后。据说酒人内亲王容貌美艳，但性格却有些问题（《东大寺要录》第十卷）。即便如此，酒人毕竟也是内亲王出身的皇妃，而桓武天皇却无视这一点，强行将臣子之女立作了皇后。平城、嵯峨两朝也出现过同样的情况。这样一来，令制中关于“妃”“夫人”的人数规定和身份区分变得毫无意义，天皇配偶的称呼也变成了要么是皇后，要么就是女御和更衣（津田京子《“女御、更衣”的形成》）。

如前章多次提及的那样，在众多女御中册立谁为皇后，直接关乎皇位继承的问题。因此谁是皇后、皇太后，完全由谁当皇太子，抑或谁是皇太子的有力人选决定。这样一来，此前与天皇共同执掌政务的“皇后”至此便退出了历史舞台。

太上天皇的定位

如上所述，天皇的即位仪礼进一步得到完善，天皇的候补人选——皇太子相关的制度得以确立，选定皇太子候补人选的后宫制度也已处在摸索的阶段之中。与此同时，如何定位让位后的天皇的问题也被搬上了台面，朝廷对此做出了相应的改动。

奈良时代自持统天皇以来，元明天皇、元正天皇、圣武天皇、孝谦天皇等历代天皇都曾让位。在那时，让位后的天皇似乎自然而然地就成了太上天皇。在先帝的监管下，政权能够顺利地转交给新皇，而皇权的空白期也随之有所避免。

然而，无法避免的问题是，最高皇权究竟在太上天皇还是现任天皇手中？不管怎么说，当初选定皇太子的是太上天皇，让位给新皇的也是太上天皇。既然都取决于太上天皇的旨意，那么太上天皇也完全有权改变主意（坂上康俊《古代之法与习俗》）。

实际上，孝谦上皇与淳仁天皇产生摩擦，就是因为太上天皇与天皇的权能没能区别开来。平安时代以后亦是如此，平城上皇与嵯峨天皇此前也出现过几乎相同的倾轧，而药子之变则促使这种冲突表面化。以此为契机，嵯峨天皇在制度上把太上天皇从处理政务的中心驱逐了出去。关于这一点，上一章已有论述。而且当时还有规定，需得到现任天皇授予的太上天皇封号才有资格成为太上天皇（笕敏生《太上天皇尊号宣下制的形成》）。如此一来，至高无上的天皇地位才真正得以确立。倘若没有上述整备措施为前提，那么后来代替天皇处理政务的摄政以及辅佐天皇的关白也都不会出现了。

嵯峨天皇画像（宫内厅侍从职藏）

在古代中国，皇帝通常会接受天命、与天帝结成君臣关系（尾形勇《中国古代的“家”与国家》）。因此，姑且不论先帝驾崩、新皇即位的情况，在新皇接受先帝让位的情况下，先帝的定位亦十分敏感。大多数情况下，先帝只是作为太上皇受到尊敬，其身份本身并不十分重要。此外，权力的归属问题也总会得到落实与明确（春名宏昭《太上天皇制的形成》）。如此说来，嵯峨朝所实行的有关太上天皇的改革，可以说是日本天皇向中国皇帝的一次靠拢。

大同四年（809）八月三十日，嵯峨天皇拜访平城上皇，这是首见于史料记载的朝觐[1]行幸（绘卷《朝觐行幸》）。紧接着承和元年（834）正月，仁明天皇朝觐行幸嵯峨上皇和母后橘嘉智子。自此，朝觐行幸成为一种尽显孝道的仪式，场面通常华丽而轰动。不过从其本意来说，朝觐行幸可以被理解为一种嵯峨天皇在私人感情上对先帝表达敬意的方式。在政务公事上，嵯峨天皇还是将先帝排除在外的。

另一方面，“万机之务，传于贤嗣，八柄之权，非复所知”（《类聚国史》卷二十五，弘仁十四年［823］四月二十七日条）。嵯峨让位后，由内里迁往冷然院，其后又以离宫嵯峨院为居所，立场鲜明地表示不干涉任何政务。嵯峨之所以这样做是因为奈良时代，上皇多在内里设置宫室（桥本义则《天皇宫、太上天皇宫、皇后宫》），而嵯峨力图改变上皇与天皇的这种模糊不清的关系（春名宏昭《平安时代太上天皇的公与私》）。

嵯峨天皇时代得以整备的太上天皇制度为淳和天皇所承袭。另一方面，皇太子制度也趋于完善。然而，这里又出现了另一个问题，即太上天皇的存在是否真的有必要，或者说天皇的让位行为是否有其必要性？如前所述，太上天皇是为了让皇位继承更加顺利才存在的，该规定甚至写入了令规之中。从这

---

1 朝觐，此处指天皇行幸太上天皇、皇太后的御所行恭敬大礼。

一层面上说，这是日本独自设计出来的制度。然而，倘若皇太子制度本身很稳定，那么太上天皇制度也就画蛇添足了。

仁明天皇遵从嵯峨上皇之意，立叔父淳和上皇的皇子（恒贞亲王）为皇太子。承和之变后，仁明天皇废除了恒贞亲王皇太子的身份，转而立自己的儿子道康亲王为皇太子。之后，仁明天皇还未能等到成为太上天皇便与世长辞。其后的文德天皇虽然体弱多病，但他一心想让皇长子惟乔亲王成为皇太子并承继大统，因此文德天皇十分犹豫是否要让位给皇太子惟仁亲王。然而就在犹豫之间，文德天皇驾崩。因此，无论当事人是否愿意，除嵯峨的弟弟淳和上皇外，清和、阳成两代天皇最先成了嵯峨天皇所设想的那种“太上天皇”。清和上皇在其晚年的元庆三年（879）十月，带着一直以来的亲信——在原行平和藤原山阴，遍游大和、摄津、丹波等地；而阳成上皇则直到生命的最后时刻都仍处于疯癫状态之中。虽然这或许和二人与生俱来的性格有关，但它可以向我们证明，在失去权力之后，太上天皇仍然可以选择两种截然不同的人生。

如此一来，皇权便得到了统一。但这种统一，仅限于政治系统方面，在逻辑和神学方面，它仍然缺乏较为完备的支撑。其结果是，与中国的天子（皇帝）不同，日本的天皇只能依靠代代让位的方式为其权能及其存在本身提供合理性解释。如此看来，院政的出现可以说有其潜在的必然性。

第二节 | 天皇与谱系

郊祀祭天大典

如前所述，即位宣命成为一种定式，始于桓武天皇时代。不过，令即位之事合法化的仍是天智天皇。等到元明天皇即位时，诏书中第一次出现了“遵照不改常典[1]”的说明（《续日本纪》天应元年［781］四月十五日条）。桓武天皇声称自己出身天智皇统，因此他搬出不改常典倒也还算合情合理。只不过，最初发明利用不改常典彰显正统性的其实是天武皇统，因此天武皇统的历代天皇也都以不改常典来作为其即位的重要依据之一。也就是说，从天皇的血统层面看，对于天智、天武两个系统而言，不改常典既是一把万能钥匙，又是一把利剑。在这种情况下，桓武天皇必须创造一种新的逻辑，来使自己的即位正当合理。这种逻辑既非出自记纪神话，也不依赖天武皇统老一套的不改常典。于是，郊祀祭天大典诞生了。

郊祀祭天大典是每年冬至中国皇帝在都城南郊的天坛祭祀天帝的仪式。《大唐开元礼》规定，祭祀天帝时，王朝始祖

---

1 不改常典，皇位继承相关法，一般认为由天智天皇制定，具体内容不详，据推测其主旨为叙述当今天皇即位、统治的合理性，告诫后世按照不改常典世代传承皇位。

唐代天坛遗迹　西安市南郊（1989 年，笔者拍摄）

（即唐高祖李渊）也须一同祭祀（河内春人《日本古代昊天祭祀的再探讨》）。延历四年（785）十一月十日，桓武天皇为了“赛宿祷”（祈盼宏愿实现），在长冈京南边的交野柏原举行了该仪式。延历六年（787）十一月五日，郊祀祭天大典再度举行，其祭文被记录在了《续日本纪》中。由该祭文可知，唐朝祭文中的“高祖神尧皇帝”，到了桓武天皇的祭文中则变成了“父光仁天皇”。后文将会说到，桓武天皇之前的历代天皇都有一种原始朴素的守护观念，他们认为死后的天皇之灵将护佑现任天皇。而桓武天皇出于抹杀天武皇统历史之需要，举行了以中国式逻辑为武装的新奇祭祀，以此表明自己作为天帝之子（天子），承继始于父亲光仁天皇的王朝，通过这种方式，桓武天皇彰显了自己的正统地位。

上文说到，起初桓武天皇依凭天智天皇制定的不改常典即位，但后来桓武天皇感到此举不妥，于是改奉父亲光仁天皇为始祖。那么桓武天皇为什么不能以天智天皇为始祖呢？后文将会说到，延历十年（791），国忌制度得到完善，天智天皇被确认为王朝始祖。而奈良时代的天武皇统也将天智天皇视为王朝的始祖。如此一来，桓武天皇该如何去定位天智天皇呢？仅凭桓武天皇并不出生自纯正的天智皇统这一点，桓武朝的前半段便已经十分不稳定了。

桓武天皇以后，郊祀祭天大典并没有形成惯例，只有文德天皇举行过一次（齐衡三年［856］十一月）。“天帝”的概念对于日本而言还是过于唐突了。不过，郊祀祭天大典的举办简洁明了地表明，只有现任天皇才能与天结成君臣关系，因此现任天皇是唯一拥有皇权的人。正因如此，郊祀祭天大典与嵯峨天皇驱逐太上天皇的举措亦形成了某种呼应。可以说，郊祀祭天大典令人联想到皇权的统一。换言之，郊祀祭天大典是皇权统一的一种时代象征。

国忌的变迁

子孙祭祀祖先既是义务也是权利，甚至还是一种宣告自身正统性的手段。以谁为当今王朝的始祖？如何定位此后的历代天皇？问题的答案都可以从现任天皇如何对待历代天皇及先祖忌辰的问题中一窥究竟。

这里所说的“国忌”，是指过去的某个特定的天皇或皇后的忌辰。仪制令[1]规定，"国忌"是国家的忌日，到这日时应暂停政务，并举办追善活动。国忌首见于《日本书纪》持统天皇元年（687）九月九日条记载的天武天皇一周年忌日。另据《续日本纪》大宝二年（702）十月二日条记载，不仅天武天皇，天智天皇的忌辰十二月三日也被定为了国忌。无论是在皇陵问题上还是在不改常典的问题上，天武皇统均以天智天皇为始祖（藤堂勋《律令国家的国忌与废务》《天智陵的营造与律令国家的先帝意识》）。据由天武皇统编纂的《日本书纪》记载，天智天皇曾打算让位于大海人皇子，即后来的天武天皇（天智天皇十年［671］十月十七日条）。此番记载显然是想表达这样一种逻辑，即天智天皇承认大海人皇子完全具备继承皇位的资格。鉴于《日本书纪》没有记载立大友皇子为皇太子一事，因此"天智天皇为第一代天皇，正统继承人天武天皇为第二代天皇"，这便是奈良时代官方的历史观。

其后，被定为国忌的忌辰逐渐增加。例如：庆云四年（707）四月，未能即位的草壁皇子之忌辰被定为国忌。天平宝字四年（760）十二月，文武夫人、圣武之母藤原宫子，以及圣武皇后藤原光明子的忌辰被定为国忌。宝龟二年（771）五月，光仁天皇之父施基亲王的忌辰被定为国忌。同年十二月，

1 仪制令，令之一，关于朝廷仪式和民间仪礼的规定。具体包括对天皇和皇后等人的尊称和礼节、贵族和官员之间的礼节、关于废朝（暂停朝会）和祥瑞的规定以及婚姻、服丧等规定。

施基亲王之妻、光仁之母纪橡姬的忌辰被定为国忌（以上均见于《续日本纪》）。此外，延历八年（789）十二月去世的高野新笠（光仁之妻、桓武之母）、延历九年（790）闰三月去世的桓武皇后藤原乙牟漏（平城、嵯峨之母）的忌辰也纷纷被纳入国忌之中。

在天智天皇以后的历代天皇中（当然不算大友皇子［弘文天皇］和大炊王［淳仁天皇］），加之上述各例，忌辰被纳入国忌者竟达十六人之多（中村一郎《国忌的废止》）。每逢国忌便要停止处理政务。如此一来，不仅国政停滞，国忌的天数越来越多亦会造成难以预估的后果。有鉴于此，延历十年（791）三月，太政官上奏要求整顿国忌，其曰：

> 谨案《礼记》曰："天子七庙，三昭三穆，与太祖之庙而七。"又曰："舍故而讳新。"注曰："舍亲尽之祖而讳新死者。"今国忌稍多，亲世亦尽。一日万机，行事多滞。请亲尽之忌，一从省除。

这一奏章参考了中国古典《礼记》。只不过《礼记》所言的是宗庙祭祀之事，其意为永久供奉一族（宗族）之族长，同时需根据祭祀者本人的父系直系关系，由近及远地供奉父亲、祖父、曾祖父等六位祖先。

另一方面，唐朝的国忌对象其实还涉及旁系、追封的皇

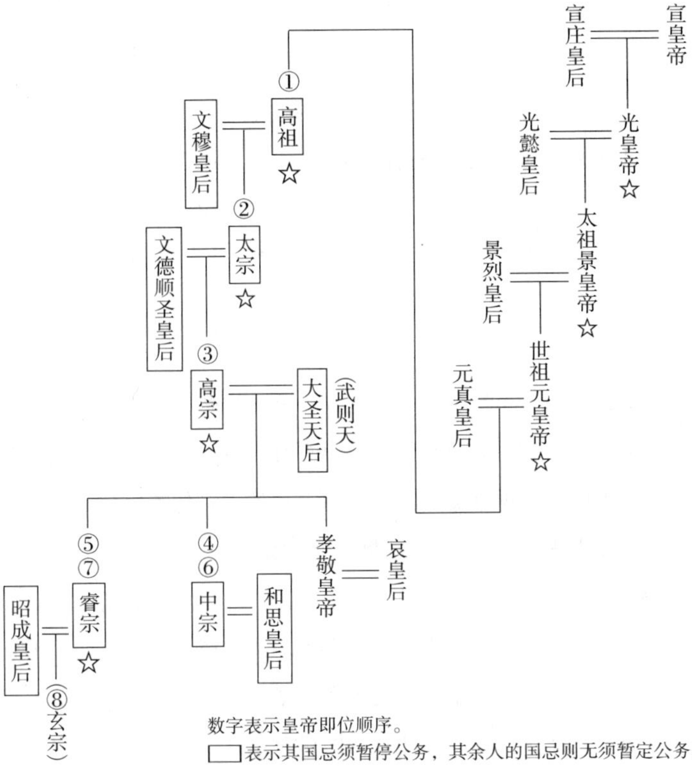

数字表示皇帝即位顺序。

□表示其国忌须暂停公务，其余人的国忌则无须暂定公务。

☆表示玄宗于开元四年至开元十年所立之七庙。

（出自藤堂勋《律令国家的国忌与废务》）

唐玄宗在位初期的国忌和宗庙谱系

帝及其配偶。其中，高祖以后实际即位（并非追封）的皇帝及其皇后之忌辰也都需要废务（暂停公务）。换言之，旁系的皇帝不一定是宗庙祭祀的对象，但一定是国忌和废务的对象。这是因为，“宗庙祭祀”祭祀的是祖先，它是一种以父系的直系祖先为对象、以皇帝个人的血统为中轴的祭祀，宗庙祭祀将每个家庭都会进行的祖先祭祀放大到了国家规模。与此相对，国忌，尤其是伴随着废务的国忌，则是为了让全体官员乃至国民百姓记住皇帝、皇后的忌辰。只不过由于国运长久，国忌的天数也越增越多，最终只能规定年代久远的国忌不再需要废务。

没有导入中国宗庙制度的日本，只借鉴了“国忌即废务”的形式，引入了唐朝以国家规模来祭祀先帝、先后的方式。延历十年（791），太政官上奏提出方针，以唐朝皇帝家祭祀为范本设置国忌。据推测，当时保留下来的国忌包括天智天皇、施基亲王及其妻子（光仁之母）纪橡姬、圣武天皇、孝谦天皇（称德天皇）、光仁天皇及其妻子（桓武之母）高野新笠和时任天皇——桓武天皇的妻子藤原乙牟漏（堀裕《平安初期的天皇权威与国忌》）。其中，圣武天皇、孝谦天皇等并非天皇父系直系的祖先亦包括在内。此外，国忌对象列入配偶这一点也与中国的七庙制度有所不同。不过从另一个方面来说，圣武天皇、孝谦天皇之外的其他天武系天皇的国忌很有可能已遭废除，而虽未即位、但在血缘关系上介于受命之祖（天智天皇）与现任天皇之间的人却被列入国忌之中。这一点类似于中国的宗庙思维。唐玄宗在位后期，曾将七庙制改为九庙制，其时玄宗的伯父中宗也被列入其中。而圣武天皇、孝谦天皇能被保留下来，应该正是参照唐制、加以调整的结果（前引堀裕论文）。其后，

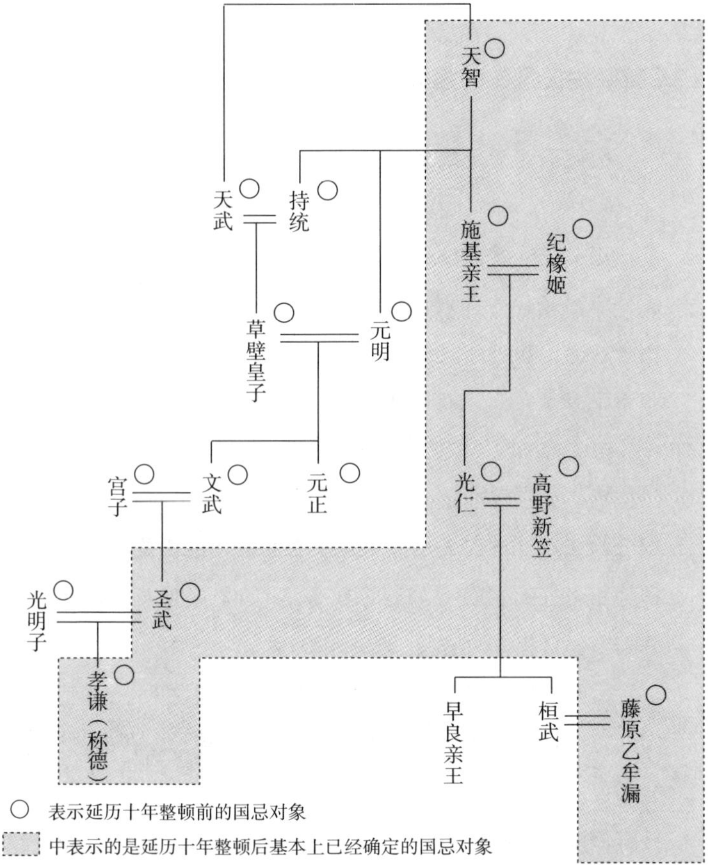

延历十年对国忌对象的整顿

圣武天皇的国忌于平城天皇大同元年（807）被废，孝谦天皇的国忌也在天长元年（824）遭到废除。

《新撰姓氏录》的编纂

桓武天皇思索着如何让自己的谱系成为正统，于是编纂《新撰姓氏录》的工作被提上日程。该书汇总了古代氏族的谱系，正文三十卷，目录一卷。淳仁朝天平宝字五年（761），藤原仲麻吕政权曾计划编纂《氏族志》，但无果而终。桓武朝延历十八年（799），桓武天皇命令诸氏族提交本系账（诸氏族的谱系记录），继承编纂《氏族志》之遗业。编纂工作于弘仁六年（815）结束，其工作内容包括：按照各氏族祖上在谱系中的位置，分别将本籍在京城、畿内[1]的一千一百八十二个氏族划分为皇别（神武天皇以来从天皇家分出的氏族）、神别（天神地祇的子孙氏族，如藤原氏等）、诸蕃（渡来氏族）三类，并列出各自相应的出身、传承和谱系。

桓武天皇为何需要这样的东西？尽管说法不一，但可以肯定的是，重新整理和确认诸氏族的谱系与传承，在那时变得十分必要。然而令人不解的是，桓武天皇的母亲出身卑微，为下级官僚阶层，而且还是百济渡来人，这一点难道不与《新撰姓氏录》所记载的谱系类别相矛盾吗？事实上，天皇谱系由父系决定，甚至可以说，仅以父系为根据。而这种由父亲决定的天皇谱系正是桓武天皇所需要的。

---

1 畿内，指山背（山城）、大和、河内、摄津四国。后又从河内分出和泉，变为五国。

较之唐朝的《贞观氏族志》，我们可以清楚地看到《新撰姓氏录》的性质。《贞观氏族志》的重点是将全国的氏族分为九等。唐贞观十二年（638），《贞观氏族志》大体修成，旋即被呈递至皇帝面前。然而，《贞观氏族志》将自南北朝以来的山东崔氏、卢氏等名门望族置于上位。这令唐太宗勃然大怒，于是唐太宗下令依据对大唐的贡献程度重新划分等级。最终，山东崔氏被降为第三等。据说到了之后的唐高宗时代，有人对《贞观氏族志》的排名有所不满，于是高宗下令编纂《姓录》，焚毁了《贞观氏族志》(《唐会要》卷三十六《氏族》)。

从名称来看，日本的《氏族志》和《新撰姓氏录》明显以唐朝的《贞观氏族志》和《姓录》为样本。但是在形式上，二者却有所不同。其一，《新撰姓氏录》仅收录本籍在京城与畿内之人的谱系。这说明只有京城与畿内的氏族才有必要受到掌控。而且如后章所述，当时全国的郡司氏族谱系已经厘清，所以只需整理京城和畿内的氏族谱系即可。

其二，日本并未效仿唐朝，按照对王朝的贡献程度划分等级，而是仅以该氏族在天皇世系图中的哪个位置分支这一极朴素的方式施行了划分。既然谱系是天皇之所以成为天皇的依据，那么臣子的定位也必须严格区分、有所对应。依据对王朝的贡献程度来划分等级，即等于承认了“只要推翻旧朝等级就可上升”这样的逻辑。而这在日本是不被允许的。

其三，天皇的谱系并未被记录在内。这是因为天皇本身就是给诸氏族赐姓之人。

虽然我们不清楚这些与唐朝氏族志有明显差异的编纂方针，是否从一开始即被规定下来，但相较于强调革命的桓武朝前半，桓武朝后半则似乎更加强调关乎正统性的理论逻辑。在此，我们能看到万世一系的天皇，可联想到为天皇效忠的各项事业、按照谱系上与天皇的亲疏关系呈同心圆状排列的诸氏族，以及唯有天皇才能给氏族命名等一切措施，《新撰姓氏录》虽略显陈旧，但它再次明确了天皇存在的终极理由。

桓武天皇与《续日本纪》

为了确立正统的历史观，桓武天皇还下令编纂史书《续日本纪》。《续日本纪》是六国史[1]中的第二部史书，上承《日本书纪》。不过，在桓武天皇组织编纂《续日本纪》时，还出现了一个重大的问题。

日本的正史是以中国的正史为样板编纂的。司马迁的《史记》另当别论，中国的正史大多编纂于该王朝灭亡且相隔至少一个朝代以后。由于日本没有（或者说人们认为没有）与中国同样意义的王朝更迭（易姓革命），因此中国的方法原本并不适用于日本。但实际上，六国史中除《续日本纪》

1 六国史，日本奈良、平安时代官方编纂的六部史书，分别为《日本书纪》《续日本纪》《日本后纪》《续日本后纪》《日本文德天皇实录》《日本三代实录》。

外，其余五部史书全部都是后世编纂而成。至于没能作为史书被编纂、及至淳仁朝才最终汇总的“曹案三十卷”也基于同样的考量，只写到了圣武上皇去世的次年，即天平宝字元年（757）。光仁天皇本来计划编纂一部史书，囊括自己在位的宝龟年间之事，但完成编纂并向上呈递之时已是桓武朝的延历十三年（794）八月，因此倒也不算触犯禁忌。只有《续日本纪》不同。该书不仅一直写至延历十年（791），还在延历十六年（797）二月被呈递给桓武天皇过目。准确地说，应该是在桓武天皇的要求下被呈递上去了（笹川晴生《续日本纪与古代史书》）。

这意味着，桓武天皇要求编纂者以“当今天皇圣明”这种历史观来描述自己在位的时代。换言之，桓武天皇也会要求编纂者以同样的笔调来描述过去，使过去与当下能够更加顺畅地衔接。桓武天皇要求史书对自己在位的时代做出正面评价的姿态倒是与唐太宗不谋而合。作为编纂史书的传统，当代史按理说并不应该被呈递给在位的皇帝看，但唐太宗却对此传统不屑一顾，他不仅强行阅览《起居注》（史官记录的皇帝日常言行），还让史官编纂当下的实录。也是在唐太宗的授意下，史书的题材才以国家公事为中心，而鲜有诗文之类的记录（池田温《中国史书与〈续日本纪〉》）。联想到《新撰姓氏录》有意仿效唐朝的《贞观氏族志》这一点，桓武天皇似乎也在一些意想不到的地方参考了唐太宗的政策。

可是，天皇在位期间命令史官编纂当朝史书一事，还是带来了很大的麻烦。关于建造长冈京时发生的藤原种继暗杀事件，以及其后发生的早良亲王废太子事件，据史书记载，“《续日本纪》所载崇道天皇（早良亲王）与赠太政大臣藤原朝臣（藤原种继）不好之事，皆悉数破却。而更依人言，破却之事如本记成。此亦无礼之事，今如前改正”（《日本后纪》弘仁元年［810］九月十日条）。由于惧怕早良亲王的冤魂，桓武朝末年删去了《续日本纪》中的相关记载。不过到了平城朝，平城天皇在藤原种继之子藤原药子、藤原仲成的建议下，又下令恢复了《续日本纪》中的相关记载。而上引史料将此事评作“无礼”，无非是因为药子之变后，嵯峨天皇想将藤原药子、藤原仲成以及平城上皇塑造成恶人罢了。因此有人推测，平城天皇对桓武天皇篡改史书一事非常不满，于是积极参与了恢复史书的工作（桥本义彦《“药子之变”私见》）。之后如上引史料所言，在嵯峨天皇的授意下，有关早良亲王和藤原种继的记述再次被删去。不过不知何故，这些被删掉的部分仍然可以依据《日本纪略》（摘抄《续日本纪》等正史成书）等书复原。不管怎么说，史书受当权者的影响而反复修改，仍是很不体面的。或许是吸取了前世的教训，此后的正史已不再记述当下的时代。

综上所述，自桓武天皇以来的三代天皇随意篡改过国史。9 世纪后，日本的“纪传道”（汉文学与中国史学）呈现出一种兴盛之势。然而，哲学和历史学不仅没有发展，还变成了一种作文技巧。原因之一，正是此时的统治者只专注于编纂编年史，而编年史却是一种不追问“统治者为何为统治者”的史书。平安时代初期看似文运昌盛，但在政治思想方面却乏善可陈，天皇改订史书恐怕亦是造成该结果的一个原因吧。

第三节 | 天皇与作祟、污秽

镇魂祭的变化

以上，我们强调了日本天皇接近中国皇帝的一面，同时也注意到了其复古的一面。所谓复古，并非单纯指回到律令制之前的状态。下文将以镇魂祭的变化为例展开叙述。

镇魂祭是一年之中的固定神事，在每年新尝祭的前一天举行。同样见于神祇令[1]的还有镇花祭、镇火祭等。鉴于“镇花”的意思是镇住春花时节飞散的疫神，“镇火”是指防火，因此构词相同的“镇魂祭”的“魂”，即指难缠之人的魂灵。据

1 神祇令，令之一，关于官方祭祀的基本规定。

《日本后纪》延历二十四年（805）二月十日条记载，桓武天皇原本打算将奈良石上神宫的神宝运至平安京，然而石上神宫的神灵作祟，因此桓武天皇又赶忙将神宝归还石上神宫，并举行了镇魂仪式平息神魂。镇魂祭作为一种神祇祭祀，其原本含义是镇压和封存那些死于大和朝廷征服、统一战争之人的灵魂。由此也可以理解，曾经以武力侍奉大和朝廷的物部氏为何也会与镇魂祭有所关联了。镇魂祭不仅出现在神祇令中，还出现在职员令[1]中。在谈到神祇伯（掌管祭祀的神祇长官）的职责时，镇魂祭作为代表性的祭礼，被列了出来。由此可见，自奈良时代以来，镇魂祭算得上是一个非常重要的祭礼。

不过，10世纪编纂的《延喜式》还对天皇、皇后、皇太子的镇魂祭做了单独的规定。由此可见，《延喜式》中镇魂祭的“魂”，指的就是天皇及其以下人等的“魂”。也就是说，平安时代的镇魂祭已不再平息那些给国家带来麻烦的魂灵。如果要平息那些魂灵，举行一次镇魂仪式一并平息就够了，无须再专门平息皇后或皇太子之魂了。

在天长十年（833）成书的《令义解》(《养老令》的官方注释书）中，“镇魂”被解释为“招离游之运魂，镇身体之中府”。《养老令》的另一本注释书、于延历年间成书的《令释》也给出了相同的解释(《令集解》职员令神祇官条)。由此可

1 职员令，令之一，关于中央和地方各官司官名、官员、职责等方面的规定。

见，至少在平安时代初期以前，镇魂祭的主旨已发生了巨大的变化，它变成了平息天皇、皇后、皇太子之魂灵的祭礼。虽然“离游之运魂”的说法给人一种中国风的感觉，但实际上，中国皇帝的祭祀中并未出现过类似的案例（渡边胜义《镇魂祭的研究》）。

也就是说，镇魂祭的功能逐渐从平息那些给国家带来麻烦的魂灵，演变成了令天皇、皇后、皇太子身心安宁。我们甚至可以说，只要天皇及以下皇族身心安宁，国家就会安泰，即一种新的观念已经取代了旧有的逻辑。同样的蜕变也可在佛教中窥见端倪。比如“护国”原本指守护整个国家，这是“国家佛教”的命题。然而9世纪至10世纪，“护国”则逐渐变成了一种对天皇个人的守护。而密教所说的“护国修法”除祈雨外，其余部分也变成了对天皇以及由外戚组成的“摄关家”的护持（曾根正人《平安京的佛教》）。为什么会出现这种情况呢？这个问题的答案并不简单。不过可以肯定的是，这种变化是与要求天皇慎重并具有纯洁性相呼应的。

大尝祭与御禊

御禊算是一个与镇魂祭的蜕变可能存在关联且一直留存到后世的祭礼。御禊始于平城天皇大同年间，一般在大尝祭之前举行（中岛宏子《大尝祭中御禊行幸的形成与特征》）。过去，在每年的新尝祭之前会举行镇魂祭，但由于缺乏确凿证据，我们目前无法断定大尝祭之前是否也要举行镇魂祭。不过反过来想，如果说只有天皇即位那一年不举办镇魂祭，似乎也很难说通。因此，当时在大尝祭之前举行镇魂祭就足够了，并不需要举行御禊。

然而到了平城朝，平城天皇于大尝祭之前，在葛野川（桂川）的河滩上举行了御禊（大同二年［807］十月）。而预定在当年举行的大尝祭则因伊豫亲王事件而遭到了延期。第二年，天皇再次在近江的大津举行御禊。有人认为，平城天皇属于天智皇统，因此有意将仪式的举办地选在近江的大津[1]。不过仁明天皇天长十年（833）以后，御禊则被固定在贺茂川的河滩上举行，御禊本身也变得与天智天皇没有半点关系。由于贵族也会在贺茂川进行各种各样的袚禊，因此仁明天皇应该只是选择了一个有合适的水流且离内里较近的地方而已。

那么为何要在大尝祭之前举行御禊呢？自不待言，这是为了袚除天皇身心居积的污秽。这种略显神经质的精神洁癖仪式，正是由此时开始疯狂发展起来的。此外还有一种解释，那就是镇魂祭已经变成了一种以天皇、皇后、皇太子身心安宁为目的的祭祀活动，因此要想袚除附着在天皇身上的污秽，则必须发明出另外一种祭礼。

---

1 公元 667 年，中大兄皇子将都城从飞鸟迁到了近江，并在次年于近江即位为天智天皇。

怨灵的表面化

但是，镇魂祭的蜕变并不意味着再无与国家敌对的人了。众所周知，此时又有一种新的怨灵登上了历史舞台。

此处所说的“新”，包含着重要的意思。作为神祇祭祀的镇魂祭所镇之“魂”，历来指的都是一种抽象的、泛指性的东西。人们很难设想某个含恨而死的人，会对君主作祟抑或降灾。至少在众人的观念中，这种事情不应该被拿上台面。例如，天武天皇的皇子大津皇子是足以威胁草壁皇子的强有力对手，因此天武天皇驾崩后，大津皇子被迫自杀。可即便如此，也从未听说过大津皇子对草壁皇统作祟之事。另外，长屋王因莫须有之罪名被杀，此事可以说已被明确载入《续日本纪》之中，但该书却没记载什么长屋王的冤魂会对藤原氏和圣武天皇作祟。不过，光明皇后投身写经事业、圣武天皇频繁迁都，其背后的原因可能与长屋王事件有关。天平九年（737），天花流行，朝廷立刻授予长屋王的子女官位，这或许也是为了安抚长屋王的怨灵（寺崎保广《长屋王》）。然而，当时的朝野似乎存在着一种默契，即认为至少在朝廷的官方文献中，不应记载怨灵之事。在这一点上，中国方面亦是如此。中国的隋唐正史不会记载此类风闻，也不记载皇帝如何绞尽脑汁对付怨灵。这或许是因为两国都受到了“子不语怪力乱神”（《论语·述而》）的影响吧。实际上，长屋王事件后，长屋王的宅邸即刻便被光

神泉苑的庭院 文人骚客聚集、天皇临席举办诗宴之地。贞观五年（863），御灵会在这里举行

明皇后没收并加以使用了（渡边晃宏《二条大路木简与皇后宫》），从这一点也可以看出，天平时代的皇室在精神上是相当强悍的。

然而，继井上内亲王、他户亲王谋杀事件以及早良亲王、伊豫亲王等一连串的冤案之后，死者怨灵作祟之说不胫而走，包括天皇在内的朝野上下都对此深信不疑。延历十一年（792）六月，皇太子安殿（后来的平城天皇）身体虚弱，人们将其归咎于早良亲王怨灵作祟的结果。于是，朝廷派遣诸陵头[1]前往

---

1 诸陵头，管理皇族丧葬和皇陵的诸陵寮长官。

早良亲王的埋葬地淡路进行抚慰。延历十九年（800）七月，朝廷追封早良亲王为崇道天皇，以表歉意（《日本纪略》）。延历二十四年（805）四月，为“向怨灵致歉”，早良亲王的忌辰再次被列入国忌（《日本后纪》）。尽管记载上述事件的史书皆为后世编纂，但可以肯定的是，所谓的“难缠之人”在这一时期由之前的泛指变成了某个具体的人。

在这种情况下，朝廷需要一个能镇住怨灵的具体办法，而不是简单的镇魂祭。贞观五年（863）五月，为了抚慰崇道天皇（早良亲王）、伊豫亲王及其母藤原吉子、观察使（或为藤原仲成）、橘逸势、文室宫田麻吕这六名非正常死亡者的怨灵，朝廷在神泉苑举办御灵会。在从镇魂祭演变至御灵会的整个历史过程中，个人的魂灵被析出和放大。而天皇在这其中最有必要去应对这种变化。

如上所述，如果像中国皇帝那样，以天命思考为基础，以成为唯一至高无上的君主为目标，那就必然也不得不接受易姓革命。而日本的传统统治逻辑则立足于连绵不绝的皇统，并通过天皇与臣子之间毫不避讳的互惠关系来构建统治秩序。两者之间，无论如何都是矛盾的。但是，在实际的统治过程中，日本将主轴放在了后者，同时亦会根据需要部分汲取前者之要素。9 世纪时，在前后两者相互作用、反复试错的过程中，天皇的形象逐渐演变成了后世我们所看到的样子。

第三章

帝国的重组

第一节 国际秩序构想的转变

为何不希望唐使来访？

一国君主之定位，通常也与其对国际秩序的构想密切相关。为了说明这一点，我们让时间倒退到律令国家日本首次迎来唐朝使节的那一年。

宝龟九年（778）十月二十三日，判官小野滋野乘坐遣唐使第三艘船回到日本。意想不到的是，其同行者还包括唐使孙兴进（原本的使节赵宝英在途中遇难，孙兴进是其部下）。唐使为何会一同前来？《续日本纪》详细记载了此事。简单来说，日本方面一直尽量避免这种状况发生，但碍于唐代宗突然提议且态度坚决，因此日本只好带着唐使回国（东野治之《遣唐使船》）。那么，日本为何不希望唐朝皇帝的使节访日呢？

原来，在日本的律令中，唐和新罗一样，均属于外蕃，都位于“中华帝国”（指日本）的周边且从属于“中华帝国”。而唐的律令是以“唐即中华，四周均为外蕃”为首要前提制定的。日本在制定《大宝律令》和《养老律令》时，也是将这种认知原封不动地移植了过来。这样一来，唐就成了日本眼中的外蕃（平野邦雄《国际关系中的“归化”与“外蕃”》）。

可实际上，日本是向唐朝贡的国家，唐的地位无疑处于上

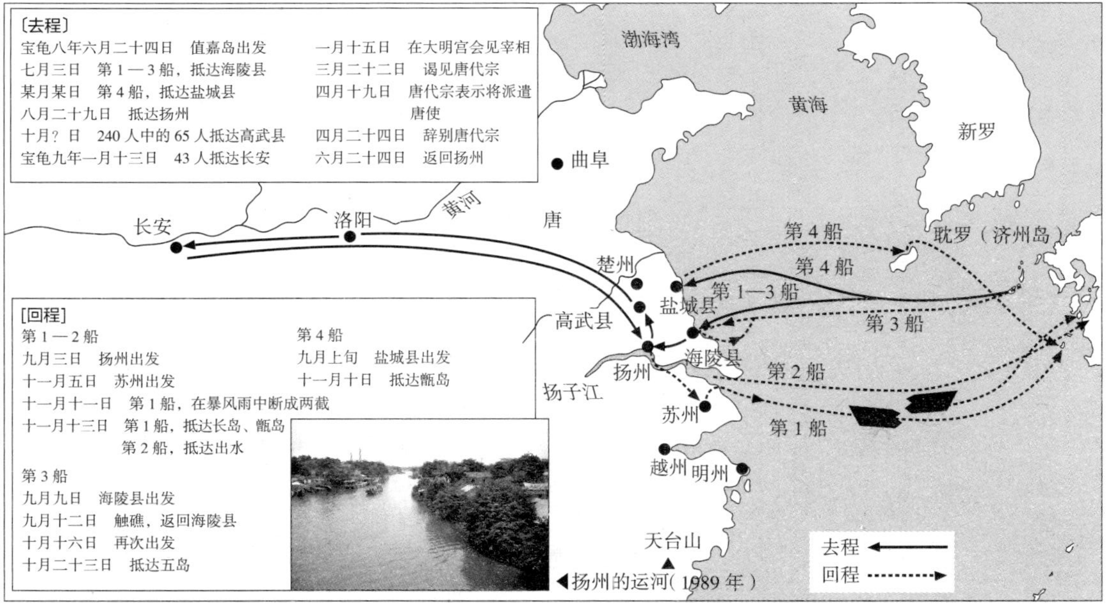

宝龟年间遣唐使的路线　路线、人数出自《续日本纪》宝龟九年（778）十月二十三日条的记载（参照东野治之的《遣唐使船》制成）

位。然而，明白这一点的仅限于朝廷高层。要说有亲身体验的，恐怕也只有拜谒过唐朝皇帝、会与新罗等各国使节争夺席次的遣唐使了吧。这就好比第二次世界大战前，日本的政界和司法界都知道天皇实际上只是一个国家机关，但在军部和老百姓眼中，天皇必须是神。关于近代[1]天皇的定位，有人将“天皇神权说”比作佛教中的“显教”，将“天皇机关说”比作佛教中的“密教”（宫泽俊义《天皇机关说事件（下）》）。同样，古代的日本天皇对内，正如“天皇”二字所示，是君临天下的皇帝、天子，甚至是神。但对于唐来说，日本天皇却不过只是朝贡国的王而已。因此，我们也可以将前者的这种表面化状态比作“显教”，而将后者这种实际状态比作“密教”。

在《大宝令》的注释书中，天平十年（738）条出现“邻国者，大唐也。蕃国者，新罗也”（《令集解》公式令诏书式条）“‘率土之内’（原本指“全天下”），谓大八州（日本列岛）是也”（《令集解》仪制令皇后条）的说法。由此可见，日本完全照搬了唐的律令用语，而这些注释就是在解释这些用语。日本费尽心思想让令文适用于自己，于是用符合实际情况的“密教式”注释，来解释“显教式”的令文。天皇本人也意识到了其中的矛盾，因此特地发布诏敕，告诫遣唐使不要在唐朝引起纠纷（《续日本纪》宝龟七年［776］四月十五日条、东野治之《遣唐使船》）。

1 近代，在日本史中指明治维新的19世纪60年代至太平洋战争结束的1945年。

然而，此次唐使来访，问题便在于届时该如何接待唐使。受唐朝皇帝派遣的使节，自然要以唐朝皇帝代理人的身份面见天皇。具体来说便是，天皇需走下御座，面朝北方接见面朝南方的唐使（田岛公《日本律令国家的"宾礼"》）。

放弃"天子南面"原则

中国自古就有"天子南面"（"南面"即面朝南）的说法，日本也仿效了这一点，奈良时代的天皇便是从北面面对群臣的。天皇只有在面对东大寺大佛等情况时才面朝北。这是因为即便尊如圣武天皇，也自称三宝奴。[1]因此，面朝北是天皇面对大佛的正确方式（龟田隆之《〈续日本纪〉考证三题》）。平安时代以后，天皇在平安京的大极殿和内里的紫宸殿中仍旧是坐北朝南的。然而到了平安时代中期，清凉殿变成天皇的日常御所及处理官奏（上奏）、除目（官员任命仪式）等政务的场所（关于政务的处理将在第五章叙述），天皇也随之变为坐西朝东，群臣则坐东朝西与天皇相对。

但是在迎接唐使这种重大的场合下，先不说天皇到底是面朝南面还是北面（也有说法是天皇与唐使东西相向），仅仅

---

1 公元 749 年，圣武天皇让位于女儿阿倍内亲王，自己前往奈良东大寺出家，在卢舍那佛面前自称三宝奴，以示虔诚。三宝奴指佛教三宝佛、法、僧之奴仆。笃信佛教的梁武帝萧衍曾数度出家，自称三宝奴。

是让天皇走下御座，对日本朝廷而言也算是一种莫大的屈辱了。早期日本派遣遣唐使时，唐太宗曾派高表仁与遣唐使一同前往倭国。根据《旧唐书》等书记载，唐使高表仁与倭王子争礼，最终未能述职而返。二人所争之“礼”，肯定也包括了天皇（当时或称“大王[1]”）到底该面南还是面北的问题。自那以后，为避免纠纷，日本尽量拒绝唐使访日。然而此时唐使已经抵达日本，这让光仁天皇及以下群臣十分为难。

天皇与唐使的会面仪式于宝龟十年（779）五月三日举行。幸运的是，壬生家的史料（现已下落不明）记载了部分当时有关接待仪礼的讨论。从这一史料看，尽管有人反对，但石上宅嗣等人“天皇不得不降座”的意见最终还是占据了上风（前引田岛公论文、森公章《古代日本对唐观研究》）。也有人认为，该史料与幕府统治末期日本国学狂热者的口吻十分相似，因此怀疑这是伪作（前引东野治之著作、广濑宪雄《接待访倭、访日隋使、唐使的外交仪礼》）。但不管怎么说，该史料的确对光仁天皇走下御座一事表达了愤慨之情。《续日本纪》中并无天皇走下御座接见外国使节的相关记载。因此要说幕末的国学者费尽心机编出这么一件不光彩的事，似乎也很难说通。即便该史料是近世[2]末期之作且误记了某些

1 大王，日本古代实行天皇称号之前对最高统治者的称呼。

2 近世，在日本史中指安土桃山、江户时代，时间大体为 16 世纪末至 19 世纪中期。

人物的官职，我们也并不能就此否定天皇降座一事及其相关讨论的存在。而且，当时的皇太子山部亲王，即后来的桓武天皇亦全程目睹了该事件。

新罗使节朝贡

与唐朝建立正式的国交关系，并将自己定位为唐朝的朝贡国，以此在东亚世界活动——日本的这一做法，意味着日本把自己定位在了以唐王朝为中心的世界秩序中。时值天宝十二载（753）正月，唐大明宫含元殿正在举行元日朝贺，遣唐使大伴古麻吕与新罗使节因席次发生争执。最终，大伴古麻吕（自诩）争得上位（石井正敏《大伴古麻吕的奏言》）。如上所述，日本通过遣唐使外交成功令唐朝认可了自己的地位。而这一结果的背后，凝结着遣唐使非比寻常的努力。

如前所述，那时天皇在面对国内及新罗等国时，展现出了与面对唐朝时截然不同的两种姿态，尽管这种“变脸”让天皇本人很不愉快。日本付出这些努力，无非是为了确认自身的地位，即在东亚世界中，日本作为有实力的国家，地位在新罗之上。此外，日本还想向唐朝展示另一种姿态。例如，早期的遣唐使曾向唐高宗进献虾夷人（《日本书纪》齐明天皇五年［659］七月三日条），企图向唐朝传达一种信号，即日本是一个统治着隼人和虾夷等异族的大国和君子之国，以此来获得唐

唐长安城大明宫含元殿遗迹　西安市北郊（1989 年，笔者拍摄）

朝的正面评价。也就是说，日本在奉唐朝为盟主以谋求较高地位的同时，还欲使唐朝承认自己小帝国的身份（石母田正《天皇与“诸蕃”》）。

在此，我们简单回顾一下成为律令国家后的日本与新罗的关系。公元 663 年，日本（倭）在白村江之战中大败于唐朝、新罗联军，日本直接干涉朝鲜半岛的通路被封锁。此后，希望单独统治朝鲜半岛的新罗发动了对唐战争，唐朝与新罗的关系迅速恶化。在这种情况下，新罗转而对日本展现出大幅妥协和谦卑的姿态。避免同时面临两场正面战争是战争的铁则，新罗这样的做法亦在情理之中。

676 年，唐朝将安东都护府迁至辽东，撤出朝鲜半岛。进而 690 年，唐朝承认新罗对朝鲜半岛的实际统治，并正式任命新罗君主为新罗王，两国就此形成册封关系。此后，两国关系趋于稳定。

另一方面，日本朝廷认为，新罗在7世纪60年代展示出的妥协态度将会一直持续，因此日本朝廷基于这一判断构想了日新关系。也正因如此，当新罗修复与唐朝的对立关系、脱离日本的构想时，日本方面则无法容忍了。前面提到的大伴古麻吕曾报告称，自己已向唐朝说明“自古至今，新罗向日本国朝贡久矣”（关于大伴古麻吕是否真的说过这句话，一直存在争议，后文将详述）。事实上，日本也的确一直要求新罗朝贡，但几乎每次都遭到了拒绝。

在这种情况下，天平宝字二年（758）十二月，藤原仲麻吕政权通过渤海国得知唐朝爆发安禄山之乱，于是打算乘新罗靠山不稳之际进攻新罗，将积年悬案做一了断，使新罗朝贡日本成为现实。然而，这一计划最终因藤原仲麻吕之乱[1]的爆发而流产。

没想到的是，其后新罗对日本又转向了极为温和的态度。原因是当时新罗国内混乱，新罗方面担心日本趁机而入。宝龟十年（779），新罗为了次年的元日朝贺派遣金兰荪为朝贡使，携“御调”（贡品）前往日本（《续日本纪》宝龟十年十

---

1 藤原仲麻吕之乱，藤原仲麻吕是奈良时代的贵族，深受光明皇后信赖，大力推行《养老律令》，光明皇后而死后，藤原仲麻吕逐渐失势，为除掉以孝谦上皇（称德天皇）为靠山的道镜，举兵叛乱，最终在近江兵败身亡。

月九日条、十一年正月二日条、正月五日条）。这里所说的“调”在日本与新罗之间具有特殊的意义。在《日本书纪》钦明天皇纪以下各卷中，先是记载了历代天皇念念不忘收回任那[1]的情况，进而产生了一种逻辑，即认为“新罗非法占领了任那，因此任那地区的‘调’，应由新罗献上”。紧接着，日本又用中华思想来润色这一逻辑，最终产生了一种新罗是日本蕃国的认知。也就是说，新罗派使节携“调”前来，即意味着新罗承认了日本在朝鲜半岛的潜在主权。正因如此，新罗此前只进贡“土毛”（简单的礼物），而决不向日本献上“调”（石上英一《古代日本的税制与新罗的税制》）。

如何自我定位？

出于上述种种原因，天皇对新罗使节携“调”前来一事表现得非常高兴。于是，天皇乘势向新罗王发出了一道盛气凌人的诏书，其大意是让新罗王向天皇呈上奏章，不然就将新罗使节从大宰府赶回去（《续日本纪》宝龟十一年［780］二月十五日条）。这年正月，唐使判官高鹤林与新罗使节金兰荪一同参加了元日朝贺。高鹤林原本搭乘的是遣唐使的第四艘

1　任那，被认为是存在于朝鲜半岛东南部的古代加罗地区的别名。据《日本书纪》记载，公元4—6世纪前后，大和朝廷的势力曾领有任那地区，并建有“任那日本府”。6世纪中期，任那被新罗吞并。关于“任那日本府”，学界存在争议。

船，但船在途中漂到了济州岛，因此高鹤林最后是被新罗使节送至日本的。在唐使在场的情况下，日本方面在新罗使节面前摆足了架子。一来是故意做给唐人看，二来也是日本方面得知新罗内乱已经发展到了新罗惠恭王被暗杀的地步（宝龟十一年［780］四月），而且日本也料到安史之乱后的唐帝国没有能力救援新罗。

总之，宝龟十年至十一年间，唐使访日、日方接待、新罗使节访日朝贡等一系列事件接踵而至。在此过程中，面对如何在东亚世界中自我定位的问题，日本朝廷一方面自尊心受挫，另一方面作为小帝国的自我认知得到了充分满足，处在混沌不清、迷惘交错的状态中。

或许是基于上述讨论，日本朝廷在三月十六日（不知新罗使节是否已经回国）迈出了决定性的一步（《续日本纪》），即除三关国（坐拥不破关、爱发关、铃鹿关的美浓、越前、伊势三国）以及边关要地（西海道诸国诸岛以及隐岐、佐渡、陆奥、出羽等地）外，其他地区一律缩减军团兵士制的规模。在讨论这一措施的意义之前，我们必须首先理解什么是军团兵士制。

向裁军转变

律令国家实行的是军国体制。正如天武天皇一语道破的那样，“政要者，军事也”（《日本书纪》天武天皇十三年［684］闰四月五日诏），国家秩序是由军事机构以暴力的手段加以维系的。然而在奈良时代末期至平安时代初期，国家的军事力量编制却发生了重大的转变。

从法令上说，律令国家日本的军事力量基础在于各国[1]军团。这种军团制度的基本框架仿自唐朝的折冲府。唐朝的折冲府置于地方，负责训练从一般成年男性中征集来的士兵，其中一部分士兵将会进入中央左右十二卫，负责长安的警备工作。日本与之类似，由军团派遣防人和卫士[2]前往九州岛北部地区或都城。

但是，唐朝的折冲府和日本的军团在设置地点上有所不同。具体而言，唐朝的折冲府将重点放在以长安为中心的关内道上，其目的显然是保卫中央朝廷（滨口重国《从府兵制到新兵制》）。而日本则将军团遍设全国，可见日本方面并没有重点保卫首都的意识。尽管有各种各样的解释，但总体来说，日本这样做就是为了动员全国的成年男性，举国防御外敌。

那么。防御重点为什么在外敌呢？这是因为，对于中央朝廷而言，让全国的成年男性从事军事训练未必是上策。天平十二年（740），藤原广嗣在大宰府发动叛乱，跟随他造反的正是西海道诸国军团。如果不能有力掌控军队指挥系统，中央朝

1 此处的“国”指日本古代的地方行政单位，如武藏国、大和国等。
2 防人，为防止来自大陆的入侵，派往九州北部沿岸、壹岐、对马等地的士兵。卫士，各藩国军队以轮换的方式抽调到京城守卫皇宫的士兵。

廷将陷入非常危险的境地，藤原广嗣叛乱就是最好的例子。这样的例子在更早的壬申之乱中亦可见端倪。当然，壬申之乱时律令制下的军团制度尚未建立，但毋庸置疑的是，国司[1]手中必定掌握了一些有一定军事素养的军兵。而且也正是这些军兵充当了叛军的主力，是他们迎击并最终击破近江朝廷的正规军。因此，对当政者而言，在全国统一培养和训练军团兵士，以统一的号令命令兵士行军和作战，本就是一把双刃剑。在壬申之乱和藤原广嗣之乱中，其消极的一面展露无遗。

尽管历经多次叛乱，但律令国家之所以仍然坚持军团兵士制，是因为并未将军团兵士配备地视为主要的假想敌。后文将会说到，在对虾夷的战争进行到最为激烈的延历十一年（792），日本废除了除西海道等部分地区以外的所有军团。而且考虑到军团兵士制的规模普遍较大，律令国家是按照在平原上与正规军进行大规模作战的标准训练和维护军队的。由此可见，日本的假想敌明显是唐军和新罗军。较之壬申之乱和藤原广嗣之乱，律令国家更加看重白村江口一战的教训，因此朝廷将重点放在了威慑、进攻，以及对外防御上。律令军团制就是按照这一路线建立起来的（下向井龙彦《日本律令军制的基本结构》）。

不过，从最近唐朝和新罗的情况来看，两国侵略日本的可能性已不复存在。尤其是新罗，其态度前后发生了一百八十度的大

1 国司，律令制下，由中央派往地方各国掌管政务的地方官，由守、介、掾、目以及史生组成。

转变，日本甚至可以不费一兵一卒即达到自己的目的。宝龟十一年（780），日本朝廷向山阴道、北陆道以及西海道等沿海诸国下达指令，要求按照天平四年（732）的“警固式[1]”实施沿岸的警备工作（《续日本纪》七月十五日条、七月二十六日条）。日本这样做是因为金兰荪回国时，日本方面表现得十分盛气凌人，因此担心新罗报复。而且，日本的警备状态其实也只维持在“专守防卫[2]”的程度而已。不久后的延历十四年（795）十一月二十二日，防人司被废除（《类聚三代格》卷十八）。延历十八年四月十三日，除西海道以外的诸国烽火台也被停用。综合上述情况来看，律令国家已经意识到即便不攻打新罗，新罗也会顺从，且不会反过来攻打日本。基于这种认知，原本出于对外关系考量而建立起来的军团兵士制便逐渐缩小规模直至被废除了。

新的小帝国构想

日本作为小帝国、接受他国朝贡的愿望，亦在渤海国身上得到了满足。渤海国从未中断过向日本派遣朝贡使，直到9世纪初期，渤海国使节还严格按照礼节参列了元日朝贺仪式。日本对渤海国的贡品（实际上是商品）十分感兴趣。虽然日本表

---

1 警固式，关于外敌侵入时，加强国家防御、贴身保护天皇安全的实施细则。
2 专守防卫，己方领土遭到攻击时，仅为保卫领土、阻挡敌人而使用武力，是一种消极的防卫战略。

面上劝渤海国不要来得太频繁，这样会给自己添麻烦，但另一方面又从不拒绝渤海国的朝贡（上田雄《渤海国之谜》）。

如此一来，东亚两国——新罗、渤海竞相朝贡的绝佳时代似乎已经到来。然而，问题在于唐帝国。自不待言，唐帝国始终君临于东亚世界，因此日本才会在外交上付出巨大的努力，派遣遣唐使，谋求唐朝认可自身的地位。但即便如此，新罗、渤海两国毕竟是唐帝国册封的国家，唐帝国绝对不能容忍自己册封的两国向他国朝贡（由此看来，前述大伴古麻吕在长安大明宫含元殿上的发言并不属实）。如此一来，除了能在地位上相对高于新罗，日本对于唐帝国的任何要求和期待都永远不可能实现。在这种情况下，日本国内出现了一种声音：如果日本分别在与新罗和渤海国的外交交涉中，确认了自己小帝国的地位，那么日本是否还有必要为对唐外交付出努力？如果因为对唐朝贡，而不得不在迎接唐使时感到屈辱，那么为什么不干脆置身于唐帝国的势力范围之外呢？

就在日本产生上述思考之际，派遣遣唐使的含义即发生了变化。笔者在第四章将会说到，日本在宝龟年间以后的延历年间和承和年间两度派出遣唐使。由此来看，日本似乎选择留在唐帝国的势力范围之中。从遣唐使的派遣间隔来看，自从大宝年间派出遣唐使（702 年出发）以来，日本每隔十几年便会派遣一次遣唐使。然而，自从宝龟十年（779）日本方面派使者护送唐使孙兴进等人回国后，中间竟然间隔了二十二年才在延历二十年（801）任命新一届遣唐使。如果以此次遣唐使出发的贞元二十年（804）到下一次任命遣唐使的承和元年（834）来计算，其间又间隔了三十三年。这表明日本继续留在唐帝国势力范围内的好处已大幅削减。

尤其值得注意的是，除了二度即位的称德天皇外，元正天皇（717年派出）、圣武天皇（733年派出）、孝谦天皇（752年派出）、淳仁天皇（759年派出）、光仁天皇（777年派出）等历代天皇都在各自即位后的十年内派出了遣唐使，而桓武天皇则在即位后的第二十一年才首次计划派遣遣唐使。在左右摇摆期间，桓武天皇还举行了郊祀祭天大典。综合来看，不派遣遣唐使就意味着日本想要脱离唐帝国，自行构想天下秩序。如果不与大唐打交道，日本就可以避免一边向别国朝贡，另一边又接受别国朝贡的复杂局面，更不用再忍受此前所受的屈辱，在面对大唐和在面对国内、新罗、渤海时使用两副不同的面孔。

送走宝龟十年（779）抵达日本的新罗使节后，日本朝廷的想法大概如上文所述。但是站在新罗的角度来看，情况则完全不同。在新罗眼中，日本口中所说的"让新罗朝贡""下次带着国王的奏章前来觐见""日本终于成为一个帝国，无须再顾忌大唐"之类的话，完全就是在白日做梦。虽然这是日本自己的事，但日本的姿态着实令新罗感到愤慨，因而此后新罗也再未向日本派遣过使节。

另一方面，为了请求新罗在日本派出遣唐使时提供安全等方面的保障，日本此后仍然断断续续地派出遣新罗使，这样的行为一直持续到承和三年（836）。当然，新罗朝廷的态度是消极冷淡的。这就是日本只考虑己方利益、作茧自缚的后果。尽管新罗朝廷态度冷淡，但无可厚非的是，日本遣唐使的确曾靠搭乘新罗海商的船只才回到日本。关于这一点，笔者将在第四章详细叙述。总而言之，生意归生意，新罗商人在两国间的往来与国家间的博弈其实是两码事。接下来，笔者便将叙述与国家博弈完全不同的另一件事。

第二节　对日本列岛内部帝国构造的清算

隼人的公民化

置身于以唐帝国为盟主的东亚秩序之外，其实与如何改造日本列岛内部是同一个问题。在这种情况下，如何解决日本列岛内部一直存在的隼人和虾夷的问题便成了当务之急。之所以这么说，是因为统治异族是小帝国的特征之一。

隼人是什么人？正如“隼人译语”一词所示，隼人是一种其语言需要翻译的、其文化多多少少与大和民族有些不同的民族。实际上，在大宝初年的大规模叛乱、和铜年间的叛乱以及养老年间的叛乱之后，隼人不再对中央朝廷采取反抗的态度。一部分隼人被迁至畿内地区居住，而剩下的隼人则居住在萨摩和大隅。这一部分隼人需要每六年派遣一次“朝贡隼人”前往朝廷服务（中村明藏《隼人的研究》）。朝廷的这一做法，显然是让隼人承担起“日本列岛异族”的角色，以此来证明天皇德化遍及边远之地。除了隼人，日本对待南岛[1]、渤海、新罗的态度亦是如此。日本这样做显然是希望为其“小中华帝国”的身份提供依据（前引石母田正论文）。

然而，当新罗、渤海眼看就要奉日本为盟主、日本也无须再顾忌唐朝时，日本也就没有必要再制造一种“国内统治异族”的局面了。让萨摩、大隅两国的隼人成为“调庸之民”（即公民）完全没有坏处。要想用全国统一的行政手段实现高效的统治，将班田收授推行到隼人社会、对其征收庸调也未尝不可。

延历十九年（800），班田收授法在隼人居住的萨摩、大隅两国全面施行（《类聚国史》卷一五九）。次年，朝廷下发朝贡停止令。延历二十四年，隼人不再朝贡（《类聚国史》卷一九〇）。自隼人最后一次叛乱后，大和朝廷过了七十多年才开始实行上述措施，其原因并不在隼人。日本开始思考怎样才能将日本列岛内部整顿成国家，才是产生这一变化的直接契

---

1 南岛，日本列岛以南的冲绳本岛等西南诸岛。

机。从那以后，留在当地的隼人成为普通公民，针对他们的差别待遇也被废除。

伊治呰麻吕之乱

律令国家的问题在于虾夷。早期遣唐使曾向唐高宗进献虾夷人。此举意在向唐朝说明，日本（倭）也是统治着异族的帝国。因此，虾夷的重要性要大于隼人。隼人被编入国、郡等地方行政单位，大宝年间又被登记在户籍中。相较之下，朝廷对虾夷的管理却远远没有达到这一程度（伊藤循《律令制与统治虾夷》）。律令国家一方面利用虾夷来证明自己帝国的身份，另一方面又对虾夷施以怀柔和移民的政策，以此来扩大统治区域，不断增设据点。

不仅要扩大统治区域，当时的律令国家还考虑是否要改变虾夷的定位。而且这一尝试要早于日本重新审视对外关系之时。宝龟五年（774）正月，此前为元日朝贺献上投降的虾夷人（称“俘囚”）的做法遭到取消。之所以遭到取消，大概是因为朝廷想停止这种夸张的帝国仪礼，明确这些原本模糊暧昧的领域。当时的镇守将军大伴骏河麻吕向天皇报告了虾夷的状况，并促请天皇做出决断。不过，其奏章内容仍然向主战论倾斜。七月二十三日，天皇下诏征讨虾夷。然而，在诏敕尚未到达陆奥国的七月二十五日，朝廷接到报告称，桃生城受到陆奥国沿海虾夷人攻击。此次进攻很有可能因律令国家的挑衅而起。朝廷与虾夷之间的小规模冲突从陆奥国一直蔓延到了出羽国。

缩减军团兵士后的宝龟十一年（780）三月，陆奥按察使纪广纯在伊治城（今宫城县栗原市）被“夷俘”（对投降的虾夷人的一种称呼）伊治呰麻吕杀害。纪广纯为了将胆泽地区建成战略据点，曾计划营建觉鳖城（所在地不明，一说在宫城县宫泽遗址）。紧接着，多贺城被虾夷人占领，而此事直接引发了律令国家与虾夷的全面战争。

如前所述，在没有必要再向唐朝摆出小帝国姿态的时代，虾夷人完全可以成为国家的公民。但是要想实现这一构想，则必须得像 8 世纪初对待隼人那样，以武力制伏虾夷。若非如此，则律令国家将无法通过户籍和计账[1]掌控虾夷，亦无法在此基础上征收庸调。

关于伊治呰麻吕叛乱的直接原因，史书记载称是虾夷内讧所致。但内讧背后的原因，则是律令国家的“分而治之”，即“以夷制夷”的方针。在虾夷内部的矛盾呈表面化趋势，以致虾夷人杀害朝廷要员、攻占多贺城的过程中，我们不难看出中央朝廷所起到的助推作用。觉鳖城的营建计划即是如此。

在分而治之的统治方式招致虾夷人反感后，以优待或强制手段迁至陆奥国的移民开始出现逃亡现象。相反，一些厌

1 计账，记录户籍变化的账簿，每年编制一次，与户籍共同构成征收庸调的基础。详见第七章。

恶律令统治方式的百姓（公民）反而却流入了陆奥国，如下野国八百七十名百姓集体流入陆奥国事件。这其中还包括受中央贵族、国司的指使，为他们诱拐良民、偷盗马匹的团伙。这些团伙甚至开始“卖此国家之货，买彼夷俘之物”，最终致使“绵能使贼着袄胄，铁能使敌造农器”（延历六年［787］正月二十一日官符，《类聚三代格》卷十九），如同《乱世英杰》（*The Plainsman*）、《血战保山河》（*Unconquered*）等老西部片所描绘的那般。所谓边疆，往往即有这样的宿命吧。

在上述种种因素下，伊治呰麻吕叛乱之际，公民与俘军共同加入叛乱一方也就显得不足为奇了（熊田亮介《古代国家与虾夷、隼人》）。

虾夷战争的推移

延历年间，鉴于与新罗的和平关系，日本朝廷决意全力制服虾夷，最多时曾动员十万军队，大举进攻。可是，虾夷的所在地与隼人所在的九州南部地区大不相同，其情况更为棘手。坂上田村麻吕虽已取得不俗战果，如延历二十一年（802）初建造胆泽城、同年四月促使虾夷大墓公阿弖流为及其属下五百人投降、次年二月建造志波城等，但始终未能拿下决定性的胜利。

在这种情况下，延历二十四年（805）十二月，桓武天皇下令展开“德政争论”，探讨何谓天下之德政。讨论双方分别是受桓

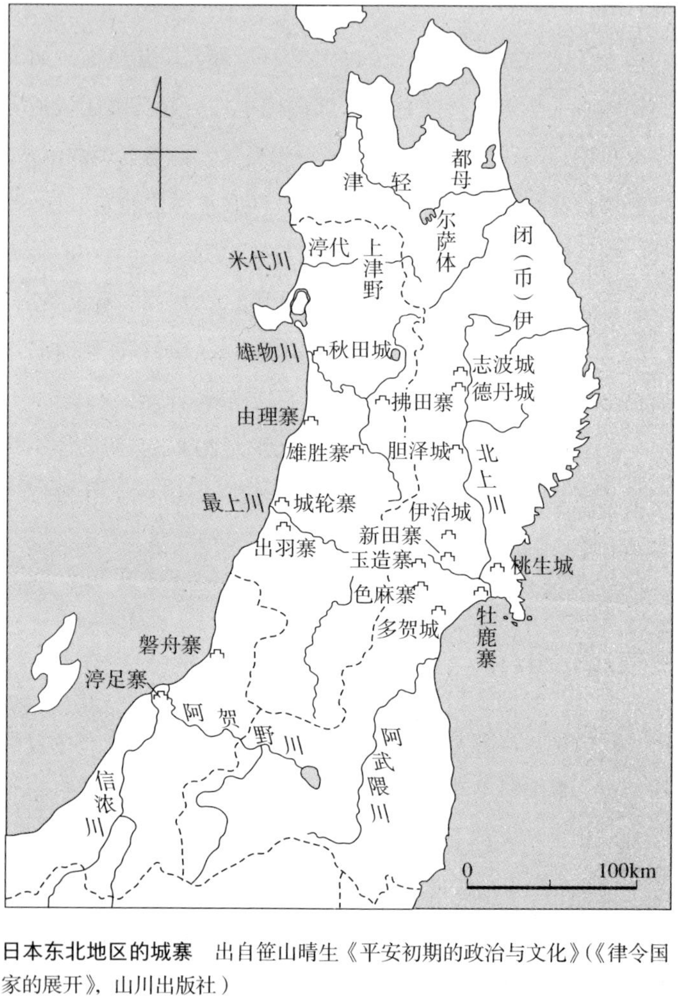

日本东北地区的城寨 出自笹山晴生《平安初期的政治与文化》(《律令国家的展开》，山川出版社）

武天皇提拔、官居参议、出身归化氏族的菅野真道（时年六十五岁）与同为参议的藤原绪嗣（时年三十二岁）。藤原绪嗣是藤原百川的长子，藤原百川是辅佐光仁天皇即位的功臣，还有人说他是立山部亲王（后来的桓武天皇）为太子的主要推手。结果，桓武天皇不顾菅野真道的反对，采纳了藤原绪嗣的意见。藤原绪嗣认为，"如今天下之苦，在于军事及大兴土木。若终止二事，百姓安然矣"。三天后，负责建造宫殿的临时机构造宫职被废除。而军事方面，由于有虾夷的存在，因此无法立即休战……

本该对该时期有所记录的《日本后纪》反而多有缺漏，虾夷战争的后续进展也不甚了了。不过根据有限的史料记载，弘仁二年（811），征夷大将军文室绵麻吕曾率两万六千人征讨尔萨体、币伊，为这两个地区带去了暂时的稳定。最终，朝廷放弃了使虾夷全面公民化的设想，将投降的虾夷人（即俘囚）迁至全国各地，用不同于普通公民的计账方式来登记和管理他们。而对于留在当地的虾夷人，陆奥国司、出羽国司则不得不以飨宴赐禄的怀柔手段来维持现状（贞观十七年［875］五月十五日官符，《类聚三代格》卷十八）。弘仁四年（813），朝廷宣布"中外无事"。

中外无事

首先请看第 106 页的表格。其中"最新兵士人数"一栏显

军团兵士人数的变化

国名	乡数（出自《律书残篇》）	根据推测应有的兵士人数	旧兵士人数	军团数	裁员人数	最新兵士人数
筑前	102	5 100	4 000	4	2 000	2 000
筑后	70	3 500	3 000	3	1 500	1 500
丰前	50	2 500	2 000	2	1 000	1 000
丰后	40	2 000	1 600	2	600	1 000
肥前	70	3 500	2 500	3	1 000	1 500
肥后	106	5 300	4 000	4	2 000	2 000
六国	438	21 900	17 100	18	8 100	9 000

（筑前国乡数出自《和名抄》）

示的是弘仁四年（813）八月九日因“中外无事”而大幅裁减西海道军团兵士后所剩的兵士人数（《类聚三代格》卷十八）。上表虽然记载了裁军前的人数（“旧兵士人数”），却并未说明记录该人数的时间。其他各国的兵士人数都以千人为单位，唯有丰后和肥前出现了六百人和五百人这样的零头，而这一点正好为我们提供了反推的依据。此前的宝龟十一年（780）十一月二十三日，朝廷下发官符[1]，在丰后仅六百人、肥前仅五百人的军团中设置军毅二人（大毅和少毅，非战时军团的统帅及副手）。由此推断，上述人数应该是在官符下发前不久制定的。也就是说，上表中的“旧兵士人数”据推断应该确定自宝龟

1 官符，全称“太政官符”，即太政官给所辖官厅下达的公文。

十一年（松本政春《律令制下诸国军团数》）。

那么，较之律令军团制原本规定的人数，我们应该如何评价宝龟年间的兵士人数呢？各国乡数（公元717年，律令制中的“里”改称“乡”）为我们提供了参考。从大宝二年（702）的美浓国等国户籍来看，大体上是一户征兵一人（直木孝次郎《关于律令兵制的二三考察》）。据此有人提出假说，或许正是为了保护一户一人的制度，所以朝廷才编制了户籍（义江［蒲田］明子《编户制的意义》、吉田孝《编户制、班田制构造的特质》）。那么一个乡有五十户，就可以征召五十名兵士。根据最可靠的《出云国风土记》（天平五年［733］）记载，当时出云国有六十二个乡、三个军团。那么，三个军团大概有三千名兵士。照此计算，前面的计算方法应该是大体正确的。

如果说，乡数的五十倍就是兵士人数，那么表中诸国的“根据推测应有的兵士人数”就是军团的兵士人数了。

通过上述梳理可知，仅就西海道北部六国而言，到弘仁四年（813）时，自奈良时代一直延续下来的军团兵士人数几乎减半。如前所述，除西海道等特殊军事区域外，律令军团制在宝龟十一年（780）三月进行了重大调整。这是因为当时的军团兵士被国司、军毅拿来私用，他们缺乏系统的训练，更难堪重用，因此朝廷决定裁员，改为征召擅长骑射的富家子弟（《续日本纪》）。以此次转变为契机，延历十一年（792），军团兵士制在西海道以外的地区全面被废，而西海道北部地区则仅保留可与正规军作战的军制，用以维护防卫体制。

不过如第 106 页表所示，到了弘仁四年（813），西海道也开始大幅裁员，这样的情况一直持续到天长三年（826）十二月三日军团兵士制被彻底废除。那句经常被引用的话——“一人被点，一户随亡”，就出自这一时期的官符之中。的确，当时西海道连年爆发饥荒和瘟疫，要想从普通百姓家征兵简直难上加难。

军团兵士被取消后，大宰府设置卫卒二百人，以备发生涉外紧急事态。此外，为了警备大宰府和国府，朝廷还从“富饶游手之儿”（富家子弟）中选拔统领和选士，且支给薪俸（《类聚三代格》卷十八）。本来最应该设防的地方，最后却以如此受限的方式示人。在大宰府，四百名选士由八位统领统率。而在西海道诸国，一千三百二十名选士由三十四位统领统率。而且二者均实行四交代制[1]，因此实际警备人数恐怕更是少到无法想象。总之，由对外关系决定、作为帝国之证明延续下来的律令军团制，就这样被放弃了。

1 四交代制，每年轮换四次、每次轮换一百人的制度。

第三节 | 边界的内与外

拒绝归化

十分讽刺的是，日本刚刚完成裁军，邻国新罗便陷入了混乱。在这一契机下，许多新罗流民来到日本列岛请求归化。

如前所述，新罗国内的混乱在惠恭王时代（765—780）达到顶峰，彼时便有新罗人漂洋过海请求归化。对此，朝廷于宝龟五年（774）五月十七日下发官符（《类聚三代格》卷十八），要求确认归化意愿，意愿不明者应悉数遣返。

其后，新罗王室在王位问题上骨肉相残。或许由于主要战场位于王都金城（庆州），因此流民未成大患。但不久之后的宪德王七年至十一年（815—819），新罗西部的草贼频频掀起叛乱，加之饥荒爆发，新罗全境一片混乱。而新罗流民也于这一时期陆续抵达日本，以弘仁七年（816）十月十三日为开端，弘仁八年二月、四月以及弘仁九年正月，日本朝廷先后批准数批新罗流民抱团归化，其群体规模从数十人至百十人不等（《日本纪略》）。而批准的依据，大概就是宝龟五年所下发的官符。

日本朝廷将他国流民前来归化，视为“慕帝王之贤德而来”。既然以“中华”自居，那么接受归化自然也是合情合理之事，这是作为“中华”最基本、也最理所应当的姿态。从中国学到这一点的日本想将这种姿态一直保持下去。

另一方面，弘仁二年（811）十二月，二十余艘（疑似）新罗船只漂至对马西部海域，惊恐的日本朝廷以为这是海盗，于是便斩杀了其中几位登陆上岸的人（《日本后纪》）。当时，海峡对面每夜火光冲天，局势非常不稳。日本方面之所以过于紧张大约还因为同年八月，有新罗流民漂至日本并在海上遭遇了海盗的袭击。不过在这一时期，此类事件只是零星发生。

然而到了承和年间后半段，受新罗海上势力张宝高（张保皋）叛乱及其死亡（841）的影响，日新之间笼罩着一股巨大的紧张氛围。张宝高凭借日、唐、新三国之间的贸易发家。笔者将在下一章说到，圆仁决心留在中国，赤山法华院（位于中国山东省）全力为其庇护。而这座赤山法华院就是张宝高建造的。张宝高全力支持一直依赖于他的新罗王族金祐徵，打击闽哀王。虽然金祐徵成功登上王位，成为神武王，但张宝高计划将女儿嫁给神武王之子文圣王、以图成为外戚时，却遭遇了失败。于是，张宝高发动叛乱，最终兵败身亡（蒲生京子《新罗末期张保皋的兴起与反叛》）。受此影响，日新两国的紧张感持续上升。据驻守对马竹敷岬角的防人报告，“正月以来，可闻新罗鼓声，可见火光”（《续日本后纪》承和十年［843］八月二十二日条）。另一方面，来到日本的新罗人也越来越多。这些新罗人中大概还混杂着张宝高的部下，其中还有一些可算得上是商人的人，而大宰府中也有官员想与这些人缔结密约，从中牟利。

面对这一局势，大宰大贰藤原卫提出："新罗人心怀不轨，不贡赠礼，假托商贸，刺探情报，如此新罗人，不如全面禁止入境。"对此，太政官先是说了一番无关痛痒的大道理："德泽洎远，外番归化。专禁入境，事似不仁。"然后才下令对请求归化的新罗人，一律按普通的海上难民处理，发放食物，而后遣返（承和九年［842］八月十五日官符，《类聚三代格》卷十八）。

与德治主义毫不沾边的功利政策

包括请求归化的人在内，日本将海上难民一律遣返，不留情面。如果说真正的"中华思想"已经在日本生根发芽，那么日本的这一做法可以称得上是一次巨大的转变。但实际上，日本只不过是脱掉了一直披在身上的"中华思想"的外衣。7世纪后半的天智朝至持统朝时期，日本之所以允许前百济、前高句丽以及新罗流民、归化人居住在日本国内，只是为了利用其先进的农业技术，以此推动近江至东国地区的开发，这是一种功利政策（大津透《近江与古代国家》），后文将说到。贞观十一年（869），新罗海盗掠夺丰前国进贡丝绵的船只。次年，日本将逮捕的二十余名新罗嫌疑犯移送、安置在武藏、上总、陆奥等地。日本之所以这样做，是因为他们之中有人擅长烧瓦，因此日本令其烧瓦、培养学徒，以供陆奥国府差遣（《三代实录》贞观十二年［870］九月十五日条）。

有利可图则留用国内，即便这些人是海盗，无利可图则尽力阻止。这便是平安时代初期的朝廷做出的选择。虽说这种功利政策与德治主义毫不沾边，但却无比简单直接，甚至给人一种爽快之感。

日本的“边界”设定

拒绝归化，便意味着近似于现代意义的国境已经形成。或许有人会说，日本是岛国，要说国境其实就是海洋，因此那时候还没有形成国境。这种观点实际上并没有用历史的眼光看待国境。

一般说到日本的“边界”，九州北部自古以来就有明确的分界线（boundary），而北方边境以及九州南部、西南诸岛等地区，用通史的眼光看则处于伸缩变化的边疆地带（frontier）（布鲁斯·拜顿《日本人的“边界”》）。但是如果仅仅这样做解释，作为一个“帝国”应有的状态便因抽象而遭舍弃了。

中国古典有“普天之下，莫非王土；率土之滨，莫非王臣”（《诗经·小雅·北山》）的说法。意思是说，天下的土地皆属于帝王，地上的人皆是王臣。换言之，帝王的统治范围是没有界限的，所有人无不沐浴在皇帝的德治之中。如果运气不好，生在帝王德化难以企及的边远地带，则可以通过朝贡、申请归化等方式沐浴恩泽，或者住到更易接受德化的地区。唐朝的律令正是基于这种王土、王臣的思想而制定。由于日本的律令忠实仿效唐朝的律令，因此日本在法制上也以王土、王臣思想为根基。在这种情况下，国境就成了一种类似于半透膜的东西，国外一侧的渗透压较大，因此只需让想归化的人慢慢从半透膜外侧渗透进来即可。

反之，从内部渗透到外部则是决不允许的。这种行为等同于背叛本朝、投靠蕃国，用“律”的话来说就是“谋叛”。“律”规定计划“谋叛”者处以绞刑，实施“谋叛”者处以斩刑（《贼盗律》第四条）。也就是说，只要没有恶意，律令国家便欢迎入境。而居住在境内或已经入境者，若非使节，一概严禁出境。

天皇拒绝新罗流民归化，这明显背离了德治主义的君主形象，同时也与帝国的构想背道而驰。而当入境和出境都被禁止时，双向闭锁的国境线便就此诞生了。

将商人来航视为朝贡

不过，“归化”“谋叛”甚至是“朝贡”正变成落后于时代的概念和用语。因为商人只是出于商贸利益往来于中国、日本、新罗之间的海域，而不是归化、朝贡，更不是什么谋叛。如果国家依然用上述概念和用语附加在商人身上，便无法管理商人的往来。可以说，日本从隋唐学来了律令，但律令这本“教科书”却并没有写明应该怎样管理在海上自由往来、从事贸易的商人。

在此背景下，一些新罗商人自然会利用“归化”的概念走捷径。此前渤海国就曾以“朝贡”的名义举国开展商贸活动。至于新罗，在必要的时刻亦有采取举国“朝贡”的先例。天平胜宝四年（752），自称新罗王子的金泰廉率七艘船只、七百余人，罕见地携带奏章和大量特产入朝。日本朝廷欣喜若狂，达官显贵争相购买新罗产品，一时洛阳纸贵，狂热程度非比寻常。

面对新罗商人的频繁到访，无论从地理上还是从职责上看，大宰府官员都是不得不处理该事态的责任人。大宰府的态度分成了两类。一类是前文提到的以藤原卫为代表的强硬派。这些人不管遇到什么问题，都用“教科书”里的内容加以解释。但很快，他们便识破了新罗人的真实目的。没有归化之意却申请归化，这对日本朝廷来说无疑是种羞辱，而且国境管理、国内统治等方面也会因此出现问题，所以强硬派坚决排斥新罗人。上述藤原卫的奏章正是这种思维的产物。

但是，这种强硬的态度不仅让新罗、唐朝商人望而却步，也让真心喜欢舶来品的中央贵族、地方豪强很是头疼。为了让强硬派妥协，进入 10 世纪后的延喜十一年（911），中央贵族和地方豪强利用年纪制（规定来航间隔年数的制度），规定中国商人来航必须要有两年以上的间隔。年纪制原本是朝贡间隔的概念，此时却被牵强附会地用在了商人身上。但反过来似乎也可以说明，日本将商人来航当成了一种朝贡（山内晋次《10 世纪至 11 世纪的对外关系与国家》）。

对舶来品的渴望

为了不让大宰府的官员独享利益，同时也为了切实地甄选良品，藏人所会定期向贸易地派出唐物使，确保最高级的舶来品能够准确无误地送入宫中。正式的唐物使最早见于天安三年（859）前后，之后唐物使的角色一直持续到 10 世纪末（田岛公《大宰府鸿胪馆的终结》）。

在此背景下，大宰府中也出现了一些头脑灵便的官员。说白了，较之法制，他们更注重实际利益。而且，这些人的存在还对 9 世纪中叶以后日本的“新罗观”产生了很大的影响。其中有一名官员名叫文室宫田麻吕。在叙述他所引发的事件之前，我们先来看一看承和年间日新贸易的基本情况。

承和七年（840）十二月二十七日，前文提到的张宝高向大宰府派出使者，献上马鞍等方物。对此，日本朝廷认为“为人臣无境外之交也”，张宝高不过新罗国王的一介臣子，怎能随意与他国交涉，因此退回方物，将使者逐出大宰府。不过，日本朝廷为张宝高的使者支付了交通费和滞留费用，并允许使者在民间交易带来的方物（《续日本后纪》承和八年［841］二月二十七日条）。当时，日本朝廷下发过一条命令，“但莫令人民违失沽价，竞倾家资”，以告诫人们不要为了购买商品，不惜出高价而导致倾家荡产。由此可知，当时自由往来于中国东海的新罗海商所贩之物很有市场。

这一点也在此前天长八年（831）九月七日的太政官符中有所体现，其云：“愚暗人民……耽外土之声闻……蔑境内之贵物……家资殆罄。”意思是说，日本国内明明就有很好的产品，可愚蠢之人希望得到舶来物，于是倾其所有抢购进口货。因此朝廷下令：“商人来着，船上杂物一色以上，简定适用之物，附驿进上。不适之色，府官检察，遍令交易。其直贵贱，一依估价。”（《类聚三代格》卷十八）意思是说，先由大宰府官员选出最上等的货物运往都城，其余允许以适当价格在当地交易。这一命令仿佛是在重申《养老令》中的关市令。关市令规定，官司进行官方交易前，不可与诸蕃私下交易，违者没收交易品。不过，这也从一个侧面反映了中央朝廷对舶来品的渴望。可如此一来，指派到当地的大宰府官员势必中饱私囊。哪里有需要，哪里就有满足需要、以此获利的人，这是再自然不过的事了。在此背景下，该发生的事情终于还是发生了。

文室宫田麻吕事件

承和九年（842）正月十日，新罗人李少贞一行四十人来到筑前大津（博多港），他们提出了两个要求。其一，张宝高已死，其副将李昌珍等人发动的叛乱也被平定，但反贼余党可能逃至日本，届时请日本将其擒获并遣送新罗。其二，去年李忠等人带至日本的货物实际上是张宝高的子弟赏赐的，因此请日本立即归还。这位李少贞，正是镇压张宝高叛军的阎丈之部下。

公卿[1]对大宰府的报告进行了讨论。关于抓捕贼党一事，考虑到这样会卷入新罗的内部纷争，徒增麻烦，而且日方也没有理由将张宝高的旧部引渡给新罗新政权，因此无视了这一要求。

然而讨论至第二个要求时，一件意想不到的事情渐渐浮出了水面。原来，张宝高的部下李忠带来的货物，均被前筑前守文室宫田麻吕扣押了。查问后得知，文室宫田麻吕曾想通过张宝高购买唐朝货物，并预付粗绢作为定金。从定金数额来看，这绝对不是一桩小买卖。因此张宝高死后，文室宫田麻吕便将其部下李忠带来的货物扣押了下来。

文室宫田麻吕辩解时的口吻仿佛在说自己根本没有错。然而从中央朝廷的基本政策看，这种行为绝对不能容忍。如果是

---

1 公卿，“公”指太政大臣、左右大臣，“卿”指大纳言、中纳言、参议。详见第五章。

域外之人来日本买日本货，朝廷完全可以出于体谅允许交易。但反过来，如果日本人以预付的方式进行交易，且一旦交易不顺便扣押货物，这就无法容忍了。而且在此过程中，大宰府官员还始终睁一只闭一只眼。朝廷十分愤怒，斥责说："不仅有损贾客之资，更加体现王宪之制的懈怠。"

明明自己想要舶来品，却说对方想要日本货。这种自欺欺人的做法绝对称不上讨喜。如果事情没有暴露，朝廷兴许会和文室宫田麻吕联手谋利，对其中暗中攫取的行为不闻不问，或者只是发表一番冠冕堂皇的言论。然而事情一旦暴露，朝廷便会立刻下令清点扣押货物，退还给新罗人（《续日本后纪》承和九年［842］正月十日条）。

次年承和十年（843）十二月，文室宫田麻吕被人告发企图谋反。经搜查，其家中发现弓箭等物。以此为由，文室宫田麻吕被判斩刑，其后死罪豁免，却被流放伊豆。此后不久，文室宫田麻吕与早良亲王、伊豫亲王、藤原吉子、藤原仲成、橘逸势等人一同成为御灵会抚慰的对象。由此不难看出，此事必有冤情（《三代实录》贞观五年［863］五月二十日条）。关于文室宫田麻吕失势的原因，一说可能与其近亲、在承和之变中受到株连的春宫大夫文室秋津有关（保立道久《平安时代的国际意识》），不过至今仍未定论。至于为何搜查其家宅也有无数种猜测。其中一种认为，文室宫田麻吕曾深度参与日新贸易，以至于"知道得太多"而遭封杀。

与新罗通谋事件及九州北部的情况

就文室宫田麻吕个人而言，要不是他不巧遇上私人贸易伙伴张宝高死亡，再加上其本人处事莽撞，不然朝廷也不会如此追究。然而不单是文室宫田麻吕，涉嫌通谋新罗的事件在 9 世纪后半频繁发生。例如：肥前国基肆、藤津、高来、彼杵等郡的郡司曾被告发，欲计划与新罗人偷渡至新罗，传授兵器技术，一同夺取对马（《三代实录》贞观八年［866］七月十五日条）。还有人怀疑大宰少贰藤原元利麻吕与新罗国王通谋，计划残害国家（天皇）（《三代实录》贞观十二年十一月月十三日条）。有关大宰府官员、九州势力与新罗勾结，企图颠覆朝廷的消息源源不断地被送至朝廷。

实际上，对于律令国家划定的国境线，九州西北部居民自古以来既不执着，也不拘泥。朝廷对此也是心知肚明。这一点深刻体现在了对马、壹岐的行政区划上。对马和壹岐无论在规模上还是财政上，都无法被称为“国”。因此朝廷将对马、壹岐设立为特别行政单位“岛”。如果将两地划归肥前或其他国，使之为郡，那么由当地人担任的郡司就会成为当地的最高行政长官。这样一来，律令国家将无法监控国境。有鉴于此，朝廷将对马、壹岐设为“岛”，由中央或大宰府派遣岛司（相当于国司）统治当地。基于相同原因被设置为“岛”之地，还有多褹岛（包括种子岛、屋久岛等）。天长元年（824），多褹岛被废除，并入大隅国。除财政因素外，当时南方已平定，没有必要再铺设国境监控系统亦是原因之一（永山修一《围绕天长元年多褹岛停废问题展开的研究》)。然而壹岐、对马所在的西北方面则有所不同，即便军事方面趋于缓和，但在国境监控这一点上，朝廷决不能让身为当地人的郡司成为最高行政长官。

另一方面，从东国选拔防人也反映出中央朝廷对包括对马、壹岐在内的九州北部住民不信任的态度。换句话说，在本地服役的本地兵都是不可信赖的。然而，奈良时代后期至平安时代初期，东北地区形势吃紧，尽管大宰府多次劝阻，但朝廷仍然改变政策，采用了九州岛出身的防人，甚至将当地出身的防人用于当地。朝廷之所以这样做，是因为朝廷预料日本不会遭遇大规模入侵，因此放松了警惕。

新罗海盗与神国思想

贞观年间，新罗海盗横行成为一种常态，其中最有戏剧性的一次发生在贞观十一年（869）五月。当时两艘新罗海盗船入侵博多港，在掠夺丰前国的年贡绢绵后逃走(《三代实录》贞观十一年六月十五日条、七月二日条、十二月五日条)。据称，当时海边的五十六名百姓拼死抵抗，但由于统领、选士贪生怕死，因此局势发生了改变。在接到报告后，朝廷谴责了大宰府，向伊势神宫、石清水八幡宫及以下诸宫供奉了币帛，并下令今后贡绵船必须集体航行，动员投降的虾夷（夷俘）以备火急，同时为博多的鸿胪馆（接待使节、商人的会馆）配备武器。由此我们不难想象当时的朝廷因缺乏有效的对策而显得狼狈不堪。次年贞观十二年，从新罗逃回的对马居民带回了一个惊人的消息。此人称看到新罗正运送木材，建造大船，打鼓吹角，选练士兵。于是，此人便上前询问此为何事，对方答曰："讨伐对马。"听罢，此人仓皇而逃。

贞观十八年（876），朝廷将平户周边至五岛列岛的区域从肥前国划拨出来，新设了行政区划单位值嘉岛，并任命外地官员为岛司。其目的是制止郡司巧取豪夺，以此逆转局势，阻止此地逐渐成为新罗海盗及唐人的贸易据点（《三代实录》贞观十八年三月九日条）。如果考虑到后世此地成为倭寇据点这一因素，那么我们可以说朝廷这样做还有另一个目的，即强化监视体制，以监视外国势力与当地居民的交涉。

如前所述，军团兵士制在该时期遭到了废止。除了以少数精锐为重点的俘囚外，朝廷根本不具备应对新罗海盗的军事力量。加之朝廷对西海道居民甚至是大宰府官员缺乏信任，所以恐慌之下，朝廷对新罗的敌对意识也越来越强烈。由于意识到自己缺乏实力，因此日本朝廷反过来打出神国理论，宣称"我日本朝所谓神明之国，神明赐予护佑，任何兵寇不得近来"（伊势神宫及以下诸宫宣命）。在此观念下，日本对新罗的蔑视与日俱增。

日本针对的不单单是新罗。贞观十四年（872）正月，渤海国使节带来“异土之毒气”，导致城内“咳逆病”流行，数人死亡，朝廷连忙举行大袯仪式。《贞观仪式》正好在那时成书。其中卷十对追傩（每年除夕举行的驱逐疫鬼的祭祀）做出规定。文中祭文写道：“秽恶疫鬼，藏隐于各村庄。千里之外，四方之界，东方陆奥、西方远值嘉（五岛列岛）、南方土佐、北方佐渡以外，赐予汝等疫鬼为住所。”这里明确体现了一种观念，即日本国领域之外是“秽恶疫鬼”居住的污秽之地。该观念甚至衍生出前文所述的封闭的国土观念，以及对以新罗为代表的异域的恐惧，和与之相反的神国观念（村井章介《王土王民思想与九世纪的转变》）。

不过不可否认的是，从天平九年（737）的天花流行状况看，日本列岛流行的疫病是从外部带来的说法，在一定程度上是有其客观依据的（前引布鲁斯·拜顿著作）。此外，上述国土观念很可能古已有之，只不过在该时间点才浮出水面罢了。与此同时，日本吸收中国国土观念的情况亦不容忽视。若想观察两国的国土观念，“流刑”将是一个很好的切入角度。

死刑的废除与流刑

据推测成书于弘仁十三年（822）的《日本灵异记》下卷第三十九话记载了一则嵯峨天皇废除死刑的传说，曰：“此天皇定弘仁年号以传世，变该杀之人为流罪，活其命，以治人。”在药子之变中被射杀的藤原仲成在谋反问题上的确格外引人关注。自那以后，谋反的最高刑罚不过流刑，这一史实有力地佐证了上述传说。关于嵯峨朝为何废除死刑，经过探讨，学界列举了忌避污秽、怨灵思想盛行乃至国民性等多诸方面的原因（利光三津夫《有关嵯峨朝废除死刑的研究》）。然而实际上，即便在嵯峨朝以前，除了对天皇犯下谋逆罪，史书中并未见到过明确按照律令规定的裁判程序、最终由天皇下令处死的案例。大多数的情况是，囚犯被投入狱舍，官吏奏上死刑判决文，天皇免其死罪，改为处以流刑。对此，有人猜测律令制自施行以来，便被限制避免天皇下发死刑命令。

流刑有近、中、远三种。而近、中、远这三种表示距离的描述，在任何情况下皆以京城为准（如《延喜式·民部上》记载）。因此，流刑中的近、中、远，亦指流放地与京城的距离。此外，流放地不包括畿内地区。这表明在律令国家的认知中，被处以流刑的罪犯不可留在畿内，而重犯则必须尽可能自畿内放逐至远方。换言之，自律令国家成立以来，甚至在那之前，远方便已经是罪犯应去之地了。

关于所谓的嵯峨朝废除死刑一事，我们需要从两个方面来看待。第一，这是一种对“天皇不可下发死刑执行命令”之观念的重申。第二，以流刑取代死刑，逆反王权者将面临放逐的刑罚。前者体现出对天皇纯洁性更高的要求，后者则明确表达了一种观念，即离京城越远，或者更直接地说离天皇越远，就越是罪犯应该去的污秽之地。

不动的王和不能动的王

要求天皇具有纯洁性，仅仅回避下发死刑的命令是远远不够的，天皇的一切行动也必须被加以制约。最典型的要属对天皇行幸的简化。过去的王可以公开宣称："自昔祖祢，躬擐甲胄。跋涉山川，不遑宁处。东征毛人五十五国，西服众夷六十六国，渡平海北九十五国。"（《宋书·倭国传》）到了建设律令国家的时期，齐明天皇、中大兄皇子等人远行至九州虽属特例，但天武天皇、持统天皇至少可以频繁行幸吉野，元正天皇也曾特地行幸养老瀑布，圣武天皇的数度迁都自然也算是一种行幸，称德天皇曾为道镜行幸弓削[1]，桓武天皇也曾多次前往建设中的平安京。总而言之，过去的天皇在多数情况下均可独行独断。嵯峨天皇虽不及前人，但至少也可以经常外出狩猎。

然而，在迁都平安京的半个世纪之后，天皇离开平安宫的去处则只被限定在了贺茂川（举行御禊）、臣子的宅邸、后院（上皇的居所）等几个地点。总之天皇不能再离开平安京了。

1 弓削，道镜的俗姓和出生地。

更加不可思议的是，到了此时，天皇前往大极殿甚至也成了一种“行幸”(铃木景二《日本古代的行幸》)。

其原因不能简单归结于天皇的个性。的确有像文德天皇这样“不好巡幸、游览之事”的人(《文德天皇实录》天安二年[858]九月六日条)，不过我们也能看到，清和天皇、阳成天皇、宇多天皇让位后十分耽于游玩。或许我们可以说，天皇将太上天皇逐出平安宫后，反倒是将自己锁在了平安宫中，不得移动半步。

当然，天皇的统治权一旦确立，即便天皇本人终生画地为牢，政治上也不会受影响(早川庄八《律令国家、王朝国家中的天皇》、仁藤敦史《古代王权与行幸》)。但是反过来，过度强调天皇的纯洁性、尽可能使天皇远离污秽，则会催生出一种精神上的洁癖倾向，从而禁锢天皇(义江彰夫《天皇与公家的身份集团》、伊藤喜良《中世王权的形成》)。

要求天皇具有纯洁性在日本历史上古已有之。前文已有所提及，奈良时代以前的天皇服饰为白色，白色象征纯洁。天武朝有八个官位，分别为明、净、正、直、勤、务、追、进，可以说这八个官位就是当时理想的精神状态。从这层意义上说，9世纪以后逐渐具象化的理想的天皇形象，或许就是对过去某一时期、某些方面的天皇形象的一种复活。

当然，9世纪末也有胆大气盛的天皇。宽平八年(896)三月四日，宇多天皇召唐人梨怀(又称李环)入京(《日本纪略》)。估计当时天皇与梨怀相向而坐。第二年，宇多上皇训诫儿子醍醐天皇：

> 外蕃之人，必可召见，在帘中见之，不可直对耳。至于李环，朕已犯错。新君慎之。
>
> （《宽平御遗诫》）

宇多上皇告诫醍醐天皇，面见外蕃之人，应隔着帘子谈话。先不说是否隔帘而谈，此后天皇就连会见外国人都很难了。宇多天皇在面见李环的次年退位，紧接着昌泰之变（菅原道真左迁事件）爆发，这两件事情让此后的历代天皇都老实了起来。

具有纯洁性的天皇是同心圆的中心，越往外就越是充满罪恶和污秽的世界。渐渐地，这种世界观也影响了贵族社会（村井章介《中世日本列岛的地域空间与国家》)。只不过，贵族心中虽有“国境”这一明确的警戒线，但他们亦无法抛弃对贡物的眷恋。

第四章

求法之人

第一节 | **最澄与空海**

“唐决”与“调伏”新罗的世纪

如前所述，日本朝廷一方面与以中国为中心的东亚国际秩序保持距离，另一方面又越来越敌视和畏惧新罗。与此相反，西部地区的民间国际交流却日益发展，佛教界也被赋予了独特的地位。

首先应该注意的是，当时的唐朝佛教远远领先日本佛教，这是普遍的共识。为了深化对教义的理解，日本僧人在这一时期频繁入唐。以最澄为首的天台宗僧人将己方关于教义的提问，以及唐朝僧人的回答汇编成书，取名为《唐决集》(“唐决”即由唐决断)。当然，此前一直都有类似的问答，但直到平安时代初期才有人汇总了这些问答，使其留存下来，我们也得以通过这些问答了解到该时期佛教的状况及其对后世的影响。

法律领域也是如此。结束了唐朝的留学生涯后，秦大麻吕向日本朝廷献上《问答六卷》(《续日本纪》天平七年［753］五月七日条)。由此可知，当时的日本也会针对法律问题请教唐朝专家。然而到了9世纪，人们开始探讨是否还有必要向唐朝请教刑法解释上的疑点。当时有段轶闻称，著名的法律专家赞岐永直认为无须请教唐朝，于是他凭一己之力顺利地解决了难题(《三代实录》贞观四年［862］八月条)。由此可见，在某些领域，日本已不再需要向唐朝专家求教。不过在佛教领域，唐朝僧界仍然拥有很高的权威。

此外还有一点需要注意，日本僧侣若想往来于日唐之间，新罗的商船必不可少。日本遣唐使派遣间隔很长，没有日本船前往唐朝时，求法心切的日本僧人只能搭乘新罗商船，而且新罗商人也大都会出于善意帮助僧人（坂上早鱼《九世纪的日唐交通与新罗人》）。然而讽刺的是，入唐钻研、充当平安时期新佛教旗手的天台宗、真言宗，竟然都秉持着“佛教之使命在于镇护国家”的理念，扮演着以护国修法“调伏”（降伏）新罗的角色。在本章中，笔者将尽可能简明扼要地阐述佛教在时代转变下的变化与发展。

镇护国家的佛教

桓武天皇迁都平安京时，严令禁止南都平城京的寺院迁入新京。然而之前藤原京迁都平城京时，药师寺、大官大寺（大安寺）则均被允许迁入平城京。对比这种情况我们可以发现，天皇对南都佛界采取了极为严厉的态度。天皇显然对玄昉[1]、道镜等妖僧带来的政治混乱非常不满。延历元年（782），造法华寺司被废除。延历八年，造东大寺司被废除。国家省去了建

1 玄昉，奈良时代僧人，曾入唐学习十八年，受唐玄宗下赐袈裟。回国后，因以符咒医好圣武天皇之母藤原宫子顽疾而受重用，参与朝政。

室生寺五重塔

造、维护寺院的大笔费用，进而紧缩财政。

不过，桓武天皇并非全面疏远佛教。延历五年（786），近江国滋贺郡新建禅院梵释寺，桓武天皇提供了少许经费，令十名净行禅师（遵守修行戒律的僧人）修行钻研（《续日本纪》延历五年正月二十一日及以下各条）。由此可见，在山林中修行才是桓武天皇理想的僧侣典范（井上光贞《光仁朝、桓武朝的佛教政策》）。

桓武天皇的理念也渐渐渗透到了僧侣之间。宝龟年间，僧人贤璟开创室生寺，为以兴福寺为大本营的法相宗学僧提供修行之所（薗田香融《以草创期的室生寺为中心研究僧侣的动向》《古代佛教中的山林修行及其意义》）。

为了让僧侣遵守戒律，桓武朝还颁布了一系列的法令。不过，如果认为这些法令仅仅是为了惩戒恶僧，那持有该观点之人将无法理解当时法令的逻辑。戒律原本不受国家管控，它是在印度独立修行团体的内部、以佛之教谕的形式汇总起来的纪律。正因如此，佛教界才有这么多形形色色的戒律。今天的中国佛教界也是如此。

然而，古代日本之所以能够接受佛教，是因为日本将“镇护国家”当成了佛教的唯一目的。为了达到这一目的，僧尼有如公务员一般被安排在全国各地。而授予僧侣资格的“受戒”，也成了一种官方给予的认定和保证，以证明该僧侣有为镇护国家诵经的能力。正因如此，官方认可的戒坛只有三处，分别在东大寺、筑紫观世音寺和下野药师寺。

这样看来，桓武朝要求僧侣遵守戒律，并不单纯是为了整肃风纪、阻止僧侣进入政界。僧侣遵守戒律也是镇护国家的必要条件。国家不深入探讨教学内容，只在僧侣是否有能力理解和诵读护国经典，以及如何认定僧侣资质等方面绞尽脑汁。归根结底一句话，日本就是要在佛教中寻求护国的咒力。国家方面的态度简单明了，只要某人读经效验高超、得到僧界认可即可，国家将不会过问其咒力之来源与逻辑。奈良时代权势熏天的玄昉、道镜，皆因作法灵验而进入政界。因此，僧人在政治舞台上抛头露面与遵守戒律看似矛盾，但从是否具有实际效验这一点看，二者其实是同一回事。

对于全面承袭上述佛教观的桓武天皇来说，山林自古以来便是充满灵力之地，而在山林修行的僧侣，无疑便是拥有护持国家咒力之人。而且这些僧侣在教义方面也可与南都僧侣匹敌，这对于桓武天皇来说如虎添翼。

最澄画像（一乘寺藏）

最澄的登场

在上述背景下，最澄登上了历史舞台。最澄生于神护景云元年（767），后在比叡山创建延历寺，讲授天台宗教义。延历十六年（797），最澄被授予内供奉十禅师等称号，深受桓武天皇信任，作为天台宗教义第一人名震佛教界。

延历二十一年（802），和气广世在高雄山寺举行天台讲会，最澄作为南都学僧参与了关于天台教义的讨论。其间，桓武天皇和皇太子安殿（后来的平城天皇）送来贺词。僧侣感激皇室之勉励，于是大力宣扬天台教义之意义："窃见天台玄疏（注释）者，总括释迦一代之教，悉显其趣，无所不通。独逾诸宗，殊示一道。其中所说甚深妙理，七个大寺，六宗学生，昔所未闻，曾所未见。"（《叡山大师传》）

在这种情况下，最澄萌生了去中国天台山国清寺学习最新教义的想法。天台山国清寺是守护隋代名僧智𫖮之法灯的名刹。为此，最澄呈上奏章，恳请将其弟子列入遣唐使一行。在奏章中，最澄表达了修得天台教义的恳切心情："每恨法华深旨尚未详释。幸求得天台妙记，披阅数年，字谬行脱，未显细趣，若不受师传，虽得不信。"

延历寺

收到奏章的桓武天皇不仅同意其弟子入唐留学，还命令最澄亲自入唐请益（短期留学）。能否修得教义，对于桓武天皇来说并不重要，桓武天皇希望的是，最澄能够通过学习，增强护国之咒力。就入唐的目的而言，桓武天皇与最澄之间存有微妙的差异。说到底，桓武天皇谋求的是效验，简单来说就是咒力，而非教义。而这一点也让归国后的最澄颇为困扰。

延历遣唐使

平安时代以后，日本只派遣过两次遣唐使。最澄随行的是较早一次，即延历年间的遣唐使。该批遣唐使于延历二十

天台山国清寺（1989年，笔者拍摄）

年（801）被任命，延历二十三年七月出发，次年六月归国。藤原葛野麻吕任大使，学问僧（又称“留学僧”）空海与之同船，请益僧（又称“还学僧”）最澄搭乘第二艘船。所谓学问僧，即指钻研佛教教义的僧侣，在唐滞留时间较长。若是在家人，则相当于长期留学生。归国时，留学僧按理要与下一批遣唐使一同返程。但如后文所述，空海是与同去的遣唐使一起回国的。而请益僧则必须与同去的遣唐使一同归国。

第二艘遣唐使船在明州（宁波）靠岸后，最澄与懂汉语的弟子义真（后来成为首代天台座主，圆仁之师，与后来的青龙寺义真并非一人）等人未做休整，立刻踏上了天台山的巡礼之路。对于目的明确、时间有限的请益僧来说也只能如此。最终，二人巡礼成功，受天台宗圆顿戒，之后又趁着回国前的余暇，在越州龙兴寺、明州开元寺接受密教教诲。

另一方面，空海渡唐时三十一岁，早年接触过纯密[1]经典《大日经》，在四国地区的山林中修行时获得神秘体验，自觉已进入真言[2]密教的体系。然而，空海深感“临文心昏”（只读经典便无法领会教理），因此决意入唐（《性灵集》卷七）。当所乘遣唐使船停靠在福州海岸时，空海立即为大使藤原葛野麻吕代笔书简，以呈福州观察使（《性灵集》卷五）。或许是这封书简起了作用，空海成功加入被严格限制人数的访长安使团。于是，以大使为首的一行人于十一月三日从福州出发，顶着朔风，于十二月二十一日抵达长安东郊的长乐驿，成功赶上了次年正月初一在含元殿举行的元日朝贺（《日本后纪》延历二十四年［805］六月八日条）。

将空海、橘逸势等人留在长安后，遣唐使一行人于二月十日离开长安，六月顺利回到日本。留下来的空海跟随青龙寺真言宗第七祖惠果，以《大日经》和《金刚顶经》为中心学习密教，接受胎藏界、金刚界两部曼陀罗。空海的学识和能力深得惠果赏识。其间，惠果圆寂（805年），空海撰写碑文《大唐神都青龙寺故三朝国师灌顶阿阇梨惠果和尚之碑》（《性灵集》

---

1 纯密，指真言宗、天台宗等形成体系的密教，以《大日经》和《金刚顶经》为根本经典。纯密之前不成体系、由释迦牟尼佛显说于佛教经典各部中的密法、陀罗尼密咒称杂密。

2 真言，指密教中蕴藏着佛和菩萨的誓愿、教诲、功德的咒语。由梵语直接音译而成。语句较长的称“陀罗尼”，由几个词甚至几个字组成的称“真言”。

青龙寺（1989 年，笔者拍摄）

卷二），称颂惠果。可见，空海当时已成为惠果弟子中的代表。不久之后，空海似乎觉得此处没有再留下去的必要，于是便与恰巧误了归国日期的遣唐判官高阶远成乘坐同一艘船，于大同元年（806）八月回到日本。据说橘逸势也在其中。

最澄和空海就这样结束了在唐朝的学习。延历二十四年（805）八月九日，回国后不久的最澄被召至内里，献上唐朝佛像，诵读经文。可以看出，桓武天皇对最澄有着非同一般的期待。同年九月，在桓武天皇的授意下，南都八名高僧在高雄山寺接受灌顶。灌顶是以水灌洒头顶的密教仪式，来源于古印度的即位仪礼。同时，桓武天皇再度将最澄召至内里，令其举行密教修法毗卢舍那法。对于常年身体虚弱的桓武天皇而言，较之天台教义，密教咒力之效验似乎更加重要。入唐后，最澄方知自己的重要性，于是临阵磨枪，囫囵吞枣一般学得了密教知识。然而，此时的最澄还不知道，自己的密教学识将在其后归国的空海面前黯然失色。

年分度者

在最澄之权威宛如夕阳残照的延历二十五年（806）正月二十六日，其提案得到南都僧纲（由僧正、僧都、律师组成的监督、指导全体僧尼的机构）的认可，年分度者的名额由此被修改（《类聚三代格》卷二）。所谓年分度者，是指每年可以得度的僧侣名额。所谓得度，是指在家修行的佛教信徒（男性称优婆塞，女性称优婆夷）跟随僧尼进行一定的修行后，成为沙弥（女性称沙弥尼）。得度后他们还将进一步修行，直至受戒，即为比丘（女性称比丘尼）。只有经过上述程序，才能成为正式的僧尼。

天平六年（734）规定，能够背诵《最胜王经》或《法华经》等护国经典，且严格修行三年以上者（天平六年［734］十一月二十日太政官奏，《类聚三代格》卷二），方可得度。要想进一步成为僧尼，条件更加严格，既需掌握高超的咒术验力，还要能在护国法会上唱诵经文。不过这还只是最基本的条件，国家的要求实则不止这些。希望得度的人需要请师父写一份名为“优婆塞贡进文”的推荐状。查看正仓院保存下来的优婆塞贡进文可以得知，除了诵读《最胜王经》《法华经》的能力，上面还普遍记录着密教陀罗尼、神咒等咒文的念咒能力。由此可知，杂密虽不成体系，但由于当时极为流行，因此沙弥也被要求多少掌握一些杂密咒语（堀池春峰《奈良时代佛教的密教性格》）。

桓武朝以后，得度的条件进一步增加。延历十七年（798）四月规定，年满三十五岁（后来放宽至二十岁），品性方正，学识丰富，且通过每年十二月僧纲举办的考试者方可得度。此前，僧侣只需具备背诵经典的能力，而此时的考试还要求僧侣能够解释经典。也就是说，此时国家对僧侣的要求已经提升到了质的层面（《类聚国史》卷一八七）。实行该制度后，南都六宗（三论宗、成实宗、法相宗、俱舍宗、华严宗、律宗）之中，最重视逻辑的法相宗随之兴盛，诞生了许多精于教义的杰出僧人，如后来反对最澄的护命等（薗田香融《平安佛教的形成》）。

在延历二十五年（806）修改的年分度者的规定中，各宗每年可获得得度名额为三论宗三人（其中一人为成实宗）、法相宗三人（其中一人为俱舍宗）、华严宗两人、律宗两人、天台宗两人。每年只有寥寥几人能够成为僧侣。而且天台宗的那两个名额，还规定其中一人必须为研读《摩诃止观》的天台宗教义专家，另一人必须为研读《大日经》的密教专家。然而实际上，由于桓武天皇驾崩，天台宗首位年分度者的诞生一直推迟到了大同五年（810）。不过不管怎么说，研学天台宗、进而成为沙弥的路径终究还是打通了。

如前所述，最澄在唐朝接触到了密教，但他习得的是杂密这种不成体系的密教。可即便如此，最澄依然接受了灌顶这种新式的传法仪式。最澄并未完全弄清密教与天台教义的关系，不过这对朝廷来说并不重要，朝廷只希望最澄带来的新法力能为国家服务。

以开设大乘戒坛为目标

可话说回来，天台宗在延历二十五年（806）得到认可的只是得度的名额。要想得度，首先需在比叡山跟随最澄学习教义。但是到了下一阶段，天台宗僧人则需要下山前往东大寺戒坛受戒。因为延历寺没有设置戒坛。在戒律问题上，最澄与南都存在很大分歧。失去桓武天皇这把保护伞后，这一点更加困扰最澄。

东大寺戒坛按照鉴真引进的方法受戒，需要“三师七证”。所谓“三师”，即受戒的戒和尚、诵读表白及羯磨之文的羯磨师、教授威仪作法的教授师。此三人传授戒律，其余在场的七名僧侣担任受戒证人（称“证明师”）。然而按照最澄的想法，上述做法略有小乘佛教之嫌，因此不必拘泥形式，过分繁礼多仪，只以释迦、文殊、弥勒为三师，十方一切诸佛为七证，仅眼前一名传戒师受戒即可。

双方的不同想法，直接关系到僧侣需要通过怎样的仪式才能具备十全的资格这一重大问题。而且该问题还关系到护国之效验，因此对于朝廷来说，双方的对立不是轻易就能解决的。对于南都而言，承认最澄的想法，就相当于宣告己方的授戒和受戒无效，因此南都不会轻易点头。

戒坛问题不像得度人数问题，双方难免发生对立。最为难的便是最澄的弟子。只要延历寺没有戒坛，弟子们就必须去与师父针锋相对的南都受戒。不能渡过这一关，就无法成为一名正式的僧侣。既然如此麻烦，何不干脆下比叡山，前往南都潜心修行，获得受戒呢？最澄弟子中有人萌生此种想法也是人之常情。

天台宗好不容易得到了得度名额，可得度下山者络绎不绝。在最初得度的八人（延期四年，共八人）中，留在比叡山者仅光定一人，可见事态之严峻。据说下山弟子有一半都投身了法相宗。在此紧要关头，最澄赌上天台宗的存亡，以弘仁四年（813）六月在兴福寺举行的佛法论战为开端，为设立大乘戒坛，与以护命为首的法相宗僧纲展开激烈论争。

天台宗与真言宗

最澄将符合天台法华教义的一乘思想置于天台教义之根

本。一乘思想主张一切生灵皆可成佛（称“一切皆成”），此乃大乘佛教的究极形态。《法华经》的研究在奈良时代很是繁盛，最澄也自延历十七年（798）十一月起，每年在比叡山举办“法华十讲”（有关《妙法莲华经》八卷以及开经《无量义经》、结经《观普贤菩萨行法经》各一卷的系列讲义）。延历二十年（801），最澄邀请南都各宗十位高僧以各自立场阐述《妙法莲华经》（称“法华八讲”）。当时南都僧人无不响应，可见彼时比叡山与南都尚未形成对立之势（木内尧央《最澄与天台教团》）。

然而，正如“护持国家，利益群生，妙法最胜尤居其先”（承和九年［842］十二月二十七日官符，《类聚三代格》卷二）所言，《法华经》终究被视为护国经典。此外，国家方面还用“一切皆成，招来佛土”的逻辑，将早期不涉及个人解脱问题的一乘思想也纳入到了国家的话语体系之中。

另一方面，空海传入的真言宗又是怎样的情况呢？真言密教的传授以获得神秘体验为基础，以坚信密教教义为核心。至于仅仅深化对教义的理解，以此达到开悟的方式，至少空海本人是不认同的。对于真言宗而言，所有人互相确认自己处于与他人相同的神秘体验之中，这一点必不可少。得知空海从唐朝带回最新翻译、最正统的密教经典（石田尚丰《以空海请来目录为中心的研究》）时，最澄立即借来抄写诵读，希望以此理解真言密教。可是，最澄最终没能通过这一方式领会密教，而这一结果也是重视体验的空海所坚信的（川崎庸之《传教大师与弘法大师之间的交往》）。

真言宗也主张“即身成佛”，不过真言宗的这一主张与天台宗相同，在国家佛教体系中并非指拯救个人。在教义上，真言宗与天台宗一样，均主张镇护国家。在这一方面，暂且不谈真言密教的教义逻辑，其咒法还是相当夺目的。

最澄在入唐前就已声名远播，空海则相差甚远。因此空海回国之初，真言密教并未受到重视。这样说来，最能领会空海带回来的经典及其境界的，还是最澄（前引川崎庸之论文）。

有趣的是，两人在这一时期的轨迹也分别体现了双方各自的性格和为人。最澄自知在教义上有无法企及之处，但仍然坚持做一名真挚且愚直的求法人，丝毫不改变其求法的姿态。与之相反，空海则好似一名从容的马拉松选手，紧跟在最澄的身后，躲避风的阻力，等待时机成熟，将其一举超越，博得满堂喝彩。弘仁三年（812）年末，时机到来。空海在高雄山寺为最澄授灌顶。如此一来，密教之师空海之尊位便在内外清晰起来。

最澄、空海与南都

仔细观察两人的交流过程可以发现，两人绝交的真正原因不在于借阅经典、弟子归属等问题，而在于对待南都的态度。最澄在入唐前认为，天台宗以《法华经》的“经”为中轴，而三论宗、法相宗则以“论”为中轴，“论”是“经”的注释，故“论”低于“经”，因此天台宗应在上位（《天台霞标》二）。这种主张乍一听十分有道理，于是最澄使用这套理论来“推销”天台宗。这是因为桓武天皇及其下的执政者并不关心教义本身。可实际上，三论宗和法相宗都并非抛开“经”而专攻“论”，而且天台宗本身也多依赖于智𫖮对于《法华经》的解释。因此，最澄的此番言论忽视了佛教教义的研究史与方法论（曾根正人《平安初期的南都佛教与护国体制》）。

空海画像（东寺藏）

这在桓武天皇在世时还好说。可是，当最澄获得年分度者的名额，好不容易迈出建立独立教团的第一步时，桓武天皇却驾崩了，最澄的处境也随之急转直下。受戒权远比得度权重要，这是因为戒律才是僧团独立的象征。如果不能制定自己的戒律，就无法成为真正意义上的僧团，这是最澄所在意的。

另一方面，该时期的空海与南都相处融洽，有学者认为是空海的渊博学识和人脉帮助了他（前引堀池春峰论文）。不过更为重要的是，南都被禁止进入平安京，一旦朝廷怀疑南都镇护国家的法力，南都便需要纳入空海及其引入的正统密教（前引曾根正人论文）。在与南都和谐相处的背景下，空海于弘仁六年（815）被授予内供奉十禅师的称号，并将密教带入宫中，同时以关东地区的僧侣为主要对象传播真言密教。

可是，东国一直以来都是最澄的布教范围。最澄与空海之间的对立已无法避免。

孤军奋战的最澄只剩下天台宗首位沙弥光定可以依靠。弘仁七年（816）五月一日，最澄给曾经的弟子、如今已投身空海门下的泰范送去一封信，信中写道（《平安遗文》4411号）：

> 老僧最澄，生年五十，生涯不久。住持未定，（中略）独荷一乘，流连俗间。但恨与阇梨（指泰范）别居。往年所期，为法忘身，发心资法。已建年分，亦兴长讲。阇梨之功，片时不忘。又高雄灌顶，同志求道，俱期佛惠，何图阇梨永背本愿，久住别处。
>
> 盖舍劣取胜，世上常理。然法华一乘，真言一乘，何有优劣。同法同恋，是谓善友。我与公此生结缘，待见弥勒。倘若有深缘，俱往生死，同负群生。（下略）

最澄想起了两人的艰辛往事，将真挚情感吐露无遗，甚至说出了同生共死这种话。与其说是师徒，最澄更像是在埋怨抛弃自己的恋人。而对于“法华一乘，真言一乘，何有优劣”一问，为泰范代笔的空海如是回答（《平安遗文》4412号）：

> 权实难别，显密易滥。若非知音，谁能别之。然法应之佛，不得无差。显密之教，何无深浅。法智两佛，自他二受。显密别说，权实有隔。所以耽执真言醍醐，未遑噉尝随他之药。（下略）

最澄以一种妥协的立场，认为倡导法华一乘的天台宗，与倡导真言一乘的真言宗并无优劣之分，他希望以此说服空海。可空海直指要害，称天台宗等显教是“权”，教义浅显，真言宗（密教）是“实”，教义深邃。最澄对此番言论有多反感，可想而知。在最澄看来，空海只懂得密教的一些皮毛，只因有惠果大弟子这一正统的身份加持，便敢以自己为权威，说什么没有实际体验便无法理解密教。此次书简往来，也成了两人的最后一次交流。其后，会津法相宗高僧德一批判《法华经》，最澄随即与之展开论争，其激烈程度仿佛是将德一当成了空海。论争一直持续到弘仁十二年（821），史称“三一权实诤论”。

敌人的敌人是朋友

弘仁十三年（822），与南都站在同一战线的空海在南都唯一拥有戒坛的东大寺设立灌顶道场（东大寺真言院）。从此以后，真言宗与南都教义互为表里，确立了护持国家的立场。

东寺五重塔

南都也因为吸收了密教，加强了自身的护国效验，他们与真言宗结成同盟，与要求设立独立戒坛的天台宗对立。次年，嵯峨天皇向空海下赐东寺（全称“教王护国寺”），东寺成为真言宗的专用道场。

总之，如果最澄不能设立完全独立于南都的戒坛，那么自宗僧侣便免不了要投身南都。为了设立大乘戒坛，忧心忡忡的最澄四处奔走。弘仁九年（818）三月，最澄宣布放弃在东大寺戒坛院所受具足戒，着手制定天台宗自己的修学规定。《山家学生式》由此诞生。最澄将其上呈朝廷，请求设立戒坛。对此，天皇咨询了大僧都传灯大法师位护命等六名僧纲，六人均表示反对。于是，最澄撰写《显戒论》（署名“前入唐沙门最澄”）予以反驳。最澄在这篇著名的论著中旁征博引，经、论、疏自不待言，就连《大唐西域记》《鉴真传》《不空表制集》也有引证且言辞激烈，甚至还提出僧纲没有存在之必要。对此，南都方面似乎未予回应。

弘仁十三年（822）六月，最澄去世后的第七天，延历寺设立大乘戒坛的敕令终于下发。这背后是藤原冬嗣的全力相助。自从目睹了弘仁四年兴福寺举行的佛法论战，藤原冬嗣便决定为最澄提供帮助（石田一良《最澄晚年的思想与历史意义》）。不过这不是最重要的。第八章将会说到，弘仁年间灾害、饥荒频发，该社会背景恐怕才是促成转变的关键所在（朝枝善照《最澄的时代观与〈显戒论〉》）。天台宗主张得度后在山林修行十二年，这样才能拥有足够的法力拯救现世之污、招来佛土。到头来，天台宗还是靠着“镇护国家”这面大旗，才成功设立了大乘戒坛。

在此期间，空海创立高野山金刚峰寺，同时又与最澄一样，强调山林修行、增进法力。但另一方面，空海又与最澄不同，前者从不干预弟子受戒的问题，甚至允许弟子同时在真言宗和南都受戒。而后者则要求弟子在南都受戒和天台受戒中做出选择。而且，空海还以同样的逻辑请求在宫中设立真言院（承和元年［834］十二月设立），以便在每年正月宫中举行御斋会（最胜会）之后，追加“后七日御修法”仪式，以此与显教并存（平冈定海《宫中真言院的成立》）。御斋会需要转读护国经典《最胜王经》，因此御斋会相当于显教的护国法会。如果在此基础上追加密教修法来护持国家，岂不万全？这就是空海的逻辑。

另一方面，天台宗也尝试调整与密教的关系。然而，只要天台宗基于教义主张法华一乘，即便当时的价值体系再怎么讲求效验，天台宗也很难消除与密教在教理上的矛盾，进而吸收密教。最澄之后，圆仁、圆珍及以下学僧都不可避免地面临这一问题。那么，天台宗是如何利用有别于真言宗的方式，将正统密教纳入自宗的呢？让我们从圆仁的足迹中寻找答案。

第二节 | 圆仁求法之旅

承和遣唐使

圆仁，天台宗僧侣，延历十二年（793）生于下野国，十五岁入比叡山延历寺，师从最澄，受朝野尊崇，授日本首个大师称号——慈觉大师。当然，这些都是后话。我们先从圆仁作为入唐请益僧随遣唐使入唐说起。

圆仁拜最澄为师是在大同三年（808），彼时正是最澄失去桓武天皇庇护，谦恭地向空海借抄密教经典的时期。由此可以说，圆仁的轨迹从一开始便已注定，他要追随最澄，深化天台宗教义，将密教正式导入天台宗。

承和元年（834）正月十九日，日本朝廷时隔三十年再次决定派遣遣唐使，藤原常嗣（延历遣唐大使藤原葛野麻吕之子）任大使，小野篁任副使（《续日本后纪》）。次年九月，圆仁也接到了命令，将以请益僧的身份入唐，时年四十二岁。

遣唐使出发前的承和元年（834）三月十六日，朝廷命令滞留于大宰府的唐人张继明入京，以获取唐朝的最新消息。由此可见，以派遣遣唐使的方式获取东亚信息的必要性已微乎其微。此外，弘仁十年（819）六月，唐朝越州人周光翰搭乘新罗船只抵达日本时，日本方面也曾向其询问唐朝的消息（《日本纪略》弘仁十年六月十六日条）。与之类似的访日者日渐增多，日本获取到的唐朝消息也丰富起来。

虽然承和遣唐使与延历遣唐使一样，都要到长安参列元日朝贺，但如前章所述，这一时期遣唐使的原本含义（向唐朝朝贡）明显弱化。概言之，延历以后，遣唐使的外交功能弱化，而文化输入、解决实际问题的功能则逐渐增强，与奈良时代已是完全不同的两回事。例如，早前的吉备真备以留学生的身份长期留唐，回国后担任重要职务。这种情况到了平安时代已不会再出现。而且派遣间隔较长也说明，朝廷对留学生的期待已明显减弱。

9世纪末由藤原佐世编纂的《日本国见在书目录》是当时日本引进中国典籍的目录书。翻看此书可以发现，9世纪以来，日本引进中国典籍的努力大不如前，这一点与上述变化形成呼应（池田温《中国的史书与〈续日本纪〉》）。另一方面，承和遣唐使中还诞生了许多有技艺才能之人，如以琵琶闻名的藤原贞敏、琴技高超的良峰长松、擅长围棋的伴须贺雄等，此为承和遣唐使的一大特征。

佛教界的期待

在这种情况下，只有佛教界例外。后来被统称为“入唐八家”的密教传法者——最澄、空海、常晓、圆行、圆仁、惠运、圆珍、宗睿在回国后，都向朝廷提交了数目庞大的“请来目录”（带回日本的书籍目录）。由此可见，入唐八家对日本佛教经典的充实起到了非常大的作用。承和年间派遣遣唐使时，真言宗请益僧圆行、三论宗留学僧常晓（两人是空海弟子）、天台宗请益僧圆仁、天台宗留学僧圆载（两人是最澄弟子）、法相宗请益僧戒明，以及各家弟子获准随行入唐。上述人选的敲定过程十分曲折，由此可以看出日本佛教界对遣唐使的巨大期许。

实际上，遣唐使最初出发时，真言宗派遣的是请益僧真济和留学僧真然。然而他们搭乘的第三艘船遭遇海难，两人分别漂至对马和肥前。有关史书记载了大宰府官员对此次海难的调查情况：

> 是日，大宰府奏言，问遣唐第三舶漂荡之由，真言请益僧真济等，谨作书答云：舵折棚落，潮溢人溺。船头以下百四十余人，任波漂荡。爰船头判官丹墀文雄议云，我等空渴死船上，不如坏船作筏，各乘觅水。录事以下争放取舶板，造桴各出。自外无复所言。
>
> （《续日本后纪》承和三年［836］八月二十日条）

大概由于真济过于疲劳困倦，因此才“自外无复所言”吧。当时与真济攀上同一只木筏的三十几人中，只有真济和真然两人幸存了下来，可见状况之惨烈（《三代实录》贞观二年［860］二月十五日条）。

接到报告的太政官于是下令，真言宗请益、留学二僧遭海难，虽生还，但此事不吉，即便真言宗更换人选，遣唐使船也拒绝搭载真言宗僧人。得知此命令的东寺长老实惠连忙请求：“今真言宗新始圣朝，未经几年，所遗经法及所疑滞无由开求。”（《平安遗文》4440 号收录《僧实惠上表文案》）意思是说，开创于圣朝的真言宗刚刚成立不久，缺少经典，大量问题得不到解决。真言宗刚刚在承和二年（835）三月二十一日失去空海，如今必须全力争取入唐的机会。不知是否由于实惠的请愿起了作用，最终，圆行代替真济和真然前往唐朝。

佛教界为何能向朝廷提出要求？正如实惠在上表文中威胁朝廷之言，“若此道于国家不要者，敢非所望”，也如回国后圆行公然宣称的，“一善男子，建立道场，修念三密，其国界内无七难之灾，国王大臣日日增长福寿，是则真言之功矣”（《平安遗文》4447 号收录承和六年［839］十二月十九日《圆行请来目录》），佛教界的筹码正是镇护国家的理念。

其中，常晓从唐朝带回的“太元帅法”的效验尤其之大，宣称“国土衰敝，雨泽不调，以此咒安四城门上，即得风雨顺时。若将此咒镇国土，四方一切邻敌及大臣不起逆心。若有国土，大臣诵持此咒者，其王境土无有恶人恶贼及诸鬼神等”(《平安遗文》4902号收录贞观十七年[877]正月十九日《僧宠寿奏状案》)。经此宣扬，太元帅法立刻作为只为国君一人服务的秘密咒法而受到重视。当时的人们认为，贞观十一年(869)新罗海盗进犯之际，正是因为有太元帅法的护佑才没有酿成大祸。有人批评这是一种彻头彻尾的机会主义论调，但这种批评只不过是从现代看古代的“马后炮式”批判。在当时来看，上述论调是很有说服力的。除了作为每年正月的宫中固定仪式之外，元庆二年(878)的虾夷叛乱，以及再后来的平将门、藤原纯友之乱时，太元帅法也都发挥了重要的作用。当唐朝失去学术魅力、遣唐使几乎丧失外交意义时，承和朝廷依然派遣遣唐使，这实际上是佛教界推动的结果(佐伯有清《最后的遣唐使》)。

《入唐求法巡礼行记》

承载着天台宗、真言宗僧侣对于求法的渴望和困惑，遣唐使船扬帆起航。遣唐大使原本与圆仁共同乘坐第一艘船，后来两人分别，圆仁一路冒着触礁和沉船的危险，抵达了位于长江江口的扬州海陵县白潮镇桑田郡东梁丰村。圆仁免于海难的欣慰体现在其日记《入唐求法巡礼行记》(下文简称《巡礼行记》)的字里行间：“日本国承和五年(838)七月二日，即大唐开成三年七月二日。虽年号殊，而日月共同。”

建于扬州古运河边上的文峰塔

这部《巡礼行记》非常不可思议。此书虽出自9世纪的日本人之手，但其在海外却要比在日本更为著名。这是因为1955年埃德温·赖肖尔（Edwin Oldfather Reischauer）将其翻译成了英文，并为其全文加了注释。后来，赖肖尔又基于这一成果撰写了《圆仁唐代中国之旅》(*Ennin's Travels in T'ang China*)。该书被翻译成了法文、德文，甚至是日文。在赖肖尔看来，这部日记的价值在于两点。第一点，中国近代以前所出现的一切事物在9世纪的中国正处于萌芽阶段，而这部日记正好详实地刻画了该时期中国的面貌。第二点，这部日记是其作者宗教献身精神、求知精神以及令人叹服的冒险精神的完美结合。

实际上，这部日记比《马可·波罗游记》还要早四百年，而且它不是一部夹杂着空想部分的回忆录，而是一部详细记录每一天、前后跨越十年的纪实文学，其中不乏唐武宗灭佛（“会昌毁佛”）这种极为震撼的事件。这部日记在中国也受到了关注，甚至出现了廉价的标点本。这是因为这部日记弥补了正史和文人著述的空白，其细致的观察完美重现了当时中国的日常生活，以及中国人、新罗人的精神状态。

然而，这部日记在日本并不著名。目前大部分日本史辞典中的日记年表都从宇多天皇的日记[1]开始算起，无视了圆仁这部磅礴而又古老的日记。不过，这也有其原因。首先，《巡礼行记》内容过于琐碎，而且其中大量使用了当时唐朝的官僚用语和俗语，阅读起来相当费力。其次，该日记记录的几乎都是作者在唐朝的所见所闻，很难称得上是了解当时日本的直接史料。再加上这本日记平铺直叙、索然无味，因此就连日记迷恐怕都要敬而远之了。那么圆仁为何要坚持写这样一部日记呢？这一问题我们将留在最后思考，接下来先请诸位读者与圆仁一同重返那场9世纪的中国之旅。

天台山巡礼失败

圆仁是请益僧，必须与遣唐使一同回国，唐王朝不允许请益

1 宇多天皇的日记，指《宽平御记》，又称《宇多天皇御记》《宽平圣主记》，为宇多天皇在位期间（887—897）所作，原本十卷毁于战火，根据后世摘抄复原了其中九年内容。

僧长期滞留。于是一到扬州府，圆仁立刻与同行的留学僧圆载申请前往师傅最澄曾拜访过的圣地天台山。然而，时任扬州大都督的李德裕态度冷淡，表示天台山所在的台州不是自己所管辖的范围，因此只能等待朝廷下发敕许。可是要想获得敕许，单是向长安递送文书就要好几天。十月五日，大使及真言宗请益僧圆行等四十三人前往长安。出发之际，圆仁委托一行人请求皇帝下发敕许。大使藤原常嗣接受了圆仁的委托，甚至在谒见皇帝时，当面请求唐文宗满足圆仁之愿。然而唐朝方面认为，藤原常嗣到达长安时，请益僧圆仁已经没时间去天台山了，因此最终也没有下发敕许。总之，那时的唐朝总是能在关键时刻找到陈规旧例，坚决不肯改变早已设想好的结果，不愧为官僚作风的鼻祖。

圆仁没有获准前往长安，也无法长期滞留扬州，于是于开成四年（838）二月十九日离开扬州开元寺，辞别李德裕，登上回国的船只。然而，就在此前圆仁焦急等待的期间，同为请益僧、同样未获批准的常晓不甘于在扬州广陵馆虚度时日，于是前往近郊栖灵寺文璨和尚处修行，学习太元帅之秘法。虽然境遇无法选择，但常晓在最坏的境遇中做出了最好的决定。相较之下，执意前往天台山的圆仁就略显死板了。

另一方面，真言宗圆行获准进入长安，并在得到敕许后，于正月十三日进入青龙寺，闰正月二日接受灌顶，成为传法阿阇梨（前引《圆行请来目录》）。不过，根据《巡礼行记》开成四年（839）二月二十日条的记录，圆行只有二十天的时间来抄写经典，他雇了二十名抄写者才抄下了少许经典的注解。至于法相宗请益僧戒明甚至未被允许进京。圆仁如此记载很有可能是在安慰自己。不过究竟何为幸运，其实是很微妙的。

赤山法华院与在唐新罗人

尽管天台山巡礼之梦就此终结，但圆仁接下来的行动才真正展示了他的本领。圆仁等人在楚州与从长安归来的大使一行会合，辞别了好不容易得到天台山巡礼许可的圆载。遣唐使第一艘船和第四艘船在来时破损严重，因此一行人分乘由新罗译语（新罗语翻译）金正南安排的九艘新罗船只，顺淮河而下，抵达海边。四月一日，圆仁将圆载委托给自己的书信交给了回国的一行人，决意非法滞留唐朝。四月五日，圆仁将在唐朝收集到的经典以及金刚界、胎藏界两部曼陀罗托付给了回国的一行人，与侍者惟正、惟晓以及水手兼侍从丁雄满一同在海州下船。

然而，这实现宏愿的第一步很快就遭遇了失败。圆仁一行下船后伪装成新罗僧人，但当地人很快识破他们既非新罗人亦非唐人，而是刚刚辞别遣唐使的日本僧人。海州武官前来问询，圆仁谎称因病耽搁才蒙混过关。彼时遣唐使第二艘船因误了出发日期而滞留海州，圆仁一行被要求乘坐该船离开。

然而圆仁并未死心。遣唐使第二艘船行至山东半岛乳山湾时遭遇逆风，航路被阻断。就是在这个地方，圆仁听说了张宝

乳山湾景色

高在新罗发动政变、帮助神武王即位的消息(《巡礼行记》四月二十日条)。入唐之前，圆仁曾请求大宰府官员开具一封写给张宝高的介绍信，计划以此拜访张宝高。然而途中圆仁不慎丢失信件。想必圆仁此时的心情一定十分复杂。遣唐使第二艘船多次尝试出航均遭失败，其中甚至有人丢了性命。不过一行人最终还是到达了文登县清宁乡赤山村(《巡礼行记》六月七日条)。张宝高曾在此地修建赤山法华院，新罗人的村落散落周围。次日傍晚，圆仁与随从一同登上赤山法华院拜会僧人。法华院僧人以茶相待，圆仁一行就此住下。这是圆仁与此后不断帮助自己的赤山法华院的初次相遇。

圆仁一行留在了赤山法华院。其间，圆仁与翻译僧道玄探讨了如何留在唐土的问题。或许是探讨出了结果，七月十四

从赤山法华院遗迹眺望大海（1988 年，笔者拍摄）

日，圆仁与同行的戒明等人提前道别。然而不知是不是出发时间没有通知到圆仁，总之据《巡礼行记》的记载，七月十六日一早，当圆仁从赤山法华院眺望港口时，遣唐使船已不见踪影。圆仁茫然失措，久久伫立在岸头。

当时全权掌管新罗村落的最高领导人虽然是张宝高，但当地还有一个叫张咏的人。在《巡礼行记》中，张咏以“新罗通事押衙”“勾当新罗所押衙”“登州诸军事押衙”等头衔出现。概言之，此人掌握着登州的警察权，同时还掌管着文登县的新罗村落。有幸得到张咏知遇，圆仁一行得以在赤山法华院度过一冬，并成为该新罗人居留地的正式外国侨民。后来，圆仁又多次提交了张咏的介绍信和表达巡礼之愿的申请书。开成五年

（840）二月二十四日，圆仁终于得到了由文登县前往上级单位登州都督府下发的通行证。

与张咏分别后，圆仁用了七天时间到达登州。然而登州都督府不敢轻易定夺，因此只给圆仁下发了前往上级官员青州节度使（押新罗渤海两蕃使）处的通行证。尽管结果不尽如人意，但圆仁总算是走上了正轨。青州节度使将圆仁的申请书列入奏章，刚刚即位的唐武宗向圆仁下发了巡礼敕许。此唐武宗即五年后下发灭佛命令之人。四月一日，圆仁从节度使处领到通行证和赠礼，并列席在龙兴寺举办的节度使寿宴。“走出青州城门的一瞬间，圆仁及其一行终于从官僚的世界，一跃来到了几乎只属于自己的自由天地”（前引赖肖尔著作）。

会昌毁佛

赤山法华院的新罗僧人告知圆仁，相比去天台山，不如去五台山。于是，圆仁改变计划，于五月抵达五台山。在五台山度过数月后，满怀感激之情的圆仁进入长安（《巡礼行记》八月二十二日条）。在长安主管寺院的功德使的指令下，圆仁一行住进资圣寺，寺僧怀庆详细地说明和介绍了长安密教的情况（《巡礼行记》九月六日条）。为了寻找高僧，圆仁甚至派弟子惟正外出搜集信息。其间，圆仁积极汲取密教教义，先后在大兴善寺元政处学习金刚界大法，在圆行师从的青龙寺义真处，

大兴善寺（1989年，笔者拍摄）

以及玄法寺法全处学习胎藏界大法，在义真处学习苏悉地大法，并在各处接受传法灌顶。圆仁甚至跟随当时正在青龙寺的印度僧人宝月学习了“悉昙”（即梵文）。由此可见，只要有扎实的基础和可靠的指导，一年之内便可以修得三法。而像圆行那样，作为请益僧只在长安滞留一个多月是完全不够的。可以说，圆仁的非法滞留是非常有价值的。最终，圆仁修得三法，将其移植日本，使之成为天台密教的三部大法。

修得金刚界、胎藏界、苏悉地三法后的会昌元年（841）八月七日，圆仁首次向功德使提交回国申请书。然而，这是一个非常糟糕的时期。就在前不久，印度僧人法月因直诉皇帝，请求回国而遭受处罚（《巡礼行记》六月十一日条、六月十五日条）。在这一时期，唐武宗醉心道教、疏离佛教的态度逐渐显露。会昌二年三月三日，在时任宰相李德裕的建议下，唐武宗发布敕令，驱逐寺院中没有正式登记的僧人以及年轻的见习僧。此即“会昌毁佛”之开端。

尽管兴善寺、青龙寺、资圣寺的外国僧人暂时不在驱逐名列（《巡礼行记》三月八月条），但外出仍然受到限制，其身份、艺业也须一一核查（《巡礼行记》五月二十五日条。当日另载：“资圣寺日本国僧圆仁，年五十，解讲《法华经》。”）。在这种情况下，外国僧人逐渐感受到了压力。由于不能外出活动，圆仁的日记在此阶段的时间跨度明显增大。不久后的会昌三年（843）正月，资圣寺三十七人、长安城共计三千四百九十一人被强制还俗。当时左街功德使、统领禁军的宦官仇士良尚且在世。鉴于仇士良笃信佛教，因此朝廷对佛教有所收敛。然而摩尼教就没那么幸运了。因涉嫌与回鹘勾结，摩尼教教徒均遭处决，形势十分危急。六月三日，仇士良辞去所有官职，六月二十三日亡故。此后长安城内火灾频发。自前一年年末患病不起的惟晓也于七月二十四日去世，圆仁为其作法。

回到阔别十年的祖国

会昌四年（844）、五年，唐武宗愈发脱离正轨，受道士蛊惑，建造神仙台，一心寻找长生不老的仙药，命令所有僧尼还俗。

五月十三日，外国僧人也不例外，圆仁、惟正被要求还俗，并立刻回国。圆仁一行急忙打点行装，与友人匆匆告别，离开长安。途中，圆仁受到许多秘密帮助，一路小心搬运经典和曼陀罗，出潼关（《巡礼行记》五月二十二日条）、洛阳（《巡礼行记》六月一日）、郑州（《巡礼行记》六月九日条），绕道扬州，七月三日抵达楚州。圆仁本打算在楚州等待回国的便船，然而遭到当地官员的拒绝，一行人于是转赴登州。在楚州时，圆仁将珍贵的经典和曼陀罗等物寄存在了故友新罗翻译刘慎言处，然而刘慎言因担心事情暴露，于是烧毁了其中金刚、胎藏两部彩色大曼陀罗。

圆仁带着刘慎言写给沿途新罗人的介绍信，走水路到达海州（《巡礼行记》七月十五日条），之后又越过重重险阻抵达登州。八月二十七日，圆仁在文登县清宁乡勾当新罗所[1]再次见到了阔别多年的张咏。此时赤山法华院已遭破坏，圆仁一行被安排在法华院的庄园中。在张咏的庇护下，圆仁等人暂时得以安全。得知唐武宗驾崩（会昌六年［846］三月二十三日）的消息后，圆仁才从刘慎言处取回寄存的物品。直至会昌七年（大中元年［847］）春，一行人都滞留在了登州。其后虽有重重困难，但一行人终于在九月二日登上新罗船只，驶离赤山浦，顺新罗沿岸南下，于九月十七日抵达能古岛，十九日进入鸿胪馆，解下行装。顺便一提，圆仁再次剃度、穿上僧袍是在

1 勾当新罗所，据圆仁记载，全称为勾当新罗押衙所。“勾当”是唐代口语词，有“管理”“处理”之义。“押衙”又作“押牙”，为唐后期方镇官署内的武职僚属。

赤山浦等风起航的八月十五日。

执笔《巡礼行记》的意图

关于圆仁的性格，赖肖尔评价“他是一个能将性格、精力、理性完美调和的极为罕见的优秀人物，他拥有如圣者一般杰出的行动力，同时又有着无法撼动的信仰”，“虽然表面看上去他不是闪耀着智慧的光芒、拥有开创性想象力的人，但他的决断力与足以鼓舞人心的性格，指引着人们去开拓前辈所发现的新领域，去从事这项朴素而又艰难的工作”。赖肖尔的评价堪称精辟之论。然而，圆仁执笔《巡礼行记》，当然不是为了赞扬自己，也并非单纯想留下一本旅行日记。那么，圆仁执笔《巡礼行记》究竟目的何在？

日本最古老、甚至曾被《日本书纪》引用的日记出自伊吉博德（齐明五年［659］的遣唐使随员）之手。可见，遣唐使成员记录每日发生之事并不稀奇。问题在于，作为僧侣，能否做到像圆仁那样详细。比如最澄为了证明在巡礼之地接受传法，将唐朝官衙开具的证明文书（称“公验”）带回了日本，但他似乎并没有像圆仁那样记录在唐事宜。如果有的话，其直系弟子圆仁没有理由不参考师父的日记。然而圆仁的《巡礼行记》中并未见到类似形迹。说到空海，他在唐朝所著文章虽被收录在其生前汇编的《性灵集》中，但这些文章之所以会被保

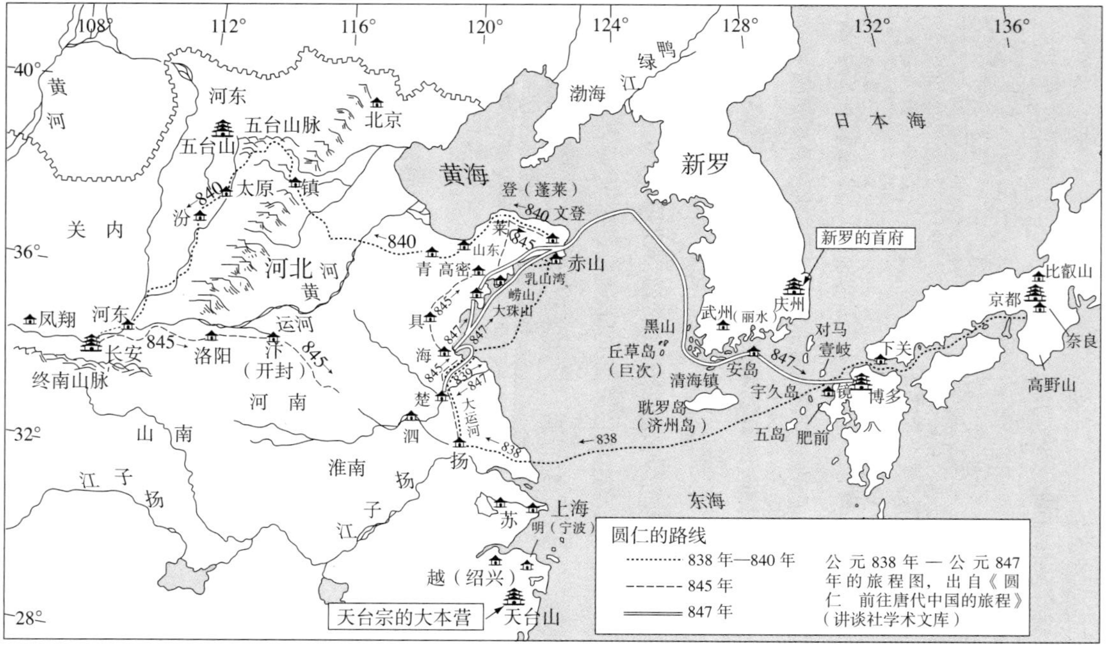
日本海
新罗
黄海
渤海
鸭绿江
东海
新罗的首府
庆州
武州（丽水）
黑山
丘草岛（巨次）
清海镇
安岛
耽罗岛（济州岛）
对马
壹岐
宇久岛
五岛
肥前
镜
博多
下关
京都
比叡山
奈良
高野山
登（蓬莱）
文登
莱
赤山
乳山湾
崂山
大珠山
山东
青
高密
具
海
楚
大运河
泗
扬
淮南
扬子江
苏
上海
明（宁波）
越（绍兴）
天台山
天台宗的大本营
河东
五台山
五台山脉
北京
太原
镇
汾
关内
河北
黄河
凤翔
长安
洛阳
汴（开封）
运河
河南
山南
终南山脉
838
839
840
845
847
圆仁的路线
838年—840年
845年
847年
公元838年—公元847年的旅程图，出自《圆仁 前往唐代中国的旅程》（讲谈社学术文库）

圆仁的中国之旅

存下来，是因为作者自信它们都是名篇，从空海的性格来考虑，也不像是会记录日常事务性对话的样子。

《巡礼行记》不同，其中记录着详细的实务交涉内容，圆仁与唐朝官僚机构、各界名人的交涉尤为引人关注。不仅领取到的各项文书，就连圆仁自己提交的文书也都详细记录在案。正文自不必说，标题、落款也如原件一般逐一记录，看起来就像一本《中文书信写法文例集》。这是因为圆仁的这本日记不仅仅是为了备忘，还是为了给之后渡唐巡礼、修学之人提供一部良好的范本。而圆仁所掌握的交涉文书的写法，学自新罗僧人与在家人。

还有一个与之相关、值得一提的地方，那就是不仅圆仁，其他入唐的日本僧人在巡礼、修学结束之后，也都希望立即返回日本。这一点看似理所当然，实则非同寻常。同一时期入唐的新罗僧人远比日本僧人多（严耕望《新罗留唐学生与僧徒》），其中还有不少新罗僧人尝试远赴印度。从教徒求法巡礼的角度来说，此乃情理之中，但日本人中有如此打算的，目前所知仅有年代稍后的高岳亲王（真如法亲王）一人。而且到了11世纪，许多入宋僧来到宋朝之后决定不回日本。相比之下，9世纪的入唐僧大部分都会回国。这大概是因为，9世纪的日本僧人本就属于精英阶层，所以他们更具有传播佛法的意识。

圆仁尤其具有这种使命感，这一点如实体现在会昌毁佛到达顶点、圆仁被迫还俗时写下的日记中。圆仁修得密教三大法后，立即申请回国，但上百次的请愿如泥牛入海一般杳无音信。会昌五年三月三日，毁佛进入白热化阶段，所有僧侣皆被强制还俗，诸寺院僧尼“魂魄失守，不知所向”。这一天，圆仁在日记中写下“通状情愿还俗，请归本国”。如前所述，驱逐令与还俗令同时下发，圆仁因此才获得了回国的机会。他在日记中感慨道：“不因此难，则无因归国。且喜将圣教得归本国，便合本愿 。”（《巡礼行记》会昌五年五月十三日条）从这些记录可以看出，圆仁强烈希望将所知所学带回日本，即便还俗也在所不惜。

而《入唐求法巡礼行记》，就是以这种使命感为前提创作的产物，它明示了作者自己已经达到与能够达到的高度，向后来者传授了中国的交涉方式、不失礼节的书信写法，以及生活方面的各项信息。

圆仁的后来者

从以上观点来看《巡礼行记》，我们不禁会产生一个疑问，那就是圆仁是否认为自己已经理解了密教。之所以这样说，是因为圆仁已受三大部灌顶，在形式上已穷极密教之精华，然而倘若圆仁真的就此满足，那么他也不会为后来的密教求法者书写这部日记。嘉祥三年（850），仁明天皇驾崩，文德天皇即位，圆仁以“除灾致福，炽盛光华佛顶最胜也”来宣传自己带回的密教修法（称“炽盛光法”）。虽然请来目录记载了炽盛光法的相关经典和仪器（修法时的用具），但无论是《巡礼行记》的正文还是请来目录，都没有特别提及圆仁宣传炽盛光法一事。而前面提到的常晓曾大力宣传请来目录中的太元帅法，请求朝廷采用。相比之下，圆仁虽然也有为护国大义而将密教导入天台宗的意识，但从个人求法的层面来说，圆仁对于密教的护国咒法并不感兴趣。这一点已充分体现在其《巡礼行记》中。

正是由于不满于此，天台宗才会催促圆珍（后来带回护国咒法“尊星王法”）及其后来者陆续入唐，并针对如何处理密教问题展开持续讨论。而这一点也成了天台宗的一个历史特征。

天台宗僧人带回许多曼陀罗，这些曼陀罗向我们展示了当时密教学的水准。原本被定位为护国咒法之一的密教，后来逐渐发展到了拯救现世个人的层面，使得加持祈祷[1]大为盛行，进而又在末法思想的催化下，与寻求个人来世救赎的净土信仰联系在了一起。天台宗的教义原本就具有拯救个人的倾向，在很长时间以后，这种倾向又与传统教义紧密结合了。这一点隐约体现在了源信的《往生要集》[2]中。鉴于这一问题已远远超出本书所述时代，因此便不再展开论述。

1 加持祈祷，密教祈祷形态之一，通过印契、咒语、观想等方式，祈祷神佛加护、除病消灾等现世利益。

2 源信（942—1017），平安时代中期比叡山天台宗僧人，他在985年执笔的《往生要集》融合了天台宗的“观心念佛”和净土宗的“称名念佛”思想，奠定了日本净土教的理论基础。

第五章

政务处理与法

第一节 | 处理政务的流程和场所

格式的时代

第三章谈到的重塑帝国结构的一系列政策，第四章论述的佛教政策以及接下来将要看到的确保财源的种种政策，都是以天皇为首的朝廷基于各时期的实际情况做出判断的。朝廷推出的新政策大多以诏敕或太政官符的形式发布，其中需要以法律的形式长期使用的内容则被收入“格”或“式”等法典中。9世纪是“格式”等法典逐步被编纂、“仪式书”（关于朝廷处理政务、举行庆典或祭祀时礼节规矩的书籍）得到完善的时代。

那么，这一时代的政治决策需要经过怎样的流程呢？本章将围绕该问题展开论述，同时也会涉及一些该时代行政机构改革的问题，笔者将观察一项决策是如何被纳入法典的，进而窥探“格式时代”下人们的精神状态。

朝座政

平安京的中央偏北坐落着平安宫（即大内里）。开在平安宫正南面的大门叫朱雀门。穿过朱雀门一直往北走就是应天门。应天门即有名的应天门之变的发生地。穿过应天门继续北行便到了会昌门。进入会昌门后的区域就是朝堂院。下面让我们来看一看朝堂院的“朝座政[1]”是怎样运作的。

清和天皇贞观年间（9世纪后半段），仪式书《贞观仪式》编纂完成，一般认为流传至今的《仪式》就是《贞观仪式》。笔者将基于这一通行观点，考察《仪式》中所记录的朝座政。

上早朝的官员依次穿过朱雀门、应天门、会昌门，来到朝堂院，进入各自朝座。各朝座所在位置由《仪式》规定，详见上图。

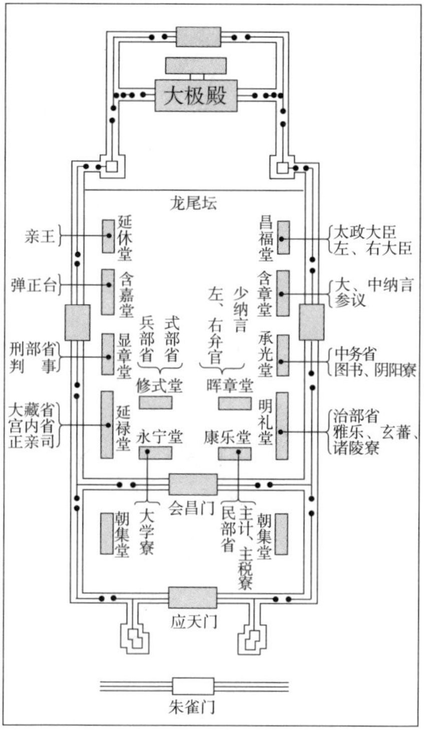

朝堂院内的朝座位置

需要注意的是，当时并非所有官厅都在朝堂院内拥有座（朝座）。例如卫府的武官就没有朝座。此外像神祇官这种著名的官职有时也没有朝座。而另一方面，诸如亲王一类不常与百官并列

1 朝座政，朝座指朝堂之上天皇、臣子、官员之席或办公地点，朝座政即朝政。

的人却拥有朝座，这一点很值得探究。首先，这不可能是因为平安时代初期亲王地位较高，所以他们才会在朝堂院内拥有朝座。若果真如此，那么朝堂院朝座的分布岂不是要追溯到更古老的年代？至于以何种基准判断是否有朝座，在此我们将不再展开论述。

朝座政是如何运作的？大体来说，各官厅代表首先前往晖章堂，向弁官[1]上报各自官厅需要处理的案件，等候指示。所谓指示，即弁官指出文书（中央、地方官厅的呈报文书，大多称“解”）中存在的问题，命其重写，或继续准备相关文书。如果文书没有问题，弁官便携带文书前往东侧第二堂含章堂。含章堂是大纳言、中纳言、参议的办公地点。如果当天现任大臣（太政大臣、左右大臣、内大臣）全都提交了请假申请（称“请暇解”），史便会到这里宣读文书，由在场的大纳言及以下公卿裁决。如果当天有大臣出勤，即便只有一位大臣，弁或史都要与大纳言及以下公卿一同前往大臣所在的昌福堂宣读文书，经公卿讨论后，由当天出席的职级最高的大臣裁决。

天皇决策的场所

收到呈报文书“解”后，太政官的命令会以太政官符的形

1 弁官，联系太政官与各中央、地方官厅的机构，负责文书的上传下达，由左大弁、右大弁、左中弁、右中弁、左少弁、右少弁以及下属的负责记录、制作公文的左大史、右大史、左少史、右少史等组成。

式下发。目前所知几乎所有太政官符都涉及重大事件。因此，太政官符实际上是最终仰仗天皇裁决的“奉敕官符”。与前述处理政务的流程相联系，大臣、纳言“须仰仗天皇最终判断”的案件可以说相当之多。只不过仅凭《仪式》来看，我们无法知晓天皇的决策流程。

实际上就连朝座政运作时，天皇身处何处都是无从知晓的。如果仅从理论上来说，笔者可以想象出一幅画面：天皇坐在朝堂院的正殿大极殿上看着百官处理政务，当有公卿呈上重要案件时，天皇便要做出最终裁决（虽称“最终裁决”，但通常只是依照官员的建议批复）。的确，更早的年代就是这样。官僚每天早上随日出进入朝堂，两拜大王后，在厅内处理政务，直至正午（《日本书纪》大化三年［647］是岁条）。按此字面推断，大王需要每天早上面向朝堂而坐。而放到平城宫的时代，大极殿与朝堂院之间有一道门叫“大极殿门”（平安宫无此门，参见第一章第013页图“朝堂院与内里的变迁”），当官员在朝堂院办公时，这道门是敞开的。可以推测，这就是为了能让天皇看到官员处理政务的样子（古濑奈津子《宫的结构与政务运营法》）。

可是，奈良时代的天皇果真每天前往大极殿吗？《仪式》中关于朝座政的记载几乎被原封不动地收录进了10世纪初编纂的《延喜式》中。《延喜式》收录了奈良时代以来一直遵守，或实际上应该遵守的各项规定，种种条目极为繁细。然而，关

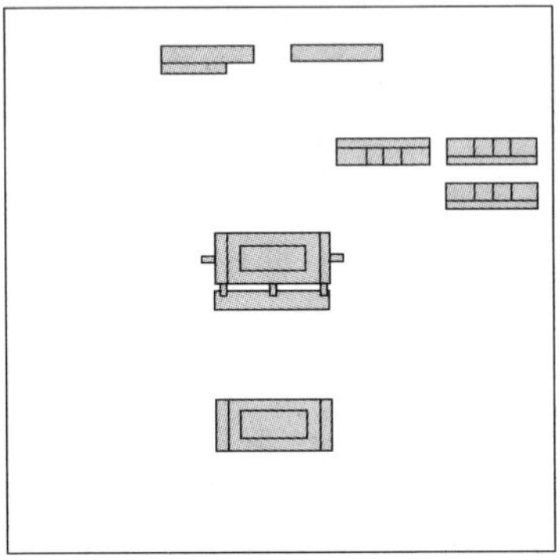

第Ⅰ期
元明、元正朝（710—724）

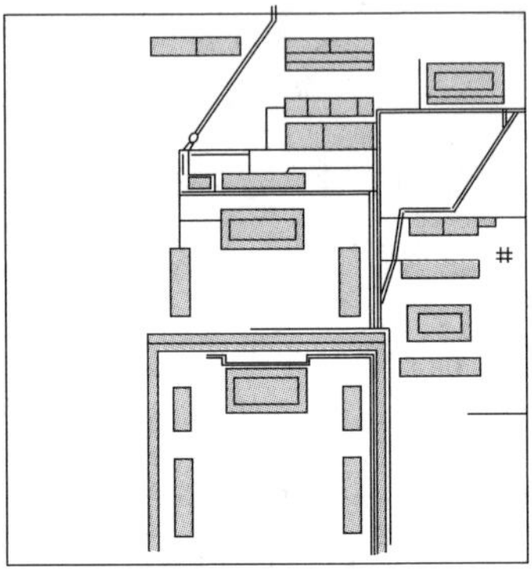

第Ⅱ期
圣武朝（724—745）

初期平城宫内里建筑物的分布（出自《平成宫发掘调查报告XⅢ》）

于朝座政运作时天皇身处何处却没有半点记载。具体来说，《延喜式》规定了大臣、亲王迟到时，已在办公的官员应该如何表示敬意，而且这一规定还可以追溯到奈良时代前半。然而天皇驾临时，或者天皇迟到时，官员应该如何向天皇表示敬意，《延喜式》却没有相关记载。而《续日本纪》及后世正史中也没有此类记载。基于上述情况，笔者认为，奈良时代以来天皇一般不会驾临大极殿参与朝座政（森田悌《奏请制度的展开》、桥本义则《朝政、朝仪的展开》）更贴近史实。

如此说来，奈良时代以来，大臣事前准备、天皇最后裁决的场所很可能是内里。此处我们需要注意内里建筑物的分布情况。从上图“初期平城宫内里建筑物的分布”来看，圣武朝时，内里出现了一个“门”字形的建筑，并一直留存至后世。这个“门”字形的建筑不仅是太政官、式部省[1]等中央官厅的办公地点，还是地方官衙的办公地点，其设计初衷是既能举行仪式，又能处理政务。因此有理由认为，早在圣武朝前后，人们就开始在一定程度上于内里举行仪式、处理政务了。实际上，8世纪中期的官员任命仪式也在内里举行（西本昌弘《八九世纪内里的任官仪式与可任人历名》）。有了这一前例，到了之后的长冈京、平安京时代，甚至出现了将内里和坐拥大极殿的朝堂院分隔开的设计理念（参见第一章第013页图“朝堂院与内里的变迁”）。

朝座政的衰落

然而，平安时代初期处理日常政务的情况并非如上所述。上述关于朝座政的情况更像是奈良时代的真实写照。朝座政在每年十一月至次年二月冬季停止运作，三月和十月也只有朔日（一日）、十一日、二十一日处理政务（《延喜式》太政官）。平安宫虽有内堂，但冬季处理政务的地点却被安排在了朝堂院之外各官厅的“曹司”（即办公楼）之中。位于奈良市的平城宫遗址残存着大极殿和朝堂十二堂的土台遗迹，分布在这一广阔区域内的堂舍恐怕很难抵御冬天的严寒。因此在奈良时代，冬

1 式部省，律令制下八省之一，隶属左弁官，统管礼仪及文官一切人事，长官称“式部卿”。

从平城京“第二次大极殿”（指 745 年圣武天皇将首都迁回平城京时营建的大极殿）眺望南面朝堂院遗址（奈良国立文化财研究所提供图片）

天的朝座政大概也是不运作的。综上所述，自奈良时代初期以来，前文所述的朝座政运作流程，仅指在朝堂院内拥有朝座的官厅所负责的政务，至于其他官厅政务以及冬季一切政务，都要在朝堂院之外各官厅的曹司中处理。

到了平安时代，朝座政这种有限的、最高级别的政务处理方式也很少运作了。到了弘仁四年（813）正月二十八日，朝座政变成只在每月朔日、十一日、二十一日举行（《类聚符宣抄》卷六）。其后，朝座政的间隔时间越来越长。最终，大臣、参议等公卿及弁官参与的太政官中枢政务，变成了由“官政”和“外记政”处理。

外记政的确立

平安京大内里中设有各个官厅的曹司（奈良平城宫也是如此）。说起太政官的曹司，首先是指位于朝堂院东侧的太政官曹司（亦称“弁官曹司”）。太政官曹司中设有事务机构弁官厅，负责在诸司、诸国和公卿之间协调。到了冬季，诸司、诸国申报给弁官的案件，以及在朝堂中没有朝座的官厅所呈报的案件均在此处交由弁官审理。

收录于《续日本纪》延历七年（788）六月十日条的“石川名足薨传”记载，诸官厅官员申政时，一旦搞错状况，石川名足便要破口大骂。因此诸司官员前往弁官曹司时，听说是石川名足听事，便多踌躇而避。这段史料描述了迁都长冈京前后，大弁石川名足在弁官曹司听取诸司申政时的情景。

顺利通过弁官这一关后，就要由弁官呈送公卿加以裁决。从公卿的立场来说，这叫“公卿听政”。在太政官曹司进行的公卿听政通常被简称为“官政”。由前文所述经纬可知，官政这种政务处理方式，实质上与朝堂院中昌福堂、含章堂所进行的公卿听政属于同一性质。承和六年（839）十月一日及承和十五年四月一日，因下雨潮湿，朝廷决定不在朝座，而在太政官厅（太政官曹司厅）进行公卿听政（《西宫记》卷六），这一点即是证明。

然而，随着公卿到内里伺候（谒见天皇）成为一种常态，处理政务的地点也由太政官曹司厅变为太政官候厅（亦称“外

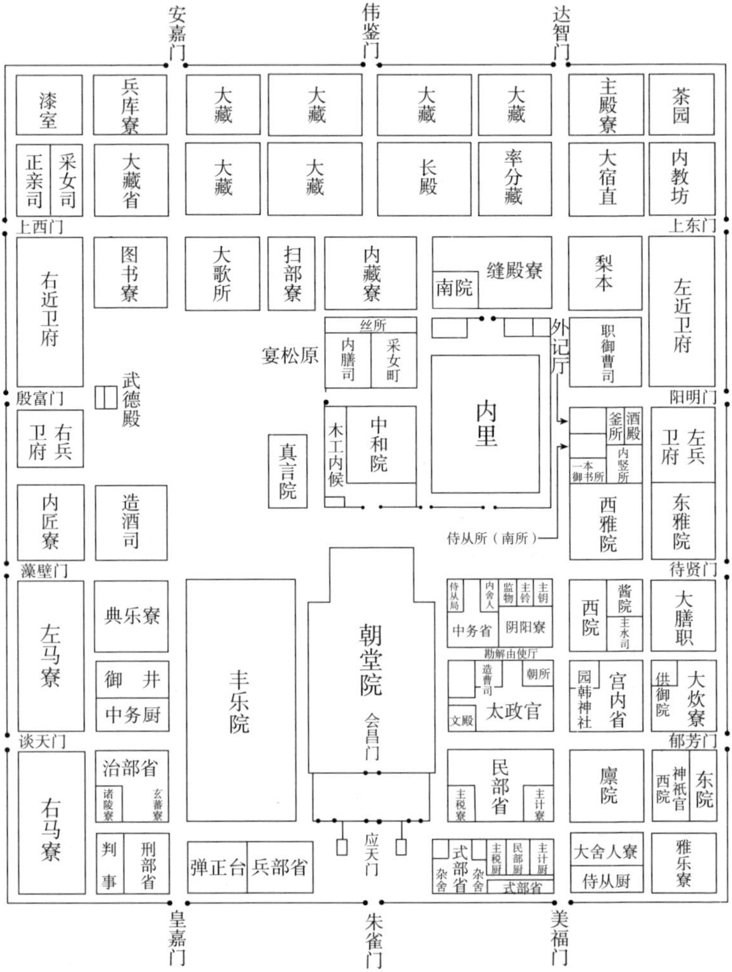

平安京大内里（参照山川出版社《日本史广辞典》“大内里”条改制）

记厅”)。太政官候厅位于内里东侧建春门附近，是太政官的书记局，在此办公的官员称“外记”。外记的办公地点之所以设在内里近旁，是因为弘仁六年（815）正月二十三日左大弁奉宣旨下令，为方便查阅前例，记录大臣在内里主持仪式等事项，外记有必要出入内里（《类聚符宣抄》卷六）。或许为了方便外记推进工作，延历二年（783）五月，外记的官级和位阶得到了提升（《续日本纪》）。综上所述，早在平城宫时代延历初年，大臣在内里举行仪式的案例就已经非常多了。

另一方面，太政官候厅的称谓首次见于弘仁十三年（822）四月的外记奉宣旨（《类聚符宣抄》卷六）中。目前虽然没有太政官候厅初建时的明确史料，但《三代实录》记录了贞观十五年（873）十一月太政官候厅重建时的情况：

> 大臣以下寻常听政之处也。始置之后，积代破损，命木工寮加修理。先是大臣以下于太政官曹司厅视事，今日始就候厅。

由此可知，太政官候厅的建造可以追溯到更古老的时代。此外，更早的《续日本纪》宝龟八年（777）四月十三日条还出现了“太政官内里厅”一词。可见在当时的平城宫内里近旁或内部，已经出现了与后来的太政官候厅功用相同的办公地。

总之，公卿听政改在太政官候厅进行，这种政务处理方式

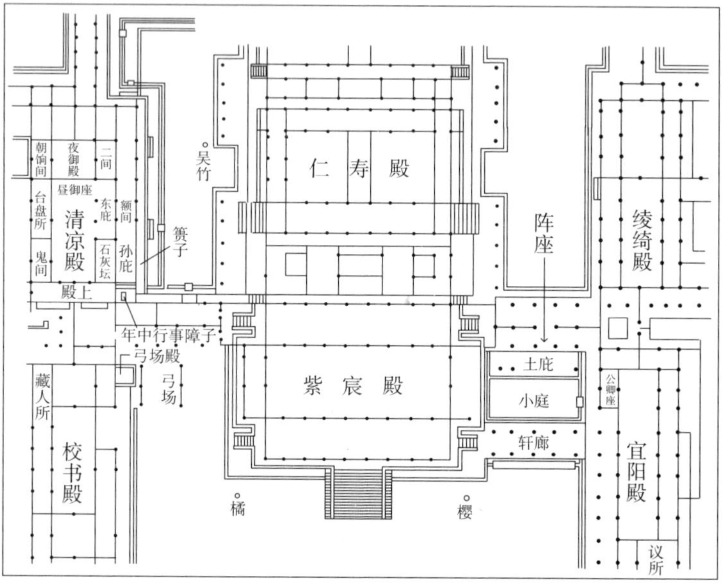

平安宫内里中枢

也因此得名“外记政”。在弘仁十三年的宣旨下，外记政作为简化了的官政，即处理日常政务的方式被确立下来（桥本义则《“外记政”的形成》）。这样一来，官政变成只在四月、七月、十月各月初一等重要日子，或是公卿有重要事宜必须前往太政官曹司等情况下进行，普通的政务则通常在外记政处理。

随着时间的推移，公卿在内里中的办公地点转移到了宜阳殿。宜阳殿紧邻内里正殿紫宸殿（亦称“南殿”）。自桓武天皇以来，日常性的政务变为在紫宸殿处理。后来，天皇甚至连紫宸殿也不常去了，而是常常居于清凉殿。公卿也随之搬动办公

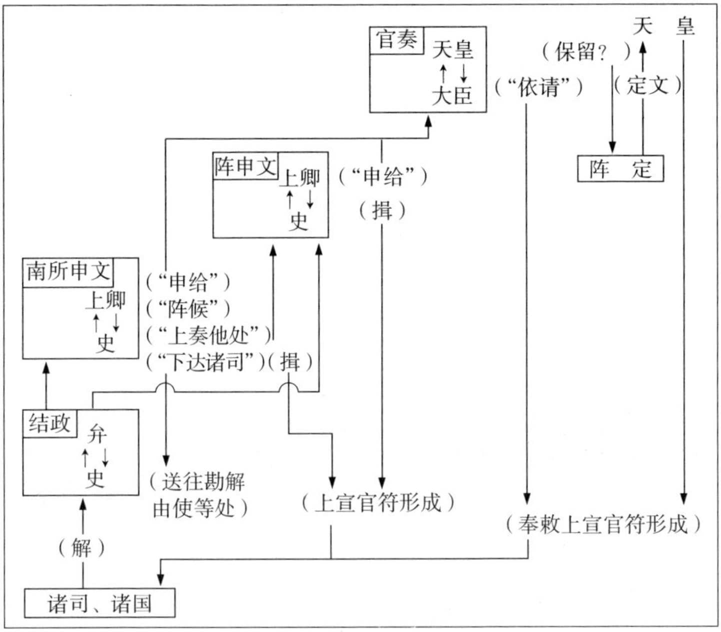

政务处理流程图（参照《西宫记》制成）

地点，去了位于紫宸殿东侧的左近阵（阵座）（泷浪贞子《议所与阵座》）。

根据 10 世纪中期成书的《西宫记》记载，此时不仅朝座政，官政也很少进行了。取而代之的是在外记厅的南舍（弁官的休息室）进行的"结政"。所谓结政，即弁和史从京城诸司、诸国呈报给太政官的案件中，挑选出需要上报给公卿的案件，送到外记厅中的侍从所（后来称"南所"）进行公卿听政（后来称"南所申文"），或是送到内里阵座进行公卿听政（后来称

“阵申文”)。倘若需要天皇最终裁决，则由公卿代表（原则上是大臣）前往天皇所在的清凉殿进行官奏。

如果用处理政务的地点来概括政务处理方式之变迁的话，可以说太政官的政务处理方式一直随着公卿日常办公空间的移动而变化，由朝堂院逐渐转移到了内里及其近旁。

公卿内里伺候

这里产生了一个疑问，即出于怎样的原因，经过怎样的过程，才变成公卿到内里伺候的呢？“出于怎样的原因”略显复杂，“经过怎样的过程”相对来说比较容易解答。延历十一年（792），朝廷允许五位（位阶）以上官员在计算出勤天数（称“上日”）时，将“厅座”（指朝堂乃至太政官曹司一切之座）的出勤天数与内里的出勤天数合并计算。大同元年（806）朝廷规定，不在厅座出勤、只在内里出勤不算出勤。这一稍显严格的规定颇有平城朝的风格，不过该规定未能贯彻下去，最后也就不了了之。到了天长九年（832），朝廷规定如果为了参加庆典等事宜前往内里，在内里的出勤天数可以与厅座的出勤天数合并计算，不过只在内里露个脸不能算作出勤（延历十一年十月宣旨、天长九年三月宣旨，《类聚符宣抄》卷十）。当时公卿动辄前往内里，仿佛患上了“内里综合征”。

只不过从前文来看，公卿重视内里伺候，实际上对国政的审议和处理机制并不会带来什么影响。而且不在朝堂院大极殿而在内里或内里近旁处理国政，也绝不意味着政务的处理变得灰色、见不得光，也不意味着公卿不再关心国政，更不意味着公卿为逃避国政而前往内里。

还有一种观点认为，由于律令官僚体制的成熟，日本到了平安时代初期终于与唐朝一样，变成君主、大臣共同处理日常政务，君主通过大臣来掌握整个官僚机构（前引古濑奈津子论文）。不过，这种观点也不是没有问题。

在此之前，日本君主通过氏族族长掌控国政。为了消除这一老旧的方式，天皇开始驾临朝堂正殿，视察官员的执勤状况，以此加强对国政的掌控，培植官员对于天皇的忠诚之心。不过正如前文所述，早在奈良时代，天皇便开始在内里裁决政务了，为处理政务而亲临大极殿的情况实际上少之又少。

唐朝皇帝通常在内朝的两仪殿处理政务，只有每月朔望（初一和十五）才前往中朝的太极殿，出现在文武百官面前。与此制度相呼应的是，皇帝处理政务的场所被安排在了宫城的南北中轴线上。而日本则与之相反，参见后半段的长冈宫与平安宫的平面图（参见第一章第013页图“朝堂院与内里的变迁”）可知，内里和朝堂院被有意分开，以区别于中国的宫城设计（清水美贵《长冈京营造论》）。也就是说，平城宫才是模仿中国建造的。

《三代实录》贞观十三年（871）二月十四日条言：“承和（834—848，仁明朝）以往，皇帝每日御紫宸殿，视政事。仁

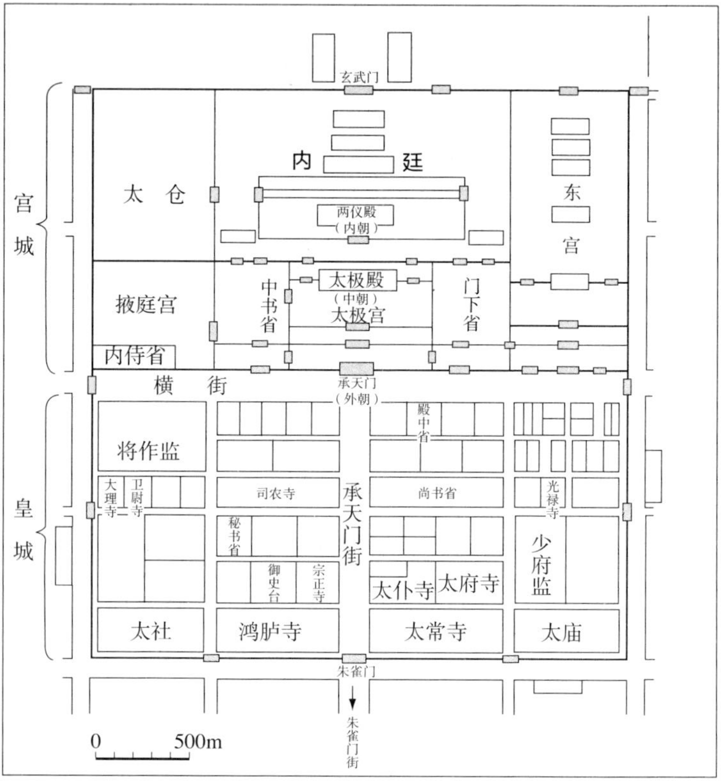

唐朝长安的宫城和皇城（出自妹尾达彦《中华的分裂与再生》，大部分已省略）

寿（851—854，文德朝）以降，绝无此仪。是日，帝（清和天皇）初听政，当时庆之。”自文德天皇以来，或因体弱，或因年幼，天皇不仅不去大极殿，甚至连内里的正殿紫宸殿也不去了。与其说这是贴近唐制，不如说这是将天皇处理政务的场所限定在了内里之中。

如前所述，官员需要每天上午在朝堂院十二堂集合，下午再到各官厅曹司办公。如果天皇是在内里处理政务，这种效率低下、铺张浪费的政务处理方式也随之失去了必要性。既然组成太政官的公卿、弁官、外记都非常重视与内里天皇的联结，那么办公地点被迁至内里也是无可非议的。从这层意义上说，从朝座政转变至外记政的过程，可以称得上是政务处理方式越来越精炼、高效的体现。

第二节　官僚机构的再编

藏人的设置

由于叙述起来过于复杂，因此前文未敢触及。其实，内里原本是限制男性出入的。天皇周围都是女官，敕令的下发也由天皇身边最近的女官负责。官员进入内里时，必须逐一通知名为“闱司”的女官，请其开门放行。而且进入内里后，大纳言之下的纳言们也不能直接上奏天皇（吉川真司《律令国家的女官》）。

近侍朝夕、上传臣子奏章（称“奏请”）、下达天皇敕语者，乃是内侍司的长官，称“尚侍”。后宫职员令规定，尚侍在任期间，该职务只能由尚侍专任。藤原仲麻吕之妻藤原袁比良女就是尚侍，她可知晓敕令内容，至于这一点对其丈夫有多大帮助，那便不得而知了。换言之，日本女官的作用相当于中国皇帝后宫的宦官。而且日本的内侍司本就是后宫十二司之一，只不过均由女性充任，而中国的内侍省则无疑是宦官的大本营。

到了奈良时代末期，状况出现些许变化，比如内里设置了举行仪式典礼的场所、公卿在内里出勤成为常态，等等。不过最大的变化还属嵯峨天皇设立的藏人所。药子之变爆发时，藤原药子即为尚侍。嵯峨天皇一方的动向、意图均通过藤原药子泄露给了平城上皇一方。忌惮于此的嵯峨天皇于是设立官职藏人头，由其心腹巨势野足和藤原冬嗣担任。自此以后，藏人取代了尚侍及以下官员，担负起了奏请、宣传（传达天皇敕语）的职能（桥本义则《“药子之变”私考》）。

尽管设立之初的情况不甚明了，但我们可知后来的藏人在内里清凉殿的殿上间[1]拥有座席，他们发挥着此前由尚侍及以下内侍司女官所发挥的职能。至此，内里对男性官僚开放，不再是女官的专属区域（前引吉川真司论文）。

其后，内里进一步开放。仁寿元年（851），高级官僚可以直接上奏天皇，尽管这一权利仅限于少数几人（吉川真司《申

---

1 殿上间，清凉殿南配房供公卿、殿上人伺候的房间。有资格进入殿上间的人称“殿上人”。

文刺文考》)。这一点也与前文所说的官奏存在一定关联。

只允许女官接触天皇时，女官就能无限接近权力中心。只允许藏人接触天皇时，藏人就能无限接近权力中心。但是，如果让公卿直接接触天皇，公卿就会直接掌控权力与权威之源（天皇）。正因如此，日本的藏人才没有演变成像中国的宦官那样直接掌控权力，而仅仅停留在日后可以有空间晋升为公卿的层面。但不管怎么说，藏人的确是最接近天皇的男性官僚。正如宇多天皇提拔菅原道真为藏人头所体现的那样，当天皇想要有所作为时，藏人往往是最称心的人。

检非违使与勘解由使

平安时代初期诞生的令外官[1]中，除藏人之外，检非违使和勘解由使也很著名。这两个官职的共同特点是可以直接向天皇提交奏状。

诞生于弘仁六年（815）前后的检非违使起初规模很小，成员仅有卫门府官员“尉”（三等官）和“府生”（四等官的次级）各两人，职能也不甚明了。到了天安二年（858），卫门府官员“志[2]”加入检非违使。从这一时期开始，凡是检非违使经

1 令外官，律令规定以外新设的官职或官厅，如内大臣、中纳言、参议、藏人、检非违使、勘解由使、摄政、关白等。
2 志，四等官，又称“道志”，是当时日本的法律专家。

手的案件，犯人的个人信息、事件经过、口供等量刑所需材料，均经由检非违使调查整理，写成“勘申状”，提交给天皇。紧接着由刑部省审查文书，做出判决。其中，抢劫、盗窃、私铸钱等案由检非违使专项处理（前田祯彦《摄关时期裁判制度的形成过程》）。之后，检非违使之上又设置了“别当”一职。别当需要根据敕令下发相应的命令。如此一来，检非违使便一手掌握了京城的治安。

律令规定，有权在任何情况下直接向天皇检举的仅限弹正台。不过《养老令》又规定，弹正台可“奏弹”（以书面方式直接上奏天皇）的对象仅限于有重大犯罪行为的五位（位阶）以上官员。而且这种情况往往需要动用武力，但弹正台并未配备武装力量。因此，奈良时代以来，弹正台始终没有什么作为，这一点并不足为奇。

为了改善这一状况，应对更多类型的犯罪，由卫门府特定官员兼任的检非违使便有义务在事件发生的第一时间向天皇汇报情况。由此，可以使天皇有效管理信息且令武装力量和审判功能合二为一、具有强大行动力的治安维护机构诞生了。

勘解由使顾名思义，是勘审“解由”的官员。所谓“解由”，是国司换任时由现任官员为前任官员开具的证明文书（关于解由的此项功能将在后文详述），以证明前任官员在运营、管理国衙财产方面不存在过失，起到了监督国司换任的作用。可是实际操作时，经常会出现现任官员检举揭发、前任官员据理力争的情况。自平安时代初期以来，现任官员通常会给前任官员写一份“不与解由状”，即写明不给解由之原因的状子。而收到此状的前任官员自然也会不服。这种情况之所以出现，是因为新上任的官员如果稍不留神，没发现亏损，那么这一责任便会落到自己头上。为了解决这笔糊涂账，朝廷设立了勘解由使。勘解由使首次设置于延历十六年（797）前后，大同元年（806）一度遭到废除，天长元年（824）恢复设置，此后不断充实完善，到了10世纪，就连受领功过定[1]也多依靠勘解由使的审查结果评定。勘解由使审查不与解由状后，写成“勘奏”（勘申状），上奏天皇。这样一来，由勘解由使向天皇汇报国司管理责任的体制便得以确立下来。

由上述可知，为了确保天皇在关键问题上拥有领导权，诞生于平安时代初期的检非违使和勘解由使被精心设计出来。只不过天皇能否真正拥有领导权，其实在很大程度上仍取决于天皇的个人资质。

官制改革的走向

除前面介绍过的令外官的设置之外，奈良时代末期至平安时代初期的律令官僚制度其实还有许多变动。

1 受领功过定，平安时代中期，针对结束任期的受领（详见第九章）进行的成果审查。审查结果将成为除目和叙位（授予位阶）的参考依据。

首先是对冗官的整顿。例如天应元年（871）六月，桓武天皇全面整顿了员外官。员外官即律令规定定员以外的、只是为了支付薪水而设置的官职。此后，朝廷不仅严格控制定员人数，还统合并废除了中务省、大藏省、宫内省等行政部门中职能有重叠的官员、官厅。如第191页图“中央官职的统合与废除”所示，在《延喜式》之前，职员令所规定的官制发生重大变动，其中绝大部分是奈良时代末期至平安时代初期官制改革的结果。

其次是整顿不合时宜的官制，它们出于种种原因被设置。六卫府即是其中之一。令制原本设置的是五卫府体制，由卫门、左右卫士、左右兵卫组成。但是如第193页的图“六卫府体制的确立”所示，某些皇室子女的卫队也会编入五卫府，其名称亦有反复改动。因此到了弘仁二年（811），嵯峨天皇最终确立了左右卫门、左右兵卫、左右近卫的六卫府体制。

然而，因官厅统合而致使官员人数减少的案例实则少之又少，所以更不用说仅为官厅改个名字的所谓“统合”了。正相反，出于工作量增加等原因，官员人数反而呈现出一种上升趋势。因此，官制虽然得以精简，但维护官僚机构所需消耗的经费、人力费却依然庞大。下一章笔者将会说到，为了解决这一问题，朝廷采取了从地方财源中拨款的方式来支付人力费，同时让各个官厅实现财政独立、削减下级官员的薪俸。

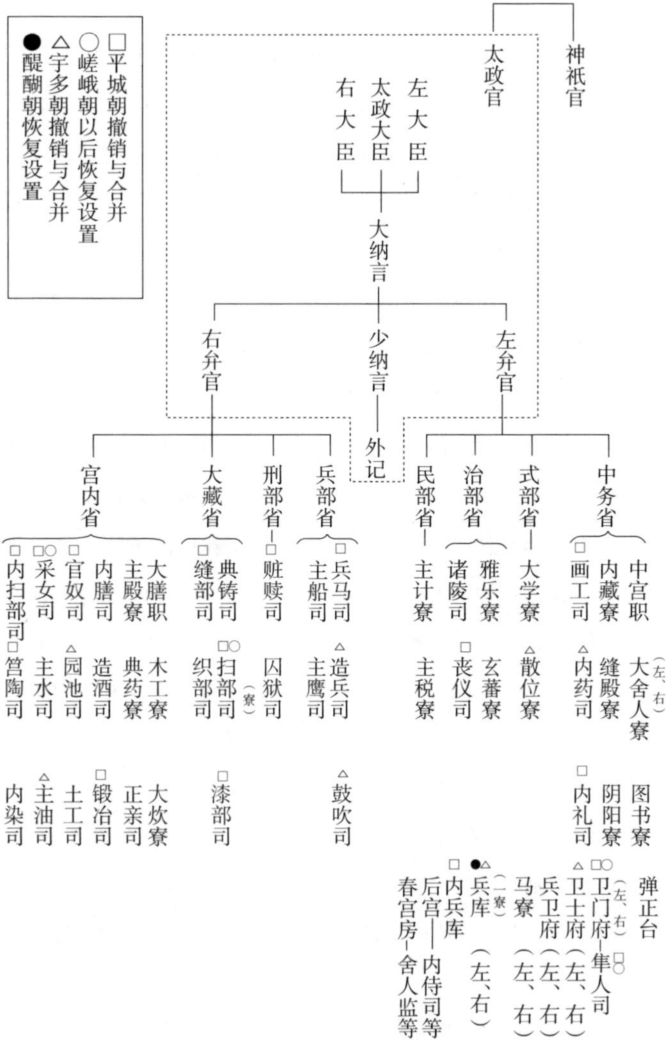

中央官职的统合与废除（出自目崎德卫《平安王朝》）

元庆三年（879），朝廷在大和国划出将近一千二百町[1]、加上畿内各国共计四千町的土地作为官田，并将官田的收入充作官员的薪俸。可是没过几天，这些官田就被各京城官厅当成自家土地瓜分了。这些官厅将分到的官田佃租出去，将收益充作下级官员的薪俸。

官员的俸禄原本来自各地上缴的庸调及其他产物。这些庸调和产物首先被集中到大藏省或民部省，之后再被统一分配下发。结果现在上述模式却变成了各个官厅自主经营，自行想办法给官员发放薪俸（村井康彦《元庆官田的历史意义》）。先上缴于中央，然后以“赐禄”或其他特别报酬的方式发放薪俸，这样才能体现侍奉天皇、以此获得相应薪俸的意味。结果现在朝廷仿佛是在说“今后你们就自己想办法吧”。10 世纪初，三善清行撰写的《意见封事十二条》指出，公卿和出纳[2]诸司官员可以按照规定领取季禄[3]，而其他官厅五六年也很难领到一次俸禄。的确，朝廷无法给每个官厅都发放季禄。如今，每个官厅都有了独立的财源，能够保证官员的薪俸。因此较之从前，官员的处境应该有所好转。只不过以前是由太政官负责统筹中央财政，而如今则是诸司基于独立财源，在官员薪俸的层面上实现独立的财政运营。这实际上体现出中央朝廷在统治上已有所松懈。

---

1 町，土地面积单位，1 町约等于 9 900 平方米。

2 出纳，平安时代，在官厅或寺院掌管物品和杂事的官吏。

3 季禄，在春二月和秋八月根据位阶发放布、绵、丝、锄等物的俸禄。

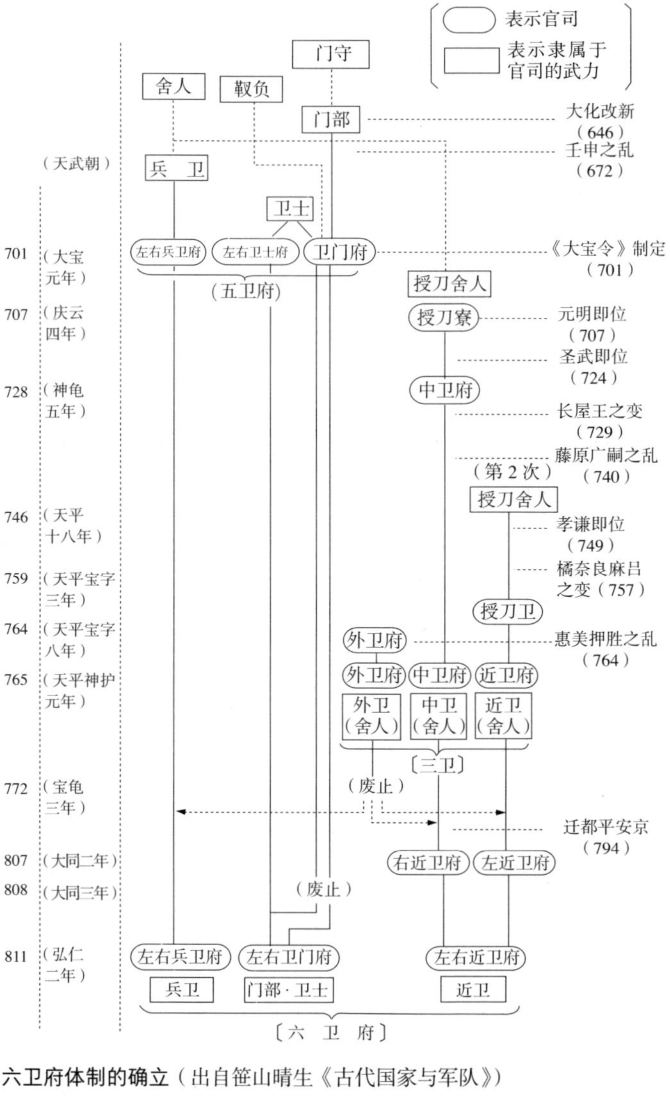

六卫府体制的确立（出自笹山晴生《古代国家与军队》）

第三节　格式的编纂

作为法典的格

本章第一节讲了处理政务的流程。按此流程，裁决案件时，首先须以太政官符下发命令，然后将案件交给本章第二节介绍的官僚机构，进行实际处理。这里所说的官符以及天皇主动发布的拥有永久效力的诏敕，自律令实施以来直到平安时代初期自是多如牛毛，其中不仅包括对律令的修正，各项规定的实施细则也都以法令的形式被确立下来，而且光是每个官厅的旧例范式就已十分庞杂。有鉴于此，日本自奈良时代开始零星地整理各项法律条文，直至平安时代制定“格式”，真正的整理和汇编终于走上了正轨。

所谓“格”，是指律令的修改法令汇集起来的法典。中国隋唐时代作为基本法典制定的律令，难免会与后世的社会现实发生冲突，这时就要以诏敕等形式发布单行法令。当这些单行法令累积到一定程度时，朝廷对其加以整理，按各个官厅分门别类，就有了隋唐时代所说的“格”。

未完成的“延历格”

到了桓武天皇时代,《大宝律令》施行以来颁布的单行法令已经累积到了十分庞杂的程度。桓武天皇于是尝试整理法令，将现行有效的部分汇总起来。实际上，日本历史上还曾经尝试修改《养老律令》，编纂新的法典，由此诞生的两部法典，名为《删定律令》和《删定令格》。虽然两部法典的部分内容十分著名，但《养老律令》终究没能获得全面的修改，而且已修改的部分也很快遭到了废弃。大概正是以这次失败为契机，朝廷意识到了编纂格的重要性。

另一个契机是《续日本纪》的编纂。阅读《续日本纪》时，随处可见“语见格中”（如格所言）的注记。由此可知，《续日本纪》最后的编纂阶段与桓武天皇主持编纂格的阶段是同步的。史书和法典在编纂时，都以官方文书为基础资料，因此国史和格同时编纂也有其合理性。而且像《续日本纪》这种国史，不可能面面俱到地记载那些繁杂而无趣的法典内容，因此这些内容只能交给格来承载，这也符合史书的审美意识。

只不过《续日本纪》在桓武天皇在世期间顺利完成并奏上，格却迟迟没有完成。其中，只有关于国司交替（换任）规定的《延历交替式》于延历二十二年（803）完成，并立即实施。《延历交替式》虽名为“式”，但每项条文都记载着首次颁布的日期，内容上也可称为“格”，只不过它集合了换任手续上的基本案例，因此才命名为“式”。至于为何匆忙编纂法典，这与国司监督问题日益紧张有关。这一点笔者将在后文详述。

《弘仁格式》

日本首部格法典跨越平城天皇，直至嵯峨天皇弘仁十一年（820），方才与“式”同时编纂完成并被上呈天皇。平城天皇大同年间，许多官厅被统合或遭废除，为此平城天皇也发布了许多本该被收录进格中的诏敕和官符。只可惜平城治世仅四年，这些诏敕与官符并未来得及编纂成格式。

《弘仁格式》是日本首部正式格式。为使曾经颁布的诏敕、官符能够作为现行法加以实施，原本的诏敕、官符难免会有些许改动，《弘仁格式》也因此略显粗糙。虽说是“些许改动”，但在考虑格的编纂意义时，“些许”也是很重要的。这是因为格在收录法令时，需要删除没用的部分，统合必要的部分，再把一条官符按照不同官厅分割成几部分。也就是说，编纂格不单单是收集法令，它还有立法的一面（吉田孝《类聚三代格》）。翻看今本《类聚三代格》我们可以发现，日期为弘仁十年（819）以前的诏敕和官符（即收录在《弘仁格》中的诏敕和官符），在弘仁十一年以后仍有许多被修订的痕迹。这说明格，（至少是《弘仁格》）在实施以后，仍然会被修订（镰田元一《关于弘仁格式的撰进与施行》）。

《贞观格式》和《延喜格式》

到了清和天皇贞观十一年（869），朝廷又编纂并实施了《贞观格》。《贞观格》收录的是弘仁十一年以后颁布且仍然有效的单行法令。从立法层面来说，此次编纂完成度非常高，很少出现疏漏。或许由于这一原因，《贞观格》实施后，此前日本长期将单行法令称为“格”的传统随之终结。以后再提起“格”，指的都是法典的格（川尻秋生《平安时代格的特质》）。

如果要整体评价贞观年间的法典编纂事业，那么有一个巨大的失败不得不提。那就是同时期编纂、贞观十三年（871）奏上并施行、最终半途而废的“式”。

所谓“式”，是指律令和格的实施细则。式的编纂也有前史。奈良时代有一种叫“例”的东西，要么是各官厅独自编纂，如《民部省例》，要么是各官厅统一汇编，如《八十一例》（虎尾俊哉《“例”的研究》）。如字面所示，“例”指的是实务通例。奈良时代末期，日本仿照唐朝将“例”汇编成集，于是便有了“式”（石川年足编纂《别式》二十卷等）。就目前所知，前面所说的《弘仁式》便是最古老的按照中国的方式由各官厅汇编而成的“式”。

然而，其后的《贞观式》只收录了《弘仁式》实施以后编入式条的内容，以及《弘仁式》修改后的内容。这样一来，实际使用时就必须同时参照《贞观式》和《弘仁式》，这样的操作十分不便（虎尾俊哉《延喜式》）。在这种情况下，醍醐天皇基于此前编纂格式的经验和教训，开启了延喜年间的格式编纂事业。此项事业算得上是对日本古代（大和朝廷时代至奈良、平安时代）法典编纂事业所做的一个漂亮收尾。醍醐天皇本人对此也十分关心，特别是在编纂式时，醍醐天皇甚至亲自为其批复（此批复称“御短尺”，收录在《延喜式复奏短尺草（写）》中［吉冈真之《〈延喜式覆奏短尺草写〉的研究》］）。

立法的热情

从格式的编纂情况来看，律令编纂事业全面展开的 7 世纪后半至 8 世纪初期、9 世纪初期至 10 世纪初期，可以说是立法热情高涨的时代。此外，与之并行的还有天长十年（833）成书的《令义解》（《养老令》的官方注释书，具有法律效力），延历年间、贞观年间、延喜年间三度编纂的“交替式”，以及《内里仪式》《内里式》《（贞观）仪式》等仪式书。这一时代，法典、仪式书不断问世。

说起编纂这些法典、国史的代表人物，位高权重的公卿往往不会缺席。但是，倘若没有那些在实务方面提供支持的官员，这一事业亦无法推进。其中具有代表性的官员有：受藤原良房提拔、被寄予厚望的事务官员南渊年名及其父南渊弘贞。南渊年名曾参与贞观年间的格式编纂以及《文德天皇实录》的编纂，官至正三位大纳言。南渊弘贞则参与了《令义解》的编纂。此外，还有“菅家三代”菅原清公、菅原是善、菅原道真。菅原清公弟子众多，是文官集团的核心人物。除了《令义解》外，他还参与了三本敕撰诗文集《凌云集》《文华秀丽集》《经国集》的编纂。菅原是善则参与了《贞观格式》《文德天皇实录》的编纂。菅原道真参与了《三代实录》《类聚国史》的编纂。以上便是该时代被誉为“文运盛时”的原因所在。然而，仅有文运还是不够的。

后面将要说到，为了应对国司违反庸调政策的局面，朝廷制定了受领制度。与之相关的法令几乎都被收录在了格或交替式之中。当时下发过一系列的官符，其间虽经历种种曲折，但这些官符最终还是瓦解了律令的原则——国司连带责任制，使地方向中央缴纳物品的一切责任，以及各自管辖区域内的征税责任，一并收归国衙长官（称“守”）承担。这些被收录进格中的官符经过精心雕琢后，作为“法”被固定下来。综上所述，朝廷接受国司、中央诸司、诸家、勘解由使提出的问题，然后通过上文介绍的政务处理流程下发命令（官符），这些命令再以编纂成格的方式得到确认，以此地方行政系统被导入受领制度。

至此，想必诸位读者已经意识到，当一种全新的、意识形态有别于律令制的统治方式诞生时，“官符”正为其提供了合法凭证。而“格”就是这种“官符”的集成。然而，究竟是什么致使律令制合法地遭到了实质上的废除呢？如果我们需要考虑该问题，则以上的解释是远远不够的。

菅原道真与反法

下文引用的史料是宽平八年（896）七月五日菅原道真奏状中的一段话。该奏状的主旨是劝谏朝廷停止向诸国派遣检税使[1]（《菅家文草》卷九）。在这篇奏状中，菅原道真站在了国司的立场，替他们辩明不得已而违反律令条文的原因。当时的情况是：

> 天下诸国，其俗各虽小异，其政孰非一同。况乎世衰国弊，民贫物乏。是故，或国司乖文法以回方略，违正道以施权议。虽动不为己，其事皆犯法。

简而言之，菅原道真是在说，国司自己也知道触犯了法律，但他们实属不得已而为之，况且他们这样做并非出于私利，因此恳请朝廷不再追究。紧接着菅原道真又说，当下最重要的是如何治理好地方诸国，实现稳定税收。在此大前提下，难免违反个别律令条文。这一主张之所以能说服中央朝廷，是因为如果不这样做，那么地方的税收乃至中央的贡纳都将无法

---

1 检税使，由中央朝廷派往地方诸国的官吏，负责检查诸国税账、核对征收物。

得到保障。这一点非常现实，而且带有威胁的色彩。反过来说，如果朝廷同意，地方诸国也一定有所回报。总之不管是威胁还是回报，地方诸国都是有能力做到的。

反经制宜

中央朝廷认可了这一主张，不再拘泥于律令规定。朝廷提出了一个高度概括性的词，叫“反经制宜”，以此来给自己找台阶下。“反经制宜”一词出自中国五经之一《周易·系辞》的注释。天长元年（824）八月二十日的太政官符首次将该词运用到了律令条文中（《类聚三代格》卷七等）。

该太政官符第一条以“择良吏事”为题，由右大臣藤原冬嗣奏上。该奏章主要是说，任命好的地方官非常重要，但如今国司受制于律令条文，无法充分施展才华。今后应当精选地方官，取得功绩应予以褒奖，“反经制宜，动不为己者，将从宽恕，不拘文法”。也就是说，即便违反原则，采取权宜之策，只要不是为了私利，就应该予以宽恕，不应拘泥于既成法律。

之后，这一官符被收录进《贞观式部格》中，永久有效。提案人藤原冬嗣既是藤原北家之祖，又是第一代藏人头，先后侍奉嵯峨天皇、淳和天皇、仁明天皇，以“闲院左大臣”（闲院是其宅邸）而闻名。这句由时代弄潮儿提出的口号很快波及四方，激起千层浪（泷川政次郎《〈万叶集〉中“论时合理”

的出处“反经制宜”成为律令通用原则》)。

然而，为图一时之便，往往就会变质。在此过程中，“只要是对人们有利”这一最初的条件也渐渐乖离了初衷。10世纪末至11世纪，法学家惟宗允亮在其著作《政事要略》中举出两个“反经制宜”的实例。其中一个是说，为了方便征税，可以不按正规流程建造仓库。这一点的确是为大家着想，而非谋私利。然而另一个就不尽然了。天平六年（734）五月二十三日格明确规定，父亲对官家负债的情况下，禁止催不知情的妻儿还债。然而惟宗允亮却说，这样会损害公家[1]的利益，因此按照“反经制宜”（此处的“经”指天平年间的格）的原则，国司可以没收其妻儿的口分田而不受追究。这样一来，“反经制宜”会被怎样利用，想必大家也心知肚明了。

其结果就是，“不为己，而为人”的精神逐渐淡化，“不为己，而为朝廷”的解释成为主流。从长远来看，对朝廷有利，就是对国司有利，因此国司也不予阻止。在“反经制宜”如口号般被反复提起的过程中，国司只要顺着朝廷的路线，其裁量权就可以被无限扩大。可以说，这种风气的形成已成为一种明显的趋势。

1 公家，广义指朝廷、官府，狭义指在朝廷供职的官员，与侍奉于将军的“武家”相对。

逐渐缩小的律令适用范围

可以用诏敕、官符来改变律令的规定，这本就是不言自明的，格也因此才能诞生。每当律令规定被改变时，朝廷常常会说“因时制宜，不无旧事”，意思是根据具体情况权宜处理的做法古已有之，或是“斟酌闲繁，取舍时宜，乃恒典之通论，善政之所先”，意思是考量官司的忙碌程度而临机应变，这是古典记载的，也是最好的善政（均引自《类聚三代格》卷四）。由此来看，“反经制宜”不过是上述平安时代初期权宜之语的一种变形。

然而，当“反经制宜”与“如何完善国司”这一问题发生联系，进而朝廷以此为突破口，将地方政治全权委托给受领时，这个词的含义便与以往大有不同了。这是因为，给特定职位赋予极高的决策权，使其下官职有名无实，会给律令这一法律体系带来巨大损害。

中国皇权时代的法律体系也包含律令。对此，滋贺秀三如是概括（《清代的刑事裁判》）：

> 一言以蔽之，所谓“法”，即帝王治世的工具。帝王一人无法治世，需要官僚作其手足。要使众多官僚准确无误地为统治目的服务，就需要将其组织成机构，给予一定的执务基准，然后加以管理。能做到这一点的，就是“法”。

隋唐的律令正是基于这一考量而制定的。从形式上说，日本的律令亦是如此。然而，朝廷将一地之行政委托于一人，规定其主要任务就是上缴以特定方式计算出来的贡纳品，至于其如何实现任务，朝廷则不予过问。这样一来，尤其在地方行政机构中，给予官僚执务基准、管理官僚的律令法就完全被无视了。同样的事情也发生在中央诸司中，律令法能够发挥作用的空间明显缩小。这样看来，修改律令的格无疑是在缩小律令本身的适用范围。

此后，若是贵族官员犯罪、需要正式量刑时，朝廷还是会听取律法家的意见，由公卿基于律法展开讨论（早川庄八《中世的律令》、大津透《摄关期的律令法》）。不过这只是特殊情况。若是普通人犯法，包括下级官员在内，则要面临近乎私刑的惩罚。当然也不全是这种情况，至少检非违使经办的案件多多少少还是遵守律令的。另外，尤其是在畿内地区，人们如果想申诉，不会走国司、郡司等正规途径，而是奔走钻营，向中央诸司、诸家或有权有势的寺院、神社申诉。在这种情况下，庄园领主的“本所法”（适用于庄园之内的法律）、制约武家社会的“武家法”、承袭律令的“公家法”三法并行于世且相互排斥，无法得以整合。用今天的眼光看，中世的法律是非常不可思议的。而产生这一情况的背景，正是9世纪时“格”对“律令法”空间的蚕食和侵占。

第六章

摄关制度的建立

第一节 | **摄政藤原良房**

文德天皇对藤原良房

第一章说到，9 世纪中期以前的政治主导权由天皇掌握。在此期间，藤原冬嗣、藤原良房父子紧锣密鼓地发展自家势力。9 世纪后半，藤原良房与养子藤原基经先后坐上摄政、关白之位，摄关政治的大门开启。在本章中，笔者将在前章政务处理机制讨论的基础上，梳理宫廷政治史的发展脉络，尝试解答摄政和关白是一种怎样的存在、它们如何产生、为何产生等问题。

嘉祥三年（850）三月二十一日，身后毁誉参半的仁明天皇在清凉殿驾崩，享年四十一岁。依照通法，皇太子道康亲王旋即践祚，同年四月十七日举行即位仪式。道康亲王即文德天皇。践祚四天后，文德天皇的四皇子惟仁亲王出生，其母名叫藤原明子，乃是藤原良房之女。

按照当时的惯例，天皇即位后必须马上立皇太子。文德天皇的长子惟乔亲王出生于承和十一年（844），是年七岁，其母乃纪名虎之女纪静子。查阅桓武朝以后的事例可知，被立为皇太子时年纪最小之人是恒贞亲王，时年九岁。而此次所立之皇太子，无疑将打破这一纪录。那么，谁被立为了皇太子呢？

纪名虎乃中纳言、从三位纪梶长（即纪胜长，大同元年［806］去世）之子。纪静子的姐姐纪种子乃仁明天皇的妃子、常康亲王和真子内亲王之母。第二章说到，当时的天皇虽然拥有众多妃子，但毕竟每一个皇子都享有亲王、内亲王的待遇，因此纪氏一族也算是名门望族。只不过纪氏成为公卿（参议以上）之人甚少，只有承和二年（835）成为参议并于次年以七十三岁高龄去世的纪百继，以及再往前的弘仁十年（819）于参议之位去世的纪广滨两例。因此，同时期的藤原北家自不必说，就连伴氏（即古之大伴氏）、橘氏，纪氏也无法比拟。

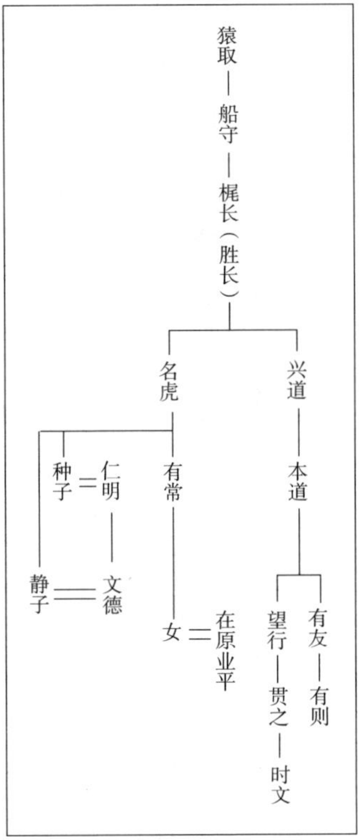

纪氏世系图

而且让纪静子、惟乔亲王心里没底的是，纪名虎已于承和十四年（847）去世，去世时位阶仅为散位（只有位阶而无官职）正四位下。

另一方面，刚出生的惟仁亲王的外祖父是藤原良房，藤原良房官至右大臣、正三位，仅次于左大臣源常（嵯峨源氏），时年四十七岁，正是在政界大展拳脚的年龄。而且自仁明朝末期嘉祥年间以来，藤原良房成为上卿（首席公卿），全权掌管政务，甚至凌驾于左大臣源常之上（土田直镇《类聚三代格所官符之上卿》）。

到了后世，许多文学作品以纪名虎为原型。比如在《平家物语》卷八中，拥戴惟乔亲王的纪名虎与支持惟仁亲王的伴善男进行了一场相扑比赛。最终，伴善男获胜，惟仁亲王因此即位。该故事年代混乱，其实只不过是出于同情弱者而幻想出来的荒唐故事罢了。然而不可否认的是，文德天皇即位之初，惟仁亲王才刚刚出生，纵使其家世门第再怎么光彩夺目，但若要文德天皇即刻立一个襁褓中的婴儿为皇太子，这多少令人有些犹豫。这与圣武天皇和光明皇后生下某王（又称基王）后，立刻将其立为皇太子的情况有些类似。虽然某王在被立太子后的第二年夭折，但这一不祥的前例并没能遏制藤原氏对权力的渴望。藤原良房将宝押在了襁褓中的外孙身上。同年十一月二十五日，惟仁亲王被立为皇太子。

文德天皇的个性在此值得特书一笔。从其传记来看，文德天皇头脑冷静，尤其关心人事，对政治有着非同一般的热情。对于得过且过的官员来说，文德天皇显然是一个让人不太舒服的存在。文德天皇斥责国司拒不赴任一事，便体现了其冷峻的一面。

可是，文德天皇生来体弱多病。正如第五章所言，仁明朝以前，历代天皇每日都要前往紫宸殿视政。然而到了文德天皇的时代，别说视政，就连天皇出席典礼的次数也少了许多（神谷正昌《九世纪的仪式与天皇》）。

文德天皇纵有政治抱负，奈何身体孱弱，便也只得将政务委托给藤原良房。或许文德天皇自己也意识到了命不久矣。倘若就这样年纪轻轻地死去，那么即位的将会是一个婴儿，这简直前所未有。此前好不容易将太上天皇和皇后逐出政治中心，使皇权集中于天皇一人之手。此时倘若幼帝即位，天皇本人无法处理政务，那么政治权力的形态、天皇的权能等方面的问题都将被全面推翻和重建。在此之前，文德天皇还举行了自桓武天皇以来睽违已久的郊祀祭天大典（齐衡三年［856］），以此暗示唯有天皇的统治才具备合法性。由此看来，文德天皇自然还是希望能由年长一些且具有统治能力的皇子即位。

然而，天安二年（858）八月二十七日，三十二岁的文德天皇病死于离宫冷然院（后来的冷泉院）。这里曾是文德天皇治世后五年居住的地方。当时惟乔亲王十五岁，后来的清和天皇元服（行成人礼）时也是十五岁。在当时来说，十五岁已长大成人了。而当时的皇太子惟仁只有九岁。据传文德天皇临终前一直计划先让惟乔亲王即位，然后再让惟乔让位于惟仁（《吏部王记》逸文）。从当时的情况来看，这种传位方式并非没有可能（目崎德卫《在原业平如何成为歌人》）。

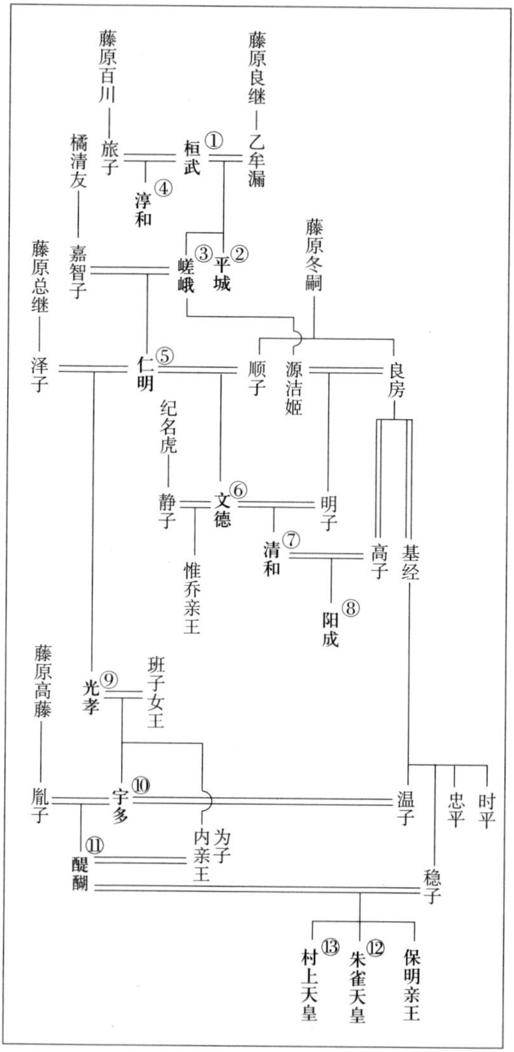

桓武天皇至村上天皇世系图　数字表示即位顺序

外戚登上舞台

可是，以铁腕著称的藤原良房自然不会接受这一提案。文德天皇驾崩后，皇太子惟仁立即践祚，于同年十一月七日即位成为清和天皇。即位的幼帝明显不具备统治能力。朝野上下表面上风平浪静，但隐隐之中总潜藏着一股批判的氛围。藤原良房本人也察觉到了这一点。我们从下文即将说到的向皇陵敬告即位一事即可窥见。

与第二章介绍的国忌的演变历程相类似，为进一步强调天皇家的血脉，向皇陵敬告新皇即位的传统也经历了一番演变。最早向皇陵敬告即位的是淳和天皇。弘仁十四年（823）四月，淳和天皇在即位前夕向柏原陵（其父桓武之陵）奉币。其后是天长十年（833）即位的仁明天皇，不仅柏原陵，桓武天皇的皇后、仁明天皇的祖母藤原乙牟漏之陵（长冈陵）也在敬告之列（仁明天皇之父嵯峨当时还在世）。接下来是文德天皇，仅向其父仁明天皇的深草陵奉币。

然而到了天安二年（858）十一月，即位前的清和天皇竟然一口气增加了好几个奉币对象，分别是山阶陵（天智之陵）、柏原陵（桓武之陵）、嵯峨陵（嵯峨之陵）、深草陵（仁明之陵）、真原陵（文德之陵）以及爱宕墓。葬在爱宕墓的是嵯峨天皇之女、藤原良房之妻源洁姬。源洁姬与藤原良房生下明子，明子又与文德天皇生下清和天皇。也就是说，源洁姬是清和天皇的外祖母。将自己的妻子、新皇的外祖母巧妙地安排进奉币之列，这的确很符合藤原良房的作风。

敬告即位的陵墓之所以在清和天皇时大幅增加，无疑是因为藤原良房意识到了批评的声音。他这样做旨在告诉朝野各方，只要皇室祖先认可其正统性，即便年幼也能成为一代明君，统治能力如何只是次要因素而已。

紧接着，阳成天皇即位时，或许因为清和太上皇还在世，因此敬告的对象只有田邑陵（文德之陵）。等到光孝天皇即位时，敬告的对象再度增加，有天智、桓武、嵯峨、仁明诸陵。宇多天皇、醍醐天皇即位时的情况则已不得而知，但朱雀天皇以后，天智、桓武、嵯峨、仁明、光孝诸陵已成为恒定的敬告对象。其后，敬告对象仍有些许出入，比如外戚藤原基经、藤原时平、藤原师辅等人的墓也曾被列入敬告之列。

敬告即位的奉币仪式最早针对的是父皇的陵，并不存在向王朝创建者敬告的意识。然而，在奉币仪式与国忌相互交错的过程中，天智天皇、桓武天皇之陵也被纳入其中。而且与国忌相同的是，赐予天皇生命的女性也被列入了考虑范围，最终就连外戚也成了敬告的对象。其结果就是，进入 10 世纪之前，人们对于平城天皇、淳和天皇，以及文德天皇、清和天皇、阳成天皇这种最终沦为旁系的天皇的敬意明显减少。

对死者的敬意又与对生者的敬意相映照。11 世纪被称为“院政时期”，这一时期出现了以父子关系为基轴的“治天之君[1]”（筧敏生《中世的太上天皇》）。8世纪的孝谦上皇之所以能在现任天皇（非己出）面前主张自己的优势地位，只是因为她是“前任天皇”。但是到了院政时期，如果不是“现任天皇的父系、直系之祖”，便不能掌握统治权。前者的依据是古代的“天皇灵”思想，即认为历代天皇的“灵”会合体成为“祖灵”，护佑现任天皇（熊谷公男《古代王权与灵》）。后者依据的则是9世纪流行起来的祖先观念和谱系观念。如果说前者是日本固有的逻辑，那么9世纪发展起来的“正统观”则是中国式的逻辑。这种逻辑着眼于父系和直系，以血统为依据，有其合理性和现实意义。

“荷前别贡币”的演变

仅从上文来看，日本似乎正接近中国式的父子关系和祖先祭祀形态。然而，事情并非如此简单，其证明便是，奉币的对象先是母亲、祖母，后来就连男性外戚也位列其中。同样，在外戚登上历史舞台的阶段，“荷前别贡币”的对象也发生了变化。所谓“荷前”，是指每年岁末向历代皇陵供奉

1 治天之君，指天皇家的家督，有时指天皇本人，有时指掌握实权的上皇或法皇。

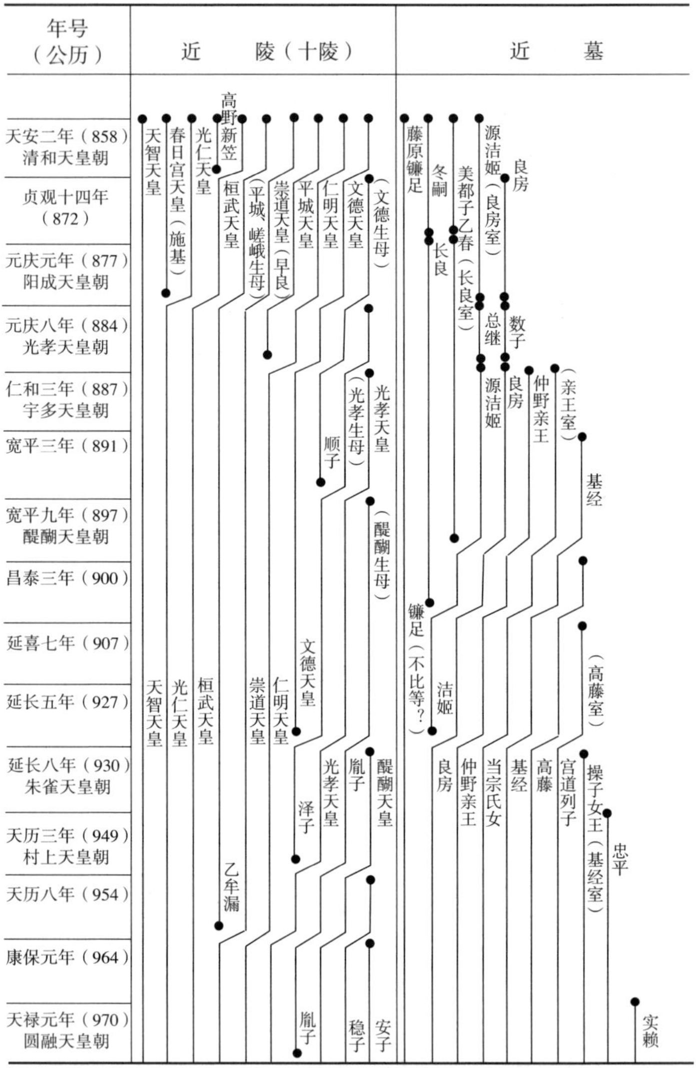

十陵八墓制的形成与变迁（出自所功《〈西宫记〉的成形》）

初穗[1]的仪式。“别贡币”是指天皇根据个人喜好（亲近谁或惧怕谁），针对特定的陵墓举行的特别祭祀。别贡币的对象首次定于弘仁初年，到了9世纪末至10世纪中叶，别贡币的对象被固定为“十陵八墓”（所功《〈西宫记〉的成形》）。举行别贡币的墓叫“近墓”（不同时期数目不同，四墓到十一墓不等），近墓中埋葬的大多是外祖父母等外戚。也就是说，近墓所包含的意义要比国忌更加明确。而且敬告即位仪式只在有新皇即位时方才举行，而别贡币则每年都会定期举行。如此一来，天皇对外祖父母等外戚的崇敬就演变成了官方祭祀。整个9世纪，外戚的身影堂而皇之地出现在了天皇的先祖之列。

9世纪前半是天皇确立统治地位的准备阶段。有一种观念在该阶段逐渐产生，即天皇不仅要获得父系祖先的认可和护佑，还要获得母系祖先的认可和护佑。此时，母系长辈是否健在仍很重要，但距离母系长辈是否健在并不十分重要的阶段已仅差一步之遥了。

藤原良房成为太政大臣

文德天皇在去世前一年的齐衡四年（857）二月十九日，

---

1 初穗，地方诸国向中央朝廷进贡的调中，当年最早收获的谷物及蔬菜。朝廷将其作为贡物进献给伊势神宫和诸皇陵。

任命右大臣藤原良房为太政大臣。对外宣称的理由是，藤原良房所就右大臣一职乃先帝（仁明天皇）任命，藤原良房辅佐自己多年未被授予官职，这让文德天皇很过意不去（《文德天皇实录》齐衡四年二月十九日条）。然而如若果真如此，文德天皇完全可以任命藤原良房为左大臣。职员令对太政大臣的定义是“师范一人，仪形四海。经邦论道，变理阴阳”（天皇的道德之师，四海的模范。匡正政治，平稳天地自然的运行）。这一定义实际上是将唐朝的三师（太师、太傅、太保）和三公（太尉、司徒、司空）的作用糅合在了一起。至于太政大臣的具体职掌，由于并没有明确的规定，因此“非其人则阙”，历来少有任命。《大宝律令》实施后，被任命为太政大臣的只有太师惠美押胜（即藤原仲麻吕）和太政大臣禅师道镜。此二人所担任的都是偏离前文定义的“太政大臣”，况且藤原良房大概也不想步此二人的后尘。

那么文德天皇究竟为何要任命藤原良房为太政大臣呢？按理来说，这应该是为了再次巩固藤原良房作为未来幼帝之师的地位。可如若果真如此，难道文德天皇真的设想好了自己的死亡并计划让位于惟仁亲王了吗？

此处必须考虑两点因素。第一，天皇的外祖父被赠予太政大臣一职在当时是一种惯例（北村有贵江《作为追赠官位的太政大臣》）。平城天皇的外祖父藤原良继、淳和天皇的外祖父藤原百川、文德天皇的外祖父藤原冬嗣等人均是如此。平安时代以后，新皇通常在即位时赠予外祖父太政大臣一职。像仁明天皇这种在三十岁时才向外祖父橘清友赠予太政大臣一职的情况实属个例。总之，天皇赠予外祖父太政大臣之职在当时已经成了一种惯例，尽管当事人获赠时均已去世。

从这一惯例来看，只要皇太子惟仁即位，藤原良房必然会成为太政大臣。不同的是，此前的获赠人在获赠时均已作古，而藤原良房不仅健在且还是公卿。因此那时大概形成了一种观念，即认为只要是天皇的外祖父，即便健在，也要赠予太政大臣。

第二点需要注意的是，太政大臣并无具体职掌。后文将会说到，太政大臣的职掌内容衍生出了摄政和关白两个职务，要解释清楚这件事需要稍费些力，笔者在此暂且表述如下。如第五章所述，太政大臣与左右大臣相同，均在朝堂院昌福堂中拥有席位。而且公式令规定，在文书上签字时，太政大臣应位于左右大臣之上。但是前文引用的职员令中，并未提及太政大臣之“掌”（掌管的内容）。左大臣所谓的“统理众务”就是一种“掌”。与之相对，太政大臣虽名为太政大臣，却没有统率公卿的权力。实际上，藤原良房此前一直以首席公卿（上卿）或次席公卿的身份，利用太政官符下发命令。然而一旦成为太政大臣，藤原良房便失去了上卿的地位。太政大臣不能成为上卿，这是其后摄关政治的一贯原则，没有例外（引土田直镇论文）。不是上卿，就意味着无法在第五章所介绍的政务处理系统中，通过公卿听政（即后来的“阵申文”或“南所申文”）的体制下达裁决。太政大臣的原型——唐朝的三师三公也是如此，拥有崇高的地位，但却不能出席由一人之下、万人之上的宰相主持举办的国政会议。概言之，太政大臣只是一种地位的象征，只有名誉，没有官阶。

这样一来，藤原良房一方面在齐衡四年（857）再次确认皇太子惟仁将会即位，另一方面也收到了从政界一线隐退的最后通牒。翌年，文德天皇驾崩，惟仁按计划登上皇位。可是，藤原良房真的失势了吗？事实并非如此。不过不可否认的是，“太政大臣藤原良房”在处理政务时，其立场是非常尴尬的。

摄政藤原良房的诞生

清和天皇即位之后，藤原良房又做了什么呢？这是一个很难回答的问题。日本前所未有地诞生了一位年仅九岁的天皇，人们自然会认为，辅佐幼主之人，必须得有相应的身份。或许出于这一原因，据官员名录《公卿补任》记载，清和天皇即位之年十一月七日，藤原良房就任摄政。然而，《三代实录》十一月七日条并未发现此类记载。由此可以判断，《公卿补任》的记载也可能是后世追记幼帝即位事例时倒推所得。

此外，《公卿补任》中还有一处关于藤原良房就任摄政的记载。贞观八年（866）一项记载：“八月十九日，（藤原良房）重敕摄行天下之政。”著名的应天门之变爆发后，藤原良房获得了再度出山的机会。此前的贞观六年正月一日，清和天皇元服，藤原良房不再摄政。因此在《公卿补任》贞观六年以后的记载中，藤原良房并无摄政头衔。不过，“成年后的天皇无须摄政”，也很有可能是在迎合后世的观念。

另一方面，《三代实录》贞观八年八月十九日条只记载了“敕太政大臣摄行天下之政”，并没有《公卿补任》中的“重”字。也就是说，《三代实录》认为，藤原良房是在贞观八年首次担任摄政。考虑到《三代实录》是当世编纂的史书，准确性较高，而且编纂代表是藤原时平，因此《三代实录》的可信度应该较高。不过，考虑到当世编纂的史书有许多忌讳，因此我们也不能排除《三代实录》有歪曲事实的可能性。

所以说，仅凭《公卿补任》和《三代实录》的记载，我们很难为藤原良房就任摄政一事下定论。好在清和天皇让位于阳成天皇的宣命起到了很好的参考作用。在宣命中，清和天皇对藤原基经说：“少主（阳成天皇）未亲万机之间，摄政行事，近如忠仁公（藤原良房）保佐朕身，相扶仕奉。”（《三代实录》贞观十八年［876］十一月二十九日条）后来的藤原忠平在延长八年（930）十月十九日辞去摄政一职时，也在上表文中写道：“贞观初忠仁公、元庆间昭宣公（藤原基经），保辅幼主，摄行政事。”（《本朝文粹》卷四）从以上两则来看，藤原良房至少在清和天皇即位之初，便担负起了后来摄政所承担的职责，即在处理政务方面代行天皇权能（今正秀《摄政制成立考》）。这一情况大概持续到了贞观六年清和天皇元服为止（坂上康俊《初期的摄政、关白》）。

应天门之变

贞观八年，以应天门之变为契机，藤原良房再次摄行天下之政。那么这一期间藤原良房都做了什么呢？这一问题很难说清楚。不过我们知道，应天门之变前夕，藤原良房深居不出，而应天门之变正爆发于这一时期。

这一年的闰三月，朝堂院正门应天门不知被何人纵火烧毁。大纳言伴善男告发称，左大臣源信是烧毁应天门的罪犯。然而没过多久，纵火“真凶”现身，此人被指是伴善男的同党，于是伴善男、纪夏井[1]等人被定罪。正是在此时，太政大臣藤原良房接到了“摄行天下之政”的命令，因而该事件的处理充分反映了藤原良房的意向。

然而，此事着实蹊跷。左大臣源信是嵯峨源氏的领袖，时

1 纪夏井，应天门之乱爆发时，纪夏井任肥后守（肥后国国衙长官），在任期间施行善政，受人爱戴。然而其弟纪丰城是伴善男的仆从、应天门之乱的共犯，纪夏井受此连坐，解除官职，处以流刑。

小孩子打架牵扯出纵火“真凶”[1]《伴大纳言绘卷》(出光美术馆藏)

年五十七岁，政治手腕并不十分高明。而太政大臣藤原良房时年六十三岁，其弟右大臣藤原良相五十岁，首席大纳言平高栋六十三岁，次席大纳言伴善男五十六岁。事件发生之初大概是由藤原良相负责处理此事，但是之后出现了一些问题，因此才有了藤原良房的再度登场。单纯依据上述情况大胆猜想，藤原良相大概也想把源信赶下台。不过需要注意的是，贞观年间以来，发布太政官符的上卿几乎都是右大臣藤原良相，左大臣源信完全可以说是疏于政务。藤原良相想把近乎摆设的左大臣赶下台，唯一的解释便是藤原良相的虚荣心使然。在这一点上，伴善男也

---

1 画面下方有一男子护着一个孩子，一脚踢飞另一个孩子。该男子是伴善男的出纳生江恒山，被踢飞的孩子是大宅首鹰取的儿子。两家本是邻居，但生江恒山仗着主人是伴善男，将大宅首鹰取的儿子打得半死。怀恨在心的大宅首鹰取于是告发称应天门之变当天，自己看到伴善男、伴中庸父子以及纪丰城从应天门前跑过。

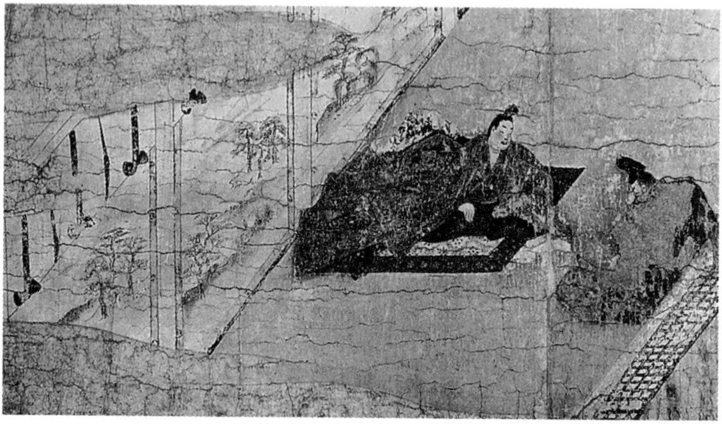

藤原良房进谏清和天皇（左）《伴大纳言绘卷》（出光美术馆藏）

不例外。除了将源信赶下台、自己早日当上大臣之外，伴善男似乎也没有其他的纵火动机。至于伴善男是否真的指使下人纵火，这多少令人怀疑，但他出面告发源信却是板上钉钉的事实。

承和十三年（846），在法隆寺僧人善恺诉讼事件[1]中，伴善男坚持己见，即便被骂“法匪[2]”也丝毫不改变立场，最终使弁官同僚被罢免。这一“前科”让伴善男戴上了“巧立名目、构陷他人”的帽子，使人心怀戒备，认为“如此擅长捏造罪名的难缠小人，还是尽早除掉为好”。更何况伴氏（即古之大伴

1 承和十二年，法隆寺僧人善恺向太政官弁官局控诉本寺大施主、少纳言登美直名霸占寺院财产和奴婢。除伴善男以外，其余五名弁官判决登美直名有罪，处以远方流放。然而翌年，时任右少弁的伴善男以诉讼违法为由，弹劾五名同僚，致使五人以及善恺受到处罚，登美直名被判无罪。
2 法匪，对随意解释法律使其对己方有利之人的蔑称。

氏）自天平初年的大伴旅人以来，一直居于大纳言之位。倘若伴善男懂得分寸，自然会谨慎自重一些。然而他偏偏恃才傲物，凭才干官居高位，最后也凭才干放手一搏。

就在事态愈发复杂之时，天皇发布“摄行天下之政”敕令，深居宅院的藤原良房应召出山。所谓“天下之政”，其中最大的悬案自然是应天门纵火事件。由此可见，藤原良房的出山完全是为了应对紧急事态（前引今正秀论文）。当时大臣级别的官员处理政务时，也常会用到“摄政”“摄行”的说法，因此所谓“摄行天下之政”，在当时不过是在说命令太政官处理某个事件，或是对政务处理施以某种指导。但不管怎么说，此后藤原良房再次成为重要的存在，而源信却闭门不出、拒不上朝，藤原良相也因为被伴善男一时的愚弄而名誉扫地。藤原良房成了唯一的赢家。

第二节　关白藤原基经

拥立光孝天皇

清和天皇时代编纂并实施了《贞观格式》。表面上看，这是一个“文运”昌盛的时代，“弘仁、贞观文化”甚至成了日本文化史上划分时代的一个名称。再加上后世武家栋梁[1]——源氏被视为清和天皇的子孙（尽管这与清和天皇本人没有直接关系），因此与同时代的天皇相比，清和天皇的知名度似乎更高一些。

然而这位天皇究竟手握多少领导权呢？此事令人生疑。清和天皇九岁即位，治世大半一直由外祖父藤原良房执牛耳。或许是心生厌倦，贞观十八年（876）十一月，二十七岁的清和天皇让位于两岁就被立为皇太子的贞明。次年正月，贞明即位，即阳成天皇。时年阳成天皇刚满九岁，因此如前文所述，清和天皇在退位诏书中任命藤原基经为摄政。阳成天皇的母亲藤原高子是藤原长良之女、藤原基经的亲妹妹，其从血统上看没有任何问题。但是，阳成天皇本人性格残暴，传说曾在宫中殴死乳母之子（《三代实录》元庆七年［883］十一月十日条）。被迫退位后，阳成也常常卷入施暴事件，名声很不好。不过，考虑到阳成天皇是在藤原氏的逼迫下退位的，而且藤原氏完全有能力操控舆论，因此以上评价也不宜全信。总而言之，阳成天皇与藤原良房的养子、继承藤原良房政治地位的藤原基经不睦。至于藤原基经把棋下到了哪一步，这一问题就稍显复杂了，笔者将在后文中详细叙述。简单来说，在藤原基经的主导

1 栋梁，一族、一门的头领。

下，阳成天皇于元庆八年（884）被迫退位。随之被推上舞台的，是已故仁明天皇之子时康亲王，即光孝天皇。

如何对待将自己推上皇位的藤原基经？时年五十五岁的光孝天皇很是苦恼。元庆四年（880），藤原基经就任太政大臣。由此可见，光孝天皇首先考虑的便是在令制上赋予太政大臣以具体的职掌权限。元庆八年五月二十九日，光孝天皇命菅原道真、大藏善行等文官和律法家，讨论太政大臣职权的问题。然而讨论的结果却是，太政大臣与唐朝三师三公相当，因此不设具体职权（《三代实录》元庆八年五月二十九日条）。无奈之下，天皇只好在同年六月五日对藤原基经下达敕令："自今日官厅坐就，万政颁行，入辅朕躬，出总百官，应奏之事，应下之事，必先（向你）咨禀。"这道敕令并未提及"关白"一词。不过其后宇多天皇在仁和三年（887）十一月二十一日的敕令中明确说道："万机巨细，百官总已，皆关白于太政大臣，然后奏下，一如旧事。"（《政事要略》卷三十《阿衡事》）此处所说的"一如旧事"，指的就是承袭光孝天皇于元庆八年六月下达的敕令。"关白"（意为参与、奏上）一词虽然首次出现在仁和三年，但元庆八年六月光孝天皇赋予藤原基经的权限，实际上就是后世关白的职权。

仁和元年（885）五月，关白藤原基经奉上"年中行事御障子"。该障子（隔扇屏风）的附文以标题的形式简单开列了每年固定举行的仪式庆典（甲田利雄《年中行事御障子文注解》)，它被立于清凉殿，由殿上间前往孙庇[1]时所需经过的落板敷[2]中（参见第五章180页图“平安宫内里中枢”)，以便日常参照。上面开列的各项仪式庆典被后来的《西宫记》《北山抄》以及《九条年中行事》《小野宫年中行事》等仪式书所承袭。也就是说，兴起于嵯峨朝、其间不断完善的仪式庆典到了9世纪末，经由藤原基经之手被固定了下来，为后世宫廷所继承（古濑奈津子《平安时代的“仪式”与天皇》)。

阿衡之仪

仁和三年（887）八月，时日不多的光孝天皇匆忙决定皇位继承人。被选中的七皇子源定省立刻恢复皇籍，成为皇太子并践祚。上述一系列程序仅在两天内完成，宇多朝自此开启。尽管藤原基经未必喜欢源定省，但藤原基经的妹妹、尚侍藤原淑子在后宫拥有很大的势力，在她的极力推荐下，藤原基经只好应允（角田文卫《尚侍藤原淑子》)。

八月，宇多天皇治世，藤原基经自光孝天皇处获得的关白地位就此终结。按照规定，收录在格中的永久性规定应该用汉文书写，但光孝天皇授予藤原基经关白一职时，用的是宣命（使用假名书写)，因此天皇一旦去世，该命令也将随之失效。

---

1 孙庇，又称“孙厢”，指正殿或正房外侧的厢房续接的厢房。
2 落板敷，指铺有地板、与其他房间相比地势较低的房间。

于是，宇多天皇命令藤原基经重任旧职。依照惯例，被任命之人应先推辞一番，结果没想到的是，在再度敦促藤原基经就任的敕令（由橘广相起草）中，竟然出现了“宜以阿衡之任，为卿之任”的表述，并由此引发了一场纠纷。

“阿衡”源于中国商朝名相伊尹所任之官职，其具体职权不明。一般来说，接到任官命令时，被任命之人应像诸葛孔明那样，推辞三番才算符合礼节。当然，这种推辞也不会被当真。因此，宇多天皇并非真的要撤回最初的任命并授予藤原基经一个名誉性的职务。

可是，关白一职是光孝天皇煞费苦心想出来的特殊职务，与普通官职大为不同，如果反复推辞，被任命人说不定真的没机会再说出那句“事已至此，只能恭敬不如从命了”。因为没有前例，所以没人知道结果会怎样。反过来说，也正是因为没人知道结果会怎样，所以一旦接受“阿衡”之任，藤原基经便很有可能从此只能拥有名誉职务。藤原基经执着于关白的地位，他想借此机会在制度上确立关白一职。当然，藤原基经也想借机向新皇宣示自己的政治权威。

而且，这一事件还导致藤原基经敌视起草敕令的橘广相。橘广相时任参议左大弁，是文人贵族的领袖。他的女儿橘义子在宇多天皇还是臣籍时便嫁给了他，可以说是宇多天皇的糟糠之妻。两人后来生下齐中、齐世两位皇子。而宇多天皇的长子维城亲王（后来的敦仁亲王、醍醐天皇）则是藤原高藤之女所生。由于当时的藤原基经还不是外戚，因此稍有闪失，橘广相的外孙便很有可能成为天皇。与此同时，与橘广相不合的三善清行等学者也在扇藤原基经的耳边风，劝其弹劾橘广相。

实际上，橘广相自己也承认“阿衡”相当于三公。因此，橘广相以只在周朝三公没有具体的职权，后世的三公可以统辖一切来与之反驳（《宇多天皇日记》仁和四年［888］六月五日条）。这一逻辑显然十分牵强。前不久，朝廷刚刚引用唐朝三师三公的例子，来判定太政大臣不应有具体职权。因此一旦认定“阿衡”相当于三公，就等于承认“阿衡”没有具体职权（长谷山彰《阿衡争议的一个侧面》）。其实，这一事件不过是因为橘广相起草文章时过于追求华丽（这也是宇多天皇所欣赏的），不加思索就引用了“阿衡”一词，结果让人抓了辫子（《宇多天皇日记》仁和四年九月十日条）。当时的著名文人藤原佐世也认为橘广相的说辞前后矛盾，因此表示理解藤原基经。这样看来，只要藤原基经坚持态度，既要确立关白之位，又要将橘广相赶下台，那么始终处于劣势、只是一味辩称“不知有何问题”的橘广相将只能为自己的言辞谢罪。最终，橘广相受到处罚，藤原基经之女藤原温子入宫，此事才算了结。舞文弄墨的文人最终倒在了文辞的脚下，看来权力斗争的确不是文人所擅长的。

此次论争席卷了整个政界和学界。被逐出京城、时任赞岐守的学界领袖菅原道真也一直在关注此事。菅原道真自觉身负重任，于是进京拜见藤原基经，说明此次论争丝毫没有意义。原来，橘广相和藤原佐世都是菅原道真的父亲菅原是善的门人，而且菅原道真还把女儿嫁给了藤原佐世。出于这层关系，菅原道真这才出面调停。不过，当时在判定三公没有具体职权时，菅原道真也参与其中，因此按理来说，其立场决定了他不会袒护橘广相。

大约十年后，官至右大臣的菅原道真被贬至大宰府。使其政敌藤原时平不安的，不仅有菅原道真的地位，还有菅原道真的一系列做法，比如将女儿送入宇多天皇的后宫，嫁给齐世亲王。在谋求外戚身份这一点上，菅原道真可谓重蹈了橘广相之覆辙。

关白藤原基经

尽管发生了上述纠纷，但宇多天皇在诏书中赋予藤原基经的职责并未因此改变。后来朱雀天皇对藤原忠平下发的诏书写道："万机巨细，百官总已，皆关白于太政大臣，然后奏下，如仁和故事。"(《日本纪略》天庆四年［941］十一月二十八日条）该诏书与仁和三年宇多天皇下发的诏书内容几乎相同，其中"仁和故事"，指的就是宇多天皇任命藤原基经为关白一事（坂上康俊《关白成立的过程》)。

关白的地位由藤原基经确立，其后每逢天皇换代，新皇都会再次予以确认。因此从理论上来说，关白并不是太政大臣、左右大臣之类的太政官职务。可以说，关白是天皇个人选定的唯一的辅弼之臣。随着关白的诞生和确立，藤原氏北家历代掌门人均就此位，关白盘桓于天皇和太政官之间，总揽一切政务。

第三节 | 宇多天皇及其时代

报复性的人事安排与提拔菅原道真

阿衡之争过后，即便宇多天皇本人很不愿意承认这一点，但他确实已深刻意识到自己在政界的权威还远远没有树立。不仅如此，此前在其父亲光孝天皇的授意下，宇多天皇与兄弟姐妹一同降为臣籍，成为“源定省”。这一经历也让宇多天皇深感自卑。而且被迫退位的阳成上皇还曾讽刺宇多天皇：“当今圣上不是我家当年的家丁吗？”[1]（《大镜》）此外，宇多的父亲光孝当初被选为天皇时，左大臣源融曾自荐：“若选近支皇胤，挑选源融如何？”但藤原基经驳斥道：“就算是皇胤，也没听

1 宇多天皇为臣籍时，曾作为“王侍从”侍奉阳成天皇。

说过赐源姓之人还能做天皇。”（《大镜》）后来，被赐源姓的源定省果然成了天皇。源融看到这一幕时，心中一定很不是滋味。阿衡之争之际，宇多天皇曾命令左大臣源融为橘广相和藤原佐世提供辩论的舞台，想必源融当时的心境应该很复杂。总之，宇多天皇就是在这样一种四面楚歌的境况中，开启了自己的时代。

宽平三年（891）正月，五十六岁的藤原基经去世。同月之内，宇多天皇将阿衡之争中站在自己对立面、最终导致橘广相下台的藤原佐世贬为陆奥守，以解心头之恨。另一方面，宇多天皇在同一年内从赞岐调回菅原道真，将其任命为藏人头。藏人头是晋升参议（公卿之末席）的有力人选。菅原道真任职之前，最后一位担任此职的儒者，正是阳成朝初期的橘广相。宇多天皇显然将菅原道真当成了在失意愤懑中于宽平二年去世的橘广相的接班人。同年四月，菅原道真成为左中弁，进入太政官中枢机构。两年后的宽平五年，左中弁菅原道真作为参议列入公卿末席。同年，菅原道真晋升为左大弁，进而兼任勘解由长官以及时年九岁的皇太子敦仁（后来的醍醐天皇）的春宫亮。而春宫坊长官春宫大夫则由藤原基经长子藤原时平担任。由此可见，宇多天皇早早就将未来托付给了藤原时平和菅原道真。

宽平之治

宇多天皇根据自己的设想进行人员调整，以此构建自己的领导地位，并在国政方面打开新的局面。其中最引人注目的，便是国司长官向受领的迅速演变（第九章详述）。在这一点上，能臣藤原保则贡献最大。宽平三年（891）四月，藤原保则被提拔为左大弁，次年晋升为参议，再次年兼任民部卿。总的来说，这一时期建立的制度为其后延续两个世纪之久的地方统治搭建了框架。

不仅国政，宇多天皇还在宫廷秩序方面连续推出新政，力求提高天皇之地位。例如建立升殿制度，重整宫中秩序等（古濑奈津子《升殿制的成立》）。升殿制度是指不以位阶高低一刀切来评判某人是否有资格登上内里清凉殿殿上间（升殿），而是由每一代天皇根据每位官员的具体情况加以评判。这样一来，天皇侍臣（称“侧近”）此前一直含混不清的地位终于作为制度被确立下来，“贵族官僚的序列由天皇决定”的逻辑也再次得到了确认。最终，几乎所有参议以上公卿都获得了升殿资格，而四位、五位殿上人则要在藏人头的指挥下陪膳（服侍用餐）和宿值（值夜班）。或许宇多天皇有着十分大胆的设想，但他也只能做到这种程度了。不过，这至少为后世宫廷官员晋升为公卿、殿上人、诸大夫开辟了路径。

在宫廷改革方面，藏人所的充实和完善同样值得关注。早在仁和四年（888）宇多天皇便规定，原本位阶为六位的藏人中要划出两人拥有五位位阶，以此提高藏人所的地位。宽平二年（890），宇多天皇命令橘广相编纂《藏人式》，以此整备、扩充藏人所。宫中各种各样的“所”（如进物所、御书所、纳殿、泷口等）在宽平至延喜年间的9、10世纪之交得到巨大充实。而分掌、统筹、运营这些“所”的，正是藏人。至此，藏人正式成为天皇的秘书官。

在宇多天皇的主导下，藏人所得到了充实和完善，到了宽平九年（897）七月醍醐天皇即位之际，两名位阶为四位的藏人头之上，又设置了一位由左右大臣或大纳言出任的别当。出任首任别当的是藤原时平，然而从结果来看，藏人作为天皇亲信发挥政治职能的趋势最终受到压制，这违背了宇多天皇的本意（菊池（所）京子《“所”的成立与展开》）。

遣唐使派遣计划

如上所述，为了夺回被藤原良房、藤原基经父子不断削弱的政治主导权，宇多天皇采取了一系列引人注目的措施。遣唐使派遣计划即是其中重要的一项。

宽平六年（894）七月，朝廷决议再次派遣遣唐使。此时距离上一次派遣遣唐使已过了半个世纪。同年八月二十一日，菅原道真被任命为遣唐大使，纪长谷雄被任命为副使。然而九月十四日，菅原道真以海路多阻、大唐凋敝为由，递交上表文，请求朝廷重新考虑派遣一事（《菅家文草》卷九）。

不过，目前并无明确的证据表明朝廷接收了菅原道真的上表文。相反，菅原道真和纪长谷雄却到宽平九年（897）和延喜元年（901）还分别自称为遣唐大使及副使。由此可见，朝廷应该并没有正式决定停派遣唐使（石井正敏《所谓的停止派遣遣唐使》）。至少在宇多天皇在位期间，日本并未放弃派遣遣唐使的计划。如第三章所述，宇多天皇曾在平安京接见唐人，由此可见宇多天皇在对外关系上是有所考量的。而且更重要的是，宇多天皇想通过此举让人们看到一国之君亲临外交的重大场面，以此来凸显自己的天皇地位。“人臣无外交”的说法可见于中国经典《春秋左氏传》，说的是拥有统治权的人才有外交权，这是贯穿古今的铁律。宇多天皇的真实意图正在于再次告诫人们，唯有天皇才有外交权。

从“歌合”到《古今和歌集》

宇多天皇治世期间，由其主办的“歌合”（赛和歌会）盛行于世，和歌大有“复辟”之势。日本最早的敕撰和歌集《古今和歌集》虽是由宇多天皇的继承人醍醐天皇下令编纂的，但其中收录的大部分和歌却创作于宇多朝及其以前的时期。敕撰和歌集的风气在宇多天皇治世期间已然非常浓厚，宇多朝频繁举办的歌合仿佛正是在为之后的时代做准备。

歌合分为左右两方，比拼和歌之优劣。光孝天皇仁和年间，在在原行平宅邸举办的“民部卿家歌合”被认为是日本历史上的第一场歌合。进入宇多朝后，和歌愈发盛行。先是宽平初年的《宽平御时菊合[1]》（二十首）收录了菅原道真、纪友则等人的作品，内容以菊合为主。然后是《宽平御时后宫歌合》（二百首），收录了纪友则、纪贯之、素性法师、壬生忠岑、凡河内躬恒、坂上是则、小野美材等人的作品。最后还有《新撰万叶集》（二百五十三首，上下两卷，据说上卷由菅原道真所撰，具体不详）。由此可见，当时的人们已经有了收录优秀和歌、编纂歌集的意识。这些歌集所收录的和歌后来又被《古今和歌集》收录。

然而，宇多朝的和歌编纂有其局限，典型表现在两个方面。第一，《新撰万叶集》有汉文序，却没有用假名写成的序。第二，其书写方式不是平假名，而是万叶假名[2]。

正如《新撰万叶集》序言所云：“当今宽平圣主，万机余暇，举宫而方有事合歌。后进之词人，近习之才子，各献四时之歌，初成九重之宴。”宇多天皇是这场文化运动当之无愧的首要推动者。但是另一方面，我们也要看见宇多天皇的身边还

1 菊合，在一种名为“洲滨”的盆景中种上菊花，附以和歌咏叹，比拼优劣。
2 万叶假名，古代日本为表记日语而使用的只表音、不表意的汉字，如“春”被表记为“波流”等。该假名多用于《万叶集》，故名万叶假名。

有许多志同道合的人，比如主办“仁和宫歌合”的是贞亲王等。当宇多天皇想要亲自开拓流行文化时，追随他的是在原业平、菅原道真、纪友则、纪贯之等与藤原氏保持一定距离的人。由此也可以窥见，宇多天皇想从藤原氏手中夺回文化主导权的决心。

昌泰之变

宽平九年（897）六月，宇多天皇举办在位期间的最后一次除目（官员任命仪式）。在这次任官仪式中，宇多天皇提拔当时的首席公卿藤原时平（二十七岁）为大纳言，提拔中纳言菅原道真为权大纳言（临时大纳言）。其后的七月三日，皇太子敦仁元服。宇多天皇于当天让位，敦仁即位，是为醍醐天皇。

虽然我们并不清楚宇多天皇当时的意图，不过退位诏书中说，醍醐天皇尚年幼，因此命藤原时平、菅原道真担负起等同于关白的职务。由此可以推断，宇多天皇是想通过菅原道真来掌控醍醐朝。尽管嵯峨朝规定，太上天皇不能有政治权能（参见第二章），但宇多上皇的言行举止仿佛从未听说过这一政策般，大有为上皇“复辟”之意。宇多上皇不仅频繁向东大寺及其他部门发号施令，在许多领地争端中，宇多上皇的权威也起到了决定性的作用（山本崇《宇多院宣旨的历史前提》）。看上去，宇多上皇就是在施行院政。

而且皇太子敦仁与藤原基经、藤原时平父子并不存在外戚关系，因此藤原氏北家嫡系再怎么攀附，皇太子敦仁大概也会敬而远之。皇太子敦仁践祚当天，宇多天皇将自己的同母妹为子内亲王嫁给新皇为妃。这是日本历史上最后一次按照律令规定娶内亲王为妃。内亲王上一次成为在位天皇的皇后或皇妃，还是在天长四年（827）二月，当时正子内亲王被立为淳和天皇的皇后。由此可以看出，宇多天皇多么厌恶与藤原氏嫡系结成姻亲关系。

然而昌泰二年（899）三月，为子去世，仅留下女儿劝子内亲王。藤原时平看准时机，于昌泰四年三月将自己的妹妹藤原稳子送入宫中，成为醍醐天皇的女御。仅仅三年后的延喜四年（904），醍醐天皇与藤原稳子生下的保明亲王便被立为皇太子，其过程之快犹如电光石火。

另一方面，宇多天皇在退位时给予藤原时平、菅原道真的任命遭到其他公卿的抵制，许多人拒绝上朝。这是因为按照宇多天皇的命令，任何事情只要藤原时平、菅原道真两人点头即可，其他人便只有陪膳的份儿。无奈之下，菅原道真只好请求宇多上皇再发一道指令，命令公卿上朝议事（昌泰元年［898］九月十八日，《菅家文草》卷九），事态这才算平息。此事也表明，宇多天皇退位后仍掌握权力，同时也说明无论何事，菅原道真也都需要依靠宇多。

昌泰二年十月，宇多上皇遁入佛门，菅原道真最不想看到的事情还是发生了。更重要的是，宇多上皇出家并非装装样子。他先在仁和寺剃度，随后又在东大寺受戒，成为僧侣，之后勤于密教修行，于延喜元年在东寺接受传法灌顶，并在此期间及此后前往比叡山、吉野金峰山、熊野山等地参拜修行。如此一来，菅原道真彻底失去了宫中的后盾。

昌泰四年（901）正月，菅原道真被冠以欺瞒宇多上皇、图谋废除醍醐天皇、令女婿齐世亲王即位等罪名，被贬为大宰权帅。如前所述，使菅原道真陷入这种危险境地的因素有两点。其一是菅原道真对于自己可能转变为外戚丝毫没有警觉，其二是晋升过快，招致了其他公卿的反感。

接到菅原道真被贬的消息后，宇多上皇迅速前往内里，结果吃了闭门羹。无奈之下，宇多上皇只好到建春门对面的侍从所西门等待，然而等了一整天也无人开门。至此，嵯峨天皇所规定的一元化皇权终于得以实现。

至于此后的“延喜、天历之治”及其评价，本书将不再展开叙述。总之，上至摄政、关白之地位，下至受领之统治，国家制度的基本方向已在9世纪确立下来。

第七章

征税逻辑的转变

第一节 律令税制的逻辑

租的由来

笔者在前几章考察了平安时代初期的宫廷政治史和政治制度史，同时也对天皇之形态、对外关系的变迁、佛教界的动向进行了论述。这段历史向我们揭示了一个亘古不变的道理，即做任何事之前必须有所“准备”。而对国家而言，其最核心的“准备”即是征税。但是，另一方面自古以来“上有政策，下有对策”也是始终不变的真理。故而，历史上诞生了各种各样的逻辑和手段，以便让不想纳税之人纳税，令国家能够平稳推行税收政策。古代日本也不例外。

律令国家的税制以租、庸、调为中心。除此之外，百姓还要承担公出举[1]、杂徭等税，成人男性还要服兵役。每当说起这些税的名称及其相应应缴的数量，便会出现各种陌生的概念、数字和单位，因此很多人觉得这一部分的内容实在乏味枯燥。可是，倘若仔细体会咀嚼，这部分的内容实际上还是非常深奥有趣的。

本书所讨论的时期处于律令税制逐渐瓦解的阶段，但这并

1 公出举，日本古代由国家进行的出举（租贷），春季将稻谷等贷出，秋季加息，五成返还。

不意味着征税行为已经消失。而应该说，该时期国家以新的逻辑和手段，打造了新的征税结构，并通过这种方式为进入新时代做准备。要想说明这一变化背后的原因并非易事，但至少有一点可以肯定，那就是该时期古代秩序发生了重大的变化。至于发生了哪些变化，让我们一起来理清这些错综复杂的历史线索。

律令中的租、庸、调等税名称均借用自中国，但在实际情况中，其征收理由又颇具日本特色。简单来说，律令国家的租税便是将律令诞生以前就已存在的各种剥削冠以中国式的说法，以此来充实国家财源。

首先是以耕地为对象的租。上等水田的税率为收获量的百分之三，而纳税的主体不是田地的所有者，而是耕种者。由此可以看出，这种税制起源于将一部分收获物进献给神灵的初穗（小口雅史《日本古代的"水稻"收取》）。令规定，缴纳租时只需要缴纳收割后完整的稻穗，无须将其打成谷粒。实际上，谷粒更有利于保存。但《大宝令》实施以后，谷物需要脱粒上缴，或是先上缴入仓，之后再由纳税人统一脱粒。这种做法一直延续到了平安时代（宽平三年［891］八月三日官符，《类聚三代格》卷八）。

所谓"远年之储，非常之备"，被征收的租与后述的公出举部分利稻一同纳入粮仓以备荒，待到饥荒时再分发给灾民，不计入中央朝廷、地方诸国的一般财政。这一制度自《大宝令》确立以来一直延续，到了本书所讨论的时代已有相当数量的谷物储备。

庸调的起源

接下来是调。调的训读读作“ツキ”（tsuki），有“贡物”（mitsugimono）之意。律令制实施以前，各层级都有进献行为。比如，百姓要向国造[1]以及其他有权势的人进献，国造又要向大王进献。原则上，所有的调都要运往京城，因此律令税制下的调实际上仿效的就是中国的调，即由国造向大王进献贡物，变为成年男性向国家缴税的形式。

那么为什么一定要缴纳贡物呢？调实际上被用来充当中央朝廷的一切开支，其中包括官僚俸禄，以及向诸神奉币的费用。特别是以调的形式征收的生丝，律令规定生丝要早于其他庸调物单独送往京城，七月底之前必须全部缴清，纳入大藏省（赋役令三调庸物条）。纳入大藏省的大多数生丝会被送往内藏寮染色，用于制作天皇服饰，或进献给伊势神宫等神社。

1 国造，大化改新前对臣服于大和王权的地方首领的称呼。

每逢相尝祭、祈年祭[1]以及前一章提到的荷前时，调还被用来供奉诸神（大津透《贡纳与祭祀》）。这意味着收上来的调经过一番处理，最终将被用于祈祷丰收和感谢丰收。因此，朝廷也就有了理由让百姓老老实实地缴税。不过到了平安时代，各地神官不再进京领取用于祈年祭的币帛，其原因笔者将留到后文详述。

庸的古代训读读作"チカラシロ"（chikarashiro，意为"代替劳力"）。律令规定，成年男性每年要有十天义务劳动的时间，或者用布帛代替劳役。这一规定仿效唐朝，但不同的是，日本的庸实质上就是乡里给宫中的采女、兵卫或卫士、仕丁[2]送去的布、米、盐、绵等物（青木和夫《雇役制的形成》）。采女、兵卫是律令制下将郡司的子女或兄弟姐妹送入宫中的一种制度。这项制度起源于国造为了表示臣服而将子女或兄弟姐妹送去当人质的传统。卫士、仕丁的来源也是如此。因此，庸实质上就是给宫中的人质送去物品这一传统的放大版（大津透《律令收取制度的特质》）。

杂徭也不例外。杂徭的古代训读读作"クサグサノミユ

1 相尝祭，在十一月初的卯日向畿内诸神社进献新谷的祭祀。祈年祭，二月四日诸神社举行的祈祷丰收太平的祭祀。为举行祈年祭，朝廷要求各地方神社派神官（称"祝"）进京领取用于祭祀的币帛，只有伊势神宫是由中央派使者特地送去币帛。

2 采女，服侍天皇、皇后日常起居的女官。兵卫，负责宫中警卫、保护天皇行幸的武官，隶属于兵卫府。卫士，负责宫中警卫的士兵，隶属于卫士府或卫门府。仕丁，负责杂役的仆人。

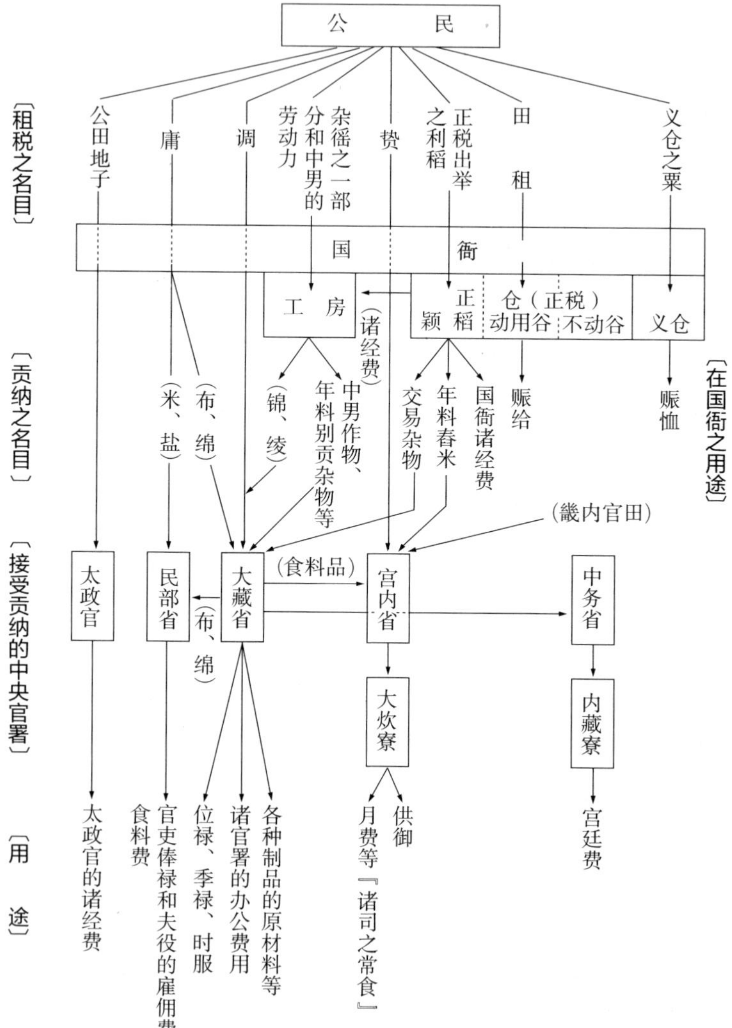

律令制下的租税贡物及其用途（出自早川庄八《律令国家与社会》）

キ”（kusagusanomiyuki），意思是为大王或大王的使者提供各种各样的无偿服务。后来大王变成了天皇，大王的使者变成了常驻的国司，杂徭也随之并入劳役，由国司征发，用于与唐朝相同的改修河道等目的。不过进入平安时代以后，迎送天皇的使者仍然是杂徭的核心部分（大津透《从杂徭到临时杂徭》）。

公出举的逻辑

公出举指的是春季和夏季（二月、三月、五月）向百姓贷出水稻（称“本稻”），秋天加上利息（称“利稻”）一并偿还的制度。利率方面，天平年间为50%，借主死亡可以不用偿还。平安时代初期以后，利率固定为30%，但借主死亡的情况下依然需要偿还。

这项制度的起源之一是唐朝的公廨钱出举（出举即借贷）。公廨指的是衙门（滋贺秀三《奥村郁三〈唐代公廨法与制度〉》）。为了筹措日常经费，中央首先会给各级衙门（州、县等）发放名为“公廨钱”的本钱，各级衙门再将公廨钱交给放高利贷的人（名为“公廨户”或“捉钱令史”），这些人利用公廨钱赚得利润，然后按照法律规定将其中一部分利息返还给衙门。在中国，官员直接涉及谋利行为有违儒家伦理道德，因此人们只能采取这种办法。不过从根本上来看，这就是一种变相的官营高利贷。事实上，公廨钱的确也曾因为遭到类似的批评而中断。

可以说，上述利用公廨钱来出举的情况早已广为人知（横山裕男《唐代的捉钱户》）。不过最近有研究发现，唐代西州（今吐鲁番）地区还曾使用粟来公出举（大津透《关于唐西州高昌县粟出举账断简的研究》）。这样看来，中国江南地区说不定是用水稻来公出举的。

日本古代的公出举使用的基本都是水稻。这或许是因为律令制刚开始时货币流通有限，而粟在日本却并非常见谷物，因此日本古代的公出举既不用钱，也不用粟，而是用水稻。不过这并非主要原因。国家之所以会在播种的二三月以及插秧的五月贷给农民本稻，显然是为了让农民不间断地从事再生产。换言之，这种逻辑就是“国家（最早应当是地方豪族）在每年春天赏赐稻种给农民，而且在食物短缺或需要获得帮助时，国家还会适当地施以援手。虽说之后要连本带利一起偿还，但这不是已经很不错了吗”？

然而，这种“很不错”的事情慢慢变了质。按照上述逻辑，国家或地方统治机构只需按照农民的需求发放稻种即可。可是渐渐地，公出举筹措来的资金不仅用在了各地方的日常支出上，还被用作中央朝廷采购必需品的经费。天平十七年（745），朝廷对名为“公廨稻”的本稻做出新的规定。从此以后，公出举的运营与国司收入直接挂钩。如此一来，公出举自然由按农民需求发放，变成了按国家或地方统治机构的需求发放。说得更直白一点，即国家或地方统治机构想获得多少回报，就相应地发放多少稻种。正如平安时代的情况那样：

> 凡出举正税者，总计国内课丁（成年男性），量其贫富，出举百束以下、十束以上。依差普举，不须偏多。
>
> （大同三年［808］九月二十六日官符，《类聚三代格》卷十四）

如该史料所述，尽管国家考虑到了量的问题，但发放的对象变成了全体成年男性。也就是说，公出举变成了一种强制性的官营高利贷。这里所说的“官”名义上是指国衙，但实际运营公出举的，却是以郡司为首的、被纳入国衙统治体制或寄生于国衙统治体制的地方豪族（舟尾好正《关于出举实态的考察》）。

“籍账”统治体系的瓦解

以上笔者对律令税制的本质进行了简要的归纳。若想实施上述税制，国家必须掌控每一个人。朝廷采取的方法便是户籍、计账制度，合称“籍账”制度。户籍是每六年编制一次的人口登记簿，以“户”为单位登记每个人的姓名、身份、年龄、亲属关系等。班田收授便是在户籍的基础上推行的。计账每年编制一次，记录的是每年的户籍变化和庸调量。然而到了平安时代，籍账制度却走入了死胡同。

导致籍账制度瓦解的原因有很多。其中一个原因是有些人不愿被籍账控制，于是便积极采取反抗措施，即“浮浪”（流浪）和逃亡。浮浪和逃亡虽然分不到口分田，但也总比必须缴纳租庸调要好。所以，当时许多人有这样的想法并不稀奇。对此，律令国家的一贯措施便是勒令他们返回“本贯”（原籍地），编制“浮浪人账”（流浪者登记册），甚至规定没有在本贯分得口分田的人也要缴纳庸调。当时大地主兼并土地的问题日益严重，在这些浮浪和逃亡的人中，有不少人都投身到了大地主名下。

籍账制度不仅遭到了人们的激烈反抗，而且这种中国式的制度本身就不适用于日本。这是因为，当时的日本根本不存在由明确的家庭成员组成的“家族”（杉本一树《日本古代家族研究的现状和课题》）。在中国，同居共财的人构成“家”，国家只需以“户”加以掌控即可（滋贺秀三《中国家族法的原理》）。然而在当时的日本，是否“同居”暂且不说，“共财”的概念首先就是没有的。日本的夫妻是一种流动的关系，说得极端一点，便是夫妻双方带着各自的资产住在同一个屋檐下。不仅夫妻，兄弟姐妹及其他人际关系也都时聚时散。因此对当时的日本而言，所谓的“家族”范围究竟几许，自然也就模糊不清了。

对此，朝廷要求至少要明确户主的继承关系，以户主为中心确定可算作家属之人，然后编制成“户”，记入户籍。也就是说，即便唐朝统治者不加干预，人们也会自然而然地形成同居共财的集团。而日本却是为了造籍，人为地编制成户。因此如果非要在户籍编制上较真，那么这将是一项十分巨大的任务。但反过来说，正因为日本的家庭成员关系不够明确，所以国家只需适当删补，即可“创造”出大致相同的户来。“户”这一单位在国家实施征兵等政策时非常有效。但反过来，这一单位又与人们实际生活的单位相去甚远。

而且编制户籍这一工作还不仅仅是麻烦，实际上，编户造册的国司、郡司的政绩，在很大程度上由其治下人民的租税负担能力决定。因此国司、郡司必须得维持一定数量的户籍，至少要保持现状。登记户籍时，首先要登记户籍中每个人的姓名。女性虽然不负担庸调，但有权分得口分田，因此即便该女性死亡，国司、郡司依然会将该女性的名字写入户籍，为的就是尽可能多地增加自己治下的户数。

在这种情况下，户籍中的虚假成分越来越明显。从长元三年（1030）前后的《上野国不与解由状案》（原名为《上野国交替实录账》，参见《平安遗文》4609号）来看，虽然到了9、10世纪至少还会每隔六年登记造册一次（原件早已焚毁），但是，人们已经很难相信这些登记如实反映了当时的真实情况。比如，在现存的平安时代的户籍中，延喜二年（902）阿波国户籍（《平安遗文》188号）竟然出现众多百岁以上女性的名字，这明显与自然年龄的分布存在差异（泉谷康夫《现存平安时代户籍的考察》）。

户籍一旦出问题，基于户籍的班田收授自然也会出问题。而且，班田收授这种制度本身就存在问题。首先，回收死者的口分田、再将其分配给新的班田对象本就十分麻烦。而且反复几次之后，同一户所分得的田地便会分散在各处。一旦出现问题、重新分配（实际上天平元年［792］就发生过一例），又会引发各种各样的纠纷。如果这是一块将在不久以后的将来为他人所有的土地，那么自然也就没人会尽心维护和管理这片土地了。

在此，笔者对前文做一简单总结。

律令国家将每个人登记在户籍上，为其分配口分田作为维持生活的本钱，然后将自古以来以各种理由征收的税目，改成唐朝的称呼再次征收。然而在掌控人口和班田收授方面，这一制度非常牵强。至于为何非要实行这一制度，正如第三章所述，最大的目的是为了应对唐朝和新罗势力的壮大所引发的东亚局势变化。正因如此，日本才会不厌其烦地采取那些繁杂至极的手段，来努力掌控人口，维持再生产。

然而从唐朝和新罗的情况来看，很多人会认为既然危机已经解除，那么也就没有必要再费时费力地维持军国体制了。这就好比曾经有位日本农业技术人员前往东南亚某国进行指导，当地的农民说："的确像你说的，只要肯下功夫，一定可以提高产量、增加收入。可是只要能吃上饭，我还是想过以前那种悠闲的生活。"上下两种思维如出一辙。

的确，没有户籍，效率就会很低，税收也只能是粗放型税收。可是土地不会逃跑，于是国家想出办法，只要掌控住眼下那些依靠土地、勤于生计的百姓，找个理由向他们课税，这样就可以不费时不费力地维持国家财政了。随着时代的转变，这一方法被证明的确可行。不过，当时的国家采取该政策时，并没有制定什么清晰的蓝图。当时已经不存在先制订计划、然后付诸实践的概念了。

第二节 | 去神话化与地税的确立

租的走向

那么国家采取了哪些具体措施呢？首先来看租。

缴上来的租以及暂时不用的公出举利稻首先会被做成便于保存的谷物（从稻穗上取下的不脱壳的稻粒），放入粮仓。虽叫“粮仓”，但称为大箱子更接近现实。装满稻谷后，封箱上锁，此仓称“不动仓”，此谷称“不动谷”。之所以如此称呼，是因为不动仓的钥匙须上呈中央朝廷，由天皇管理。就算国司想要动用，也得一一经过天皇的批准（渡边晃宏《平安时代的不动谷》）。

设置不动仓是为了应对不时之需。不动仓里收纳的租起源于进献神灵的初穗，人们缴纳租也是出于进献神灵的目的，因此不动仓里的谷物自然不能随意使用。

可是渐渐地，不动谷被中央朝廷用在了其他有违初衷的地方。最早的事例便是东国的稻谷被用作讨伐虾夷的军粮（《续日本纪》延历二年［783］四月十五日条等）。除了军费，中央朝廷还冠以各种名目征用距离京城较近各地的谷物（前引渡边晃宏论文）。被征用的稻谷或被用作向诸司卫士、仕丁、采女支付的“大粮米”，此时的稻谷称“年料租舂米”（本来应该充作大粮米的是庸，这说明不按期缴纳庸的问题越来越严重），或被直接用作五位以上京官的位禄[1]和季禄，此时的稻谷称“年料别纳租谷”。到了9世纪中期，这两种做法还以制度的形式确立下来（早川庄八《律令财政的构造与其变质》）。上述两个制度的稻谷本该由各地的日常经费财源——正税[2]提供，但巧妇难为无米之炊，到了9世纪后半，中央朝廷开始动用尚未纳入不动仓的谷物，不久之后，就连已经纳入不动仓的不动谷也被征用。

在纳租人眼中，朝廷的行为无异于背信弃义的欺诈行为。征缴时朝廷的说辞是，这些储存在不动仓中的稻米都是你们祖父、祖母甚至更早的祖先，为进献神灵一点一点积攒起来的，因此遇到饥荒时，天皇会开仓放粮。然而现实却是，只要朝廷下发调令，就可以随意调走这些租。而所谓的开仓（称“不动开用”），也只是为了征讨虾夷、修缮都城，以及给那些尸位素

---

1 位禄，四位、五位官员根据勋位领取不同的米、绸、绵、布等。

2 正税，储存在各地方粮仓中的谷物，收纳正税的粮仓称“正仓”。正税的来源是公出举中的利稻，用途是地方行政开销。

餐的贵族官员发放俸禄。

可是反过来，即便不动谷被随意挪用，纳租人也并未出现“不动仓是我们的”这种意识。如前所述，律令国家以进献神灵为由建立租税制度，然而百年过去，纳税已成为一种惯例，朝廷没有必要重提当初之理由，只要顺其自然地征税即可。实际上先于中央，地方早就开始将租税用于其他有违初衷的方面了，比如“神火事件”。

正仓纵火

神火事件是指有人为了当上郡司而在正仓纵火，然后以管理不当的罪名构陷现任郡司，或是现任郡司自己故意纵火销毁证据，掩盖正仓无稻谷（或非法挪用稻谷）的事实。以《续日本纪》天平宝字七年（763）九月一日条为开端，神护景云三年（769）八月的下总国猿岛郡、同年九月的武藏国入间郡，以及宝龟年间的上野国、下野国、陆奥国等东国地区频繁发生神火事件。据记载，弘仁八年（817）十月七日，常陆国新治郡十三座不动仓被烧毁（《类聚国史》卷一七三）。到了后世，这些被烧毁的仓库群成了日本古代郡衙考古研究之滥觞，其中茨城县古代遗迹尤为著名（高井悌三郎《常陆国新治郡上代遗迹的研究》）。

为了夺取他人的地位，抑或守住自己的地位，便不惜烧毁人们一点一滴积累起来的谷物，这无疑是一种不留后路的搏命行为。一开始，不明真相的朝廷真的以为是神火（天神责罚之火）降临。而地方之所以敢如此胆大包天，正是因为地方猜中了中央的心理。中央朝廷一直以为，地方上的人绝对不会将祖先世世代代积攒下来的粮食付之一炬。然而对于地方的激进分子而言，不动仓不过是眼前的一个工具罢了。

庸调违期、未进的背景

如前所述，庸和调均起源于国造等地方豪族对大王的服属仪礼。不过，天皇不能白白笑纳庸调，他需要承认豪族在地方拥有统治权力，并在祈愿、感谢收获之际，向地方下发币帛。谈到庸，就不得不说那些地方送往宫中服侍之人。其间，这些人的地位和意义有所变化，最明显的要属采女。

在更早的时代，采女有时会受到天皇的宠爱，生下皇子。比如，天武天皇的高市皇子是由胸形德善[1]之女所生（此人用后世的“采女”称呼并不为过）、天智天皇的大友皇子是由伊贺地区的采女宅子娘所生。然而经奈良时代、进入平安时代之后，上述情况便不再发生了，采女变成了在后宫单纯服侍的下层侍女（门胁祯二《采女》）。兵卫、仕丁、卫士也是如此，其

---

1 胸形德善，飞鸟时代（政治史上指 592 年至 710 年）福冈县宗象地区的豪族，其氏“胸形”也可表记为宗象。

原本所具有的“服属”意味逐渐淡化，名誉也随之消失。如此一来，与之密不可分的庸也变成了单纯的掠夺。

调亦是如此。首先，各地方的神逐渐丧失权威地位。作为神佛习合[1]的著名例子，多度神宫寺（位于三重县）以地方之神的口吻写下文书，表示皈依佛教。这当然不是神的亲身感言，而是自古以来信奉该神的百姓所发出的感怀（义江彰夫《神佛习合》）。这样一来，依靠中央朝廷下赐币帛开展的祈年祭也就丧失了效力。延历年间，各地方祝部（神官）不再前往京城神祇官处，中央也不再向地方诸神下发币帛、管理地方祭祀。这一变化与传统诸神丧失权威互为表里。原本为了供奉传统诸神而征收的调，也难免受到影响。不灵验的神，自然无人供奉。

还有一点值得注意。9 世纪初期，富裕阶层代替拥有纳税义务的人缴纳庸调的行为开始盛行。庸调的缴纳时间为青黄不接的八九月份，那时正是人们最艰苦的时期。于是，富裕阶层开始代替穷人在规定时间内缴纳庸调，待到秋后再索取高额的回报。这种行为频繁出现在大宰府管辖地区（西海道）的史料之中。用今天的话来说，这就是钻税务局的空子、居中牟利的行为。牟利一方自不必说，就连被榨取的一方也逐渐忘记了调原本是向主人、大王，归根结底是向神进献的贡物。

总之，奈良时代末期至平安时代初期，庸调“违期”（逾

---

1 神佛习合，又称“神佛混淆”，是日本神道教与佛教融为一体的宗教现象。早在奈良时代便出现了寺院供奉神、神社中建寺院的现象。

期缴纳)、“未进”(未缴纳)的现象非常普遍。如前所述，这是信仰与现实互相作用，进而缓慢、自然地去神话化及合理化的结果。在这种情况下，即便令条明确规定了庸调的缴纳期限，但无奈管理松懈、令条被随意解释，不按期缴纳成了常态，人们频繁拖延，无故逗留他处，滞纳一月以上，甚至翌年缴纳。这样一来，祭祀所需贡品无处筹措，就连春夏之交的财政支出也成了困难(《续日本纪》宝龟十年［779］十一月二十九日条)。然而，无论律令朝廷再怎么呼吁民众按期缴纳庸调，也终究抵不过时代变化的洪流。

公营田的意义

从以上观点来看，公营田制的意义似乎存有重新讨论的余地。弘仁十四年(823)，在小野岑守的上奏建议下，大宰府管辖地区开始实行公营田制。公营田是指从当时大宰府辖区内的六万五千六百七十七町口分田中划出五千八百九十四町、从一万零九百一十町乘田(分配口分田之后剩余的田地)中划出六千二百零一町，共计一万二千零九十五町良田由官方直接经营。具体来说，就是官方提供稻种，普通成年男性耕种，收获物全归官方，耕种者可获得日薪和伙食费，免除租庸调。收获后，官方(具体来说就是大宰府)将其中租的部分纳入西海道各正仓，用庸调的部分购买著名的筑紫绵(丝绵)等物送往中央。

不过，公营田制度的具体情况尚有讨论的余地。比如过去学界认为，公营田实际上是官方主导的庄园直营田经营模式的扩大，是一种当时最先进的经营模式（赤松俊秀《通过公营田看初期庄园制的构造》）。然而，最近一种新的观点逐渐占据优势。这种观点（西别府元日《公营田政策的背景》）认为，弘仁年间大宰府管辖区内的大饥荒导致大量人口死亡，无主口分田随之涌现，因此官方才临时采取了公营田制度。也正是出于这一原因，公营田制度在试行四年后终止（不过嘉祥三年［850］和齐衡二年［855］，肥后国仍新置公营田）。庸调的用处有着严格的规定（细化到郡），一旦有变更甚至需要记录在格中（大津透《律令收取制度的特质》）。然而在公营田制度中，收获物全部交给官方，其中所谓庸调的部分，也仅仅存在于官方的计算之中。至此，不得不说"庸调是贡物"这种观念已经非常淡薄了。

这样一来，人们还缴不缴纳、为什么缴纳，对此官方必须建立一套全新的纳税逻辑。在此之前，我们先来看一看起到税目财源作用的公出举有哪些变化。

"不论土浪人"政策

如前所述，从理论上说，公出举是指耕种者根据自身需要，在春夏之际领取本稻，秋收后再本利相加还给官方的制度。如果没有需要，理论上耕种者完全可以不领取本稻。

然而实际上的公出举本稻是怎样分配下去的呢？虽然早期的情况不甚明了，但前引史料明确显示，平安时代初期的大同三年（808）九月，分配标准由按照户籍上登记的成年男性（称“课丁”）的人头分配，变成了“反别三束[1]”（《类聚国史》卷八十三，弘仁十三年［822］十二月甲寅条），即按照耕种的土地面积分配本稻。对于登记在户籍上、按照人头分得口分田、老老实实耕作的公民来说，这一变化不会带来太大影响，实际负担量也不会发生太大变化。可是，以土地面积为基准的分配方式一旦确立，被强制分配的对象势必受到影响，公出举制度也会发生重大改变。这是因为这一问题与“不论土浪人”政策紧密相关（村井康彦《公出举制的变质过程》）。

“不论土浪人”政策是指，不管是登记在居住地户籍上的人（称“土人”），还是出身不明、没有户籍、登记在特别账簿“浮浪人账”上的人（称“浪人”），都要承担赋税。《续日本纪》延历九年（790）十月二十一日条记载，为筹集征讨虾夷的军费，朝廷制定了同时针对土人富豪和浪人富豪的征税措施。这是日本历史上第一次实施“不论土浪人”政策。尽管当时的政策与律令税制的性质完全不同，但这并不妨碍该政策慢慢渗透到律令税制中。

如前所述，律令国家的目的说到底是要将浮浪人赶回本

---

1 反别三束，每反土地缴纳三束稻子。反是土地面积单位，一反约等于 992 平方米。一束即十把稻子。

贯。为此，律令国家规定，没有分得口分田的浮浪人也要缴纳庸调，以此将浮浪人置于不利境地。而公出举方面，如果只以课丁为单位“班给”（强制贷出）本稻，那么浮浪人就不用承担公出举。可是，公出举在税制中占比很大，而且公廨稻出举等各类出举还与国司的俸禄直接挂钩，因此国司十分看重公出举的收益。这样一来，国司自然不会放过那些不承担公出举，却还租着广袤的田地开垦、耕作的“富豪浪人”。这就是按照实际耕地面积、强制贷出公出举本稻之政策的由来。该政策在纪伊国的实行情况如下记载：“不论土浪贵贱，依照耕田数，每反班举五束以上正税。”（宽平六年［894］二月二十三日官符，《类聚三代格》卷十四）律令朝廷向新的体制迈出了一大步，这使得律令朝廷无须登记造册、实行班田收授制也能征得税收（户田芳实《平安初期的国衙与富豪阶层》）。

何谓返举？

可即便如此，某些浮浪人，尤其是富豪浪人之中，仍有不那么轻易接受公出举借贷的人。公出举只在国衙筹集经费、确保俸禄以及郡司居中牟利这两方面存在必要性。不需要借贷的人会说：“这完全是为了你们自己的利益，反正我不借。”到了9世纪，“不受正税”，即拒绝借贷公出举本稻的人开始出现。他们的理由十分正当——因为不需要，所以不借。这样一来，官方自然不能向他们征收利稻。拒绝借贷的人之中必然夹杂着富豪浪人，而且从道理上说，土人也不是不可以以此为由拒绝借贷。

这样的人越多，国衙财政就越困难。财政困难，国衙就只能用本稻去填补财政亏空。可是，各地方的公出举本稻数量各不相同，而且随意拆解本稻，国司不但要受到责备，还要想办法填补回去。那么怎样解决这一问题呢？众人绞尽脑汁，最终设计出了“返举”的概念。

曾任赞岐守的菅原道真在奏状中，对“返举”的具体运作方式做出了解释：假设某地有一百万本稻，回收时只收回五十万本稻，剩余的五十万即为“返举”。秋收时，返举的部分只需上缴利稻，本稻仍留给借贷人，反正明年还要进行返举。此法实行多年，已无法轻易改变（《菅家文草》卷九，宽平八年［896］七月五日菅原道真奏状）。

9 世纪末，返举之法已相当普遍。官方的理由是，未回收的本稻只是暂时借给百姓，而且百姓每年按时上缴利稻，因此作为贷出一方没什么可担心的。的确，每年春夏发放本稻的古法虽然符合理论，但不符合当下现实。而返举之法则让公出举更加合理，因此具有划时代的意义。换言之，返举之法将人们从理论中解放出来，而仅仅将公出举作为一种财源来看待。那些暂时保管返举本稻的人，就相当于唐朝的捉钱户、捉钱令史。

可是问题在于，这一看似合理的方法能否在现实中起到很好的作用？不得不说，这一方法在现实中非常难以运作。这是因为

“返举”不过是在“不受正税”之人大量涌现之际，国司为了维持国衙财政而设想出的应急之策。“返举”乍一听很合理，但实际上它只能填补亏空，或作为账簿上的一个概念，让外界相信本稻在百姓手中，而非国司内没有本稻。参照后文中的“里仓”就会发现，百姓手上到底有没有本稻不得而知。就算有人手上真的有本稻，他们大概也不会老老实实地将相当于利稻部分的稻谷上交给国衙。因此最为现实的办法便是，不管百姓有没有本稻，官方只要征收相当于利稻的税就可以了。如第九章所述，10 世纪诞生了“名”这一征税单位，于是“负名”变成了纳税责任人。到了那时，官方也没有必要再拿“你借了本稻”这种理由来逼人缴税了。

公出举向地税的转变

其后，返举的概念不再被使用，围绕公出举结构的各种解释和讨论也被放置在一旁。此时出现的是“利稻率征制”。国司认为，是否拥有本稻并不重要，只要令耕种者根据田地面积上缴相当于利稻的税，即可保障国衙的财政运营乃至送往中央的进贡物品的供应。菅原道真在奏状中所说的“只收利稻，不收本稻”的方法，早在 9 世纪末期就已经萌芽，到了 10 世纪末期还可在《尾张国郡司百姓等解》[1] 中见到。到了 11 世纪前

1《尾张国郡司百姓等解》，永延二年（998）十一月八日，尾张国郡司、百姓向朝廷呈上的诉状。诉状控告尾张国守藤原元命贪赃枉法、胡作非为，要求解除其职务。

半，《上野国不与解由状案》中的前任国司称：“利稻从目前正在耕种的田地里率征（按田地面积征收）而来，因此常例支出不会出现问题。”11 世纪末期的相模国国司也认为：“用于神佛的固定支出及交易杂物料（为筹集向中央朝廷上缴的物资而准备的本钱）等，均从目前正在耕种的田地率征而来，因此不会出现不足。”由此可见，10 世纪至 11 世纪，利稻率征制已得到普及。至此，公出举体制完全被弃，“向田地耕种者征税”的逻辑得以确立。换句话说，公出举完全转变成了地税（前引村井康彦论文）。

补救措施——“里仓”

要想粉饰税收无法顺利推行这一令人头疼的现实，比起“返举”，“里仓”的概念更为精炼，也更具适应性。“里仓”首次出现在昌泰四年（901）闰六月二十五日太政官符（《类聚三代格》卷二十）所引用的播磨国上奏文中。该上奏文称，征收庸调、租税本是国司的重要职责。然而，该国大部分百姓为六卫府舍人（服侍皇族、贵族的下级官人），他们宣称一旦卫府下发录用通知（同时也是免除课役的通知），自己便要前往卫府赴任，因此不负课税。这些人经营着广袤的良田，却拒绝缴纳正税。他们平日横行无道，反抗国司、郡司，有时甚至还会将稻谷堆在自家粮仓中，挂上名牌，宣称这是“本府之物”“势家之稻”。收纳使不得已前去查封，怎奈这些人不辨是非，竟扣下收纳使，施以暴力。动辄招引群党，恣意作恶。租税专当（专管租税的官员）、调纲郡司（负责将庸调运往中央的郡司）忌惮这些人的威猛，只能签署契约文书，建造里仓。于是庸调逾期未进，正税非法返举。国司换任之际，新任国司也只能将责任推给前任国司，真正的责任已无法追究。

前文说到的征收租税的问题、相应的补救措施及其结果，全部包含在这篇播磨国的上奏文中。

第一，不知是否由于播磨国距离京城较近，该国许多百姓都拥有六卫府舍人的身份。他们实际上并不赴任，却一直享受着免除课役的特权。上文还提到了“势家”一词，可见不仅六卫府，这些人还得到了宫廷权势（多称“院宫王臣家”或“权门势家”）的庇护。从这一点来说，只要与权势存在利益关系，就可能发生拒不缴税的情况，而这一情况与距离京城远近并无必然的联系。这些人将收获的粮食装入自家粮仓，然后挂上庇护他们的官衙或权门势家的牌子，以此对抗征税官。

第二，只要对这些人免除一次课役，他们就绝对不会再上缴第二次，而且也绝对不会接受与课役（指庸调等人头税）不属于同一范畴的公出举本稻，不缴纳利稻。

第三，征税官苦于向这些人征税，于是想出了一个迫不得已的对策。即不征收实物，仅与抗税人签署契约，并依据契约建立名为“里仓”的仓库。也就是说，当抗税人将庇护人的牌子摘掉时，这些粮仓在名义上就成了“里仓”，而“里仓”内的粮食在名义上也就成了国郡的纳税所得（该契约书由国郡妥善保管）。这样一来，国郡就能对外宣称己方对这些粮仓拥有所有权。而在账面上，国郡也就算完成了相应的征税任务。官方之所以采取这种迫不得已的办法，原因就在于国郡所宣称的“所有权”事实上并不存在。

综上所述，建造里仓就是在做无用功。里仓就像一座魔术仓库，里面既有庸调，又有本稻和利稻。但是国郡无法从里面取出任何实物庸调，运往京城。因此国郡只能强辩说“本稻和利稻都在里仓呢”，或者用“返举”来蒙混过关。历代国司全都采用这一办法应付了事。渐渐地，真正的征税责任、赔偿责任全都无法追究了（坂上康俊《负名体制的形成》）。

其后不久，律令制下的各种租税在实际征收时，变成了“官物”和“临时杂役”这两个枯燥无趣的大税目。前者虽由租庸调和公出举利稻演变而来，但实际上已变成课以田地的地税。后者虽由杂徭演变而来，但实际上也变成了课以人头或田地的税目。这两个枯燥无趣的税目之所以会形成，一定程度上要归因于本章所述的征税逻辑的转变。而且，这一转变还与律令制下构建地方秩序的豪族命运互为表里，同时也与国司制度的变化有所呼应。

第八章

地域社会的转变

第一节 | 消失的聚落

千叶县村上遗迹的兴衰

前一章谈到的征税逻辑的转变，实际上也在很大程度上影响了征税者。或者说，征税者所处的境况与征税逻辑的转变呈现出一种互为表里的关系。

接下来笔者将继续考察征税的变化。笔者将以地域社会的顶点——郡司，以及在地域社会传达中央意向的国司为焦点展开论述。

在本章中，笔者首先会结合郡司所处境况的转变及地域社会的转变两方面加以考察。随着考古发掘工作的不断推进，奈良时代、平安时代的聚落存续时间已经渐趋明朗。在此，笔者将对这些聚落的存续时间做进一步地探讨，并尽可能多地提供具体事例。实际上，此前已经有学者使用该方法探明9世纪至10世纪是古代聚落史上的剧变时期（鬼头清明《入门日本村落史2　古代》）。

笔者首先要介绍的是位于千叶县八千代市印幡沼西侧的古代村落遗迹“村上入之内遗迹”（日文原文为“村上込めの内遺跡”，以下简称“村上遗迹”）。在奈良时代、平安时代，这一地区被称为“下总国印幡郡村神乡”，考古人员曾在此出土过写有“村神乡丈部国依甘鱼”墨书字样的陶器[1]（阿部义平《律令时期聚落的复原》）。

当时国之下分为若干郡，郡之下又分为若干乡（灵龟三年［717］以前称“里”）。一乡有五十户，每户二十人左右。算下来，一个乡大概有一千人（镰田元一《日本古代的人口》）。

虽然村上遗迹已经挖掘的部分只有当年村神乡一半的面积，但如此大规模的村落景观被复原，仍属罕见。该遗迹共发现两百一十处建筑遗迹，其中竖穴式住居[2]一百八十处，掘立柱建筑[3]三十处。当然，这些建筑并非建于同一时期。该聚落从8世纪一直存续到了9世纪，共存在大约两百年。因此据推测，同一时间并存的建筑大概有三十到四十处。这些建筑大致可分为五个建筑群，每个建筑群大约距离一百米左右。它们虽称“聚落”，但却给人一种分布稀疏之感（参见第268—269页“村上遗迹聚落变迁图”）。

那么，住在这里的人来自哪里，之后又去了哪里呢？由于该聚落的存续时间正好与律令地方制的实施时间相吻合，因此“村上遗迹是典型的计划村落，律令制对户的再生产起到了很大

1 为了祈祷疾病康复，村神乡的丈部国依在陶器上绘制疫病神的样貌，写上本贯“村神乡”以及自己的名字，并在陶器中放入甘鱼以讨好疫病神。

2 竖穴式住居，建筑整体呈圆锥形，用柱子、房梁、椽子支撑起基本结构，用土或芦苇等植物铺成屋顶。一般认为，竖穴式住居诞生于后期旧石器时代（在日本指农业出现前的五万年至一万年），一直沿用至平安时代前后。

3 掘立柱建筑，在地面挖洞、插入柱子以代替基石的建筑，通常距离地面数10厘米至1米左右。作为普通民宅一直沿用至18世纪。

I期

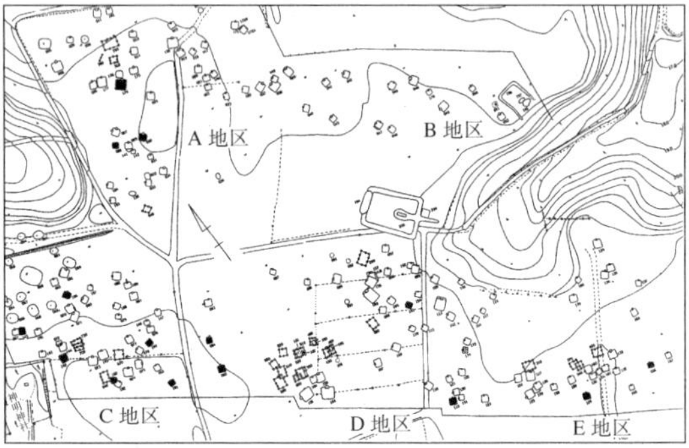

II期

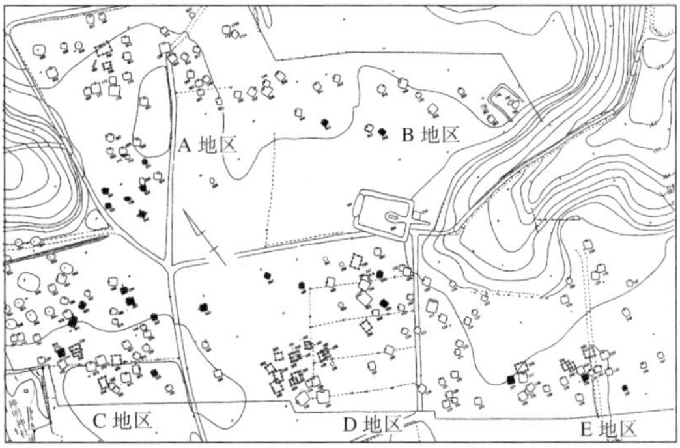

复原模型

村上遗迹聚落变迁图（出自平川南等《古代聚落与墨书土器》）

该遗迹挖掘出竖穴式住居一百八十处、掘立柱建筑三十处。该聚落共存续两百年，形态变化如Ⅰ期—Ⅴ期所示。同时存在的建筑只有三十到四十处，大致分为五个建筑群。复原模型反映的是Ⅱ期的状况（日本国立历史民俗博物馆提供图片）

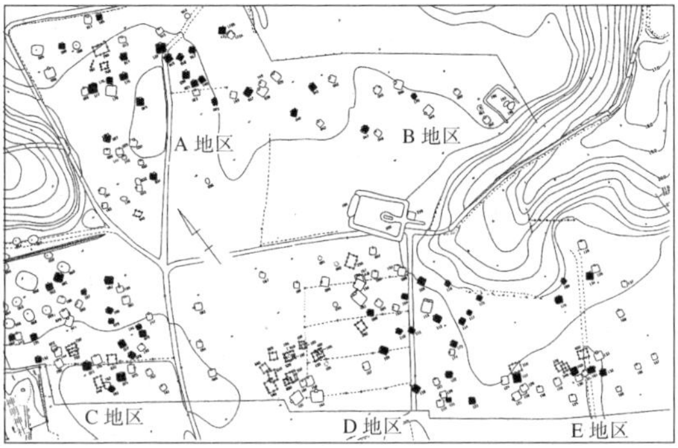

Ⅲ期

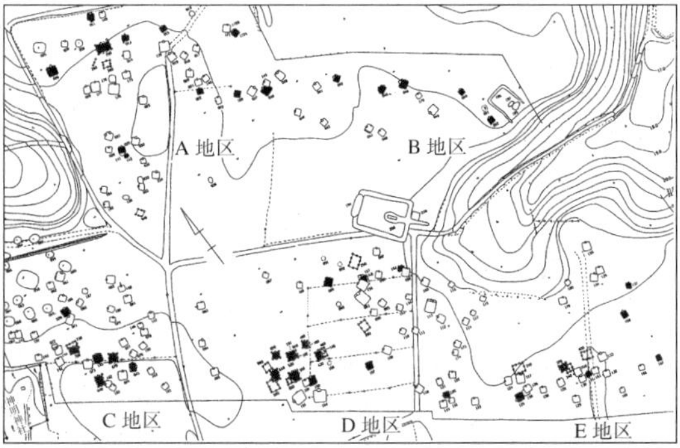

Ⅳ期

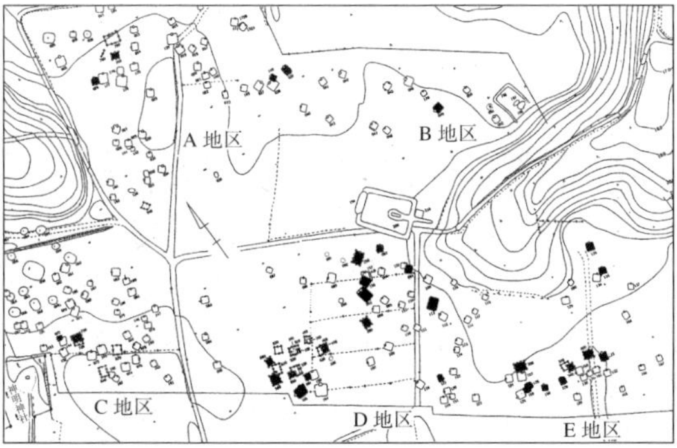

Ⅴ期

的作用”这样的学说显得十分有说服力（前引阿部义平论文）。

但是，历史上不仅有伴随着律令制的实施而诞生的聚落，还有很多自古坟时代[1]以来，或缓慢而连续，或时断时续形成并在大约10世纪时消失的聚落，例如东京都八王子市的中田遗迹。该遗迹早在古坟时代就呈现出了聚落的形态，及至奈良时代，又出现了四个住居遗迹群。其间，该聚落经历了若干次的形态变动，但都没有中断。然而到了10世纪，这里便不再有人居住过的痕迹（松村惠司《有关古代籍账与古代聚落的纪要》）。

因洪水而被废弃的村落

长野县更埴市的屋代遗迹也可作为一例。早在弥生时代[2]，这一地区的天然河堤上就形成了聚落，而河堤背后的湿地则被开垦成了水田。8世纪末，该聚落的规模越来越大。到了9世纪后半，这里甚至还形成了条里[3]区划。

然而就在条里工程实施后不久，千曲川爆发了大洪水。《日本纪略》仁和四年（888）五月八日条记载：“信浓国大

---

1 古坟时代，日本考古学上的时代划分，大致范围为4世纪至6世纪，因发现大量前方后圆的古坟得名。

2 弥生时代，日本考古学上的时代划分，大致范围为公元前3世纪至公元3世纪，因制作、使用弥生陶器得名。

3 条里，道路被区划为棋盘状，房屋汇聚成块状散布在耕地中。

水，山颓河溢。”更加详细的记载可见于《类聚三代格》卷十七收录的仁和四年五月二十八日诏书中：

> 今月八日，信浓国山颓河溢，唐突六郡，城庐拂地流漂，户口随波而没溺。百姓何辜，频罹此祸。

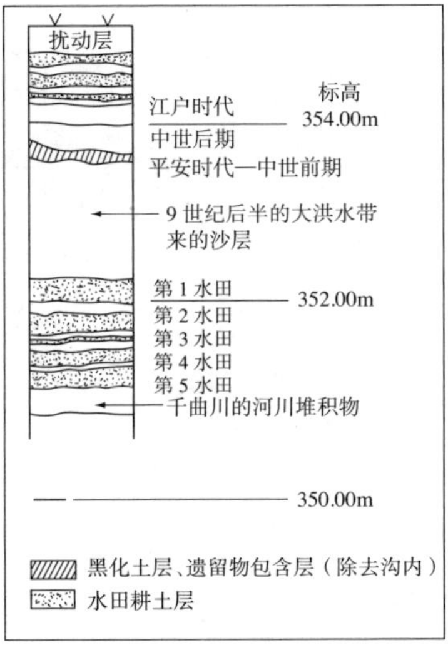

屋代遗迹群 6 区北壁水田地点柱状图

（出自《长野县屋代遗迹群出土木简》）

洪水过后，条里制下的水田耕地层被覆盖并被保存下来。经过一段时间的废弃，到了平安时代后期，这里的水田获得了再开发和利用。

实际上，在这次大洪水之前，该地区也曾多次遭遇洪水。据考古调查发现，7 世纪后半至此次大洪水期间，共覆盖有五层水田耕土层。也就是说，7 世纪到 9 世纪虽多次遭遇洪水，但都很快采取了修复措施。而在 9 世纪后半的大洪水之后，该地区却迟迟没有恢复的迹象。这到底是因为此次洪水规模太大，还是因为聚落的修复能力（应考虑到聚落背后的国家权力以及地方豪族的领导能力等因素）有限，原因已不得而知。总之，此次

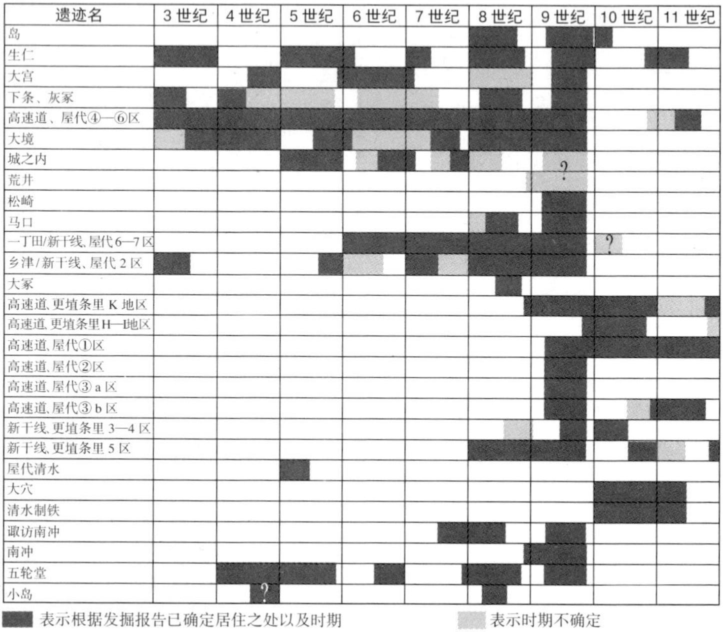

屋代遗迹群周边聚落的兴衰（出自寺内隆夫《信浓的古代与屋代遗迹群》）

自然灾害使该聚落消失了整整一个世纪之久。如本页图“屋代遗迹群周边聚落的兴衰”所示，从古坟时代一直存续下来的聚落因9世纪末的大洪水而遭废弃，而存续到10世纪以后的聚落则新形成于9世纪之时。

如此看来，由古坟时代前后延续下来的许多聚落都在10世纪时突然消失了。

早一百年消失的九州聚落

九州北部也可见到同样的例子。例如位于松浦川下游右岸的唐津市中原遗迹，大概由于松浦川产生的沙丘致使水流堵塞，田地逐渐演变成了湿地，因此到了9世纪，自奈良时代以来，人们一直经营的水田被菰所覆盖。另外，中原遗迹的不远处还有一座梅白遗迹，该遗迹从弥生时代至古坟时代同样经营着水田。然而在古坟时代，该水田被菰所覆盖。及至平安时代初期，水田彻底变成了湿地。尽管没有被完全废弃，但是9世纪时，这一带已经成了不适合耕作的土地，聚落也随之消失。

前文所举的事例都是遗迹的个体情况，下面笔者想将视野放宽，考察遗迹的整体倾向。此处以小田和利介绍的九州聚落遗迹（小田和利《从制盐土器看律令时期聚落的样貌》）为考察材料。

根据小田和利提供的数据，九州聚落大体可分为三类，分别为始于古坟时代后期（6世纪中叶），止于9世纪的聚落；仅存在于奈良时代的聚落；始于奈良时代并一直存续下去的聚落。其中，大部分聚落终结于9世纪初期。

这一结果与前述日本东部的情况稍有不同。同样是奈良时代，但九州的聚落要比日本东部聚落早一百年消失。这是为什么呢？

其一，较之日本东部，九州一带支撑律令制的基础率先瓦解。后文将要提到富豪浪人在畿内、九州地区尤为活跃，律令基础的瓦解或许与此有关。

其二,九州的治水灌溉技术更加先进，九州民众率先将湿田改造为干田，于是聚落移到了平原地区。

其三，弘仁年间风灾、水灾、饥荒频发，导致九州地区的聚落土崩瓦解。

以上三点即是笔者想到的原因。总之，九州的聚落形态在平安时代初期发生了巨大的变化。

畿内地区的聚落遗迹

那么，当时日本的政治中心——畿内地区的聚落又是怎样的情况呢？在此，笔者将介绍广濑和雄的研究成果（广濑和雄《畿内的古代聚落》)。

广濑和雄将畿内地区的古代聚落根据存续时间分成三种。第一种，存续约二百年，其中包括权贵人家的住所。第二种，存续约一百年，不包括权贵人家的住所。第三种，只存在五十年左右的短期聚落。存续时间较长的聚落中，大多数聚落始于6世纪末至7世纪初，止于9世纪。广濑和雄认为，在畿内地区，6世纪末至7世纪初是聚落重新编组的时期，从古坟时代一直存续下来的聚落在这一时期土崩瓦解。而8世纪末至9世纪之所以发生巨大变化，地形变动等因素固然不可忽视，但更重要的还是律令统治体系的变化。

以上笔者撷取了关于日本东部、九州、畿内地区古代聚落存续时间的研究成果。尽管这些聚落在某些方面存在差异，比如有些始于古坟时代，有些始于律令国家建立之后，再比如从整体来看，日本西部的聚落要比东部稍早一些消失，不过这些聚落都有一个共同点，那就是它们大都消失在9世纪至10世纪之间。反过来说，大多数存续到中世的聚落，实际上都经历了若干空白期，直到平安时代后期（11世纪）才真正开始得以建造。而平安时代后期也正好是庄园公领制[1]这一全新制度诞生的时期。这一点正巧与聚落的复兴和全新发展形成呼应。

备中地区迩磨乡的惨状

从某种程度来看，以下文献史料恰好与上述现象形成呼应。延喜十四年（914），三善清行在《意见封事十二条》的序文中，记录了备中地区下道郡迩磨乡的情况：

> 臣去宽平五年（893）任备中介。彼国下道郡有迩磨乡。爰见彼国风土记，皇极天皇（实际上是齐明天皇）六年，大唐将军苏定方，率新罗军伐百济。百济遣使乞救。天皇行幸筑紫，将出救兵。时天智天皇为皇太子，摄政从

1 庄园公领制，指庄园与公领各自分立的土地制度。庄园是上皇、摄关家、寺院、神社等权门势家私有的土地，公领是国司（受领）所统辖的土地。

行，路宿下道郡。见一乡户邑甚盛，天皇下诏，试征此乡军士。即得胜兵二万人。天皇大悦，名此邑曰二万乡。后改曰迩磨乡。（中略）而天平神护年中，右大臣吉备朝臣，以大臣兼本郡大领。试计此乡户口，才有课丁千九百余人。贞观初，故民部卿藤原保则朝臣，为彼国介时，见旧记此乡有二万兵士之文。计大账之次，阅其课丁，有七十余人。清行到任，又阅此乡户口，有老丁二人、正丁四人、中男三人。去延喜十一年（911），彼国介藤原公利，任满归都。清行问迩磨乡户口当今几何？公利答曰，无有一人。

此文有一定夸张的部分，这是三善清行惯用的修辞手法，故不宜全信。譬如，一个乡实际只有一千多人，即便征召所有成年男性，也不过二百余人。因此一乡"得胜兵二万人"的说法，只不过是此地地名由来的传说罢了（日语中"迩磨"与"二万"发音相近）。另外，吉备真备担任大领时的数字——"千九百余人"——也很奇怪。不要说是课丁数，即便是户数也未免太多了。

下一章笔者将介绍10世纪丹波国的庸调征收情况，届时将会说到，10世纪以后，控制人口流动的口分田，其分配被记录在了账簿上。也就是说，上文中藤原保则于贞观初年所调查的数字是有记录的。另一方面，自《意见封事十二条》以后，整个平安时代的史料中均不见迩磨乡之记载。直至镰仓时代后期，才以“二万乡”之称再次出现。因此，三善清行所说的迩磨乡课丁数在9世纪时锐减，并非没有可能。

气候、环境的变动

如果人口锐减的说法成立，那么首要原因理应是由恶劣气候等天灾所引发、继而因朝廷决策失误等人祸加剧的饥荒。以通史的眼光来看，本书所对应的时代有怎样的气候特征呢?

8世纪末至11世纪末，全球海平面普遍上升，日本有人称其为“平安海进”。海平面上升的原因是两极、山岳等处冰川的融化，而冰川融化的原因则是气温的上升。在日本的平安时代，全球气候均呈现温暖化趋势。

海平面上升，地下水位也会随之上升。地下水位上升，低洼地带的水田排水情况就会恶化，影响收成。与此同时，湿地面积也普遍增大。可以想象，自古以来的居住环境在此时发生了变化。

如第78页图表所示，9世纪下半叶，日本列岛气温骤降。进入10世纪以后，气温相对凉爽。也就是说，在本书所讨论的时期内，前半段气温相对较高，之后出现气候异常，呈现低温化趋势。这对于已经适应了温暖气候并以此为前提从事水稻栽培的农民来说阻碍不小。如果仍然按照以往习惯耕作，庄稼必然会歉收。

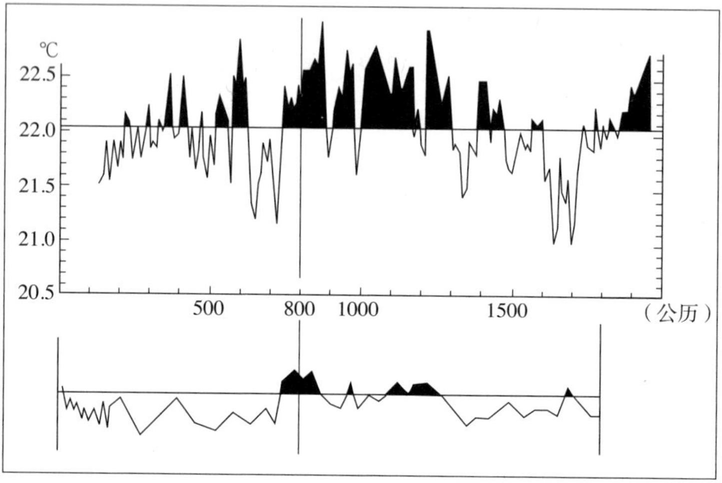

信史时代的气温变化

出自高桥学《古代庄园图与自然环境》（收录自金田章裕等《日本古代庄园图》，东京大学出版会，1996 年），有改动

上图是北川浩之根据屋久杉（生于鹿儿岛县屋久岛的杉树）年轮的碳同位素比值分析、推断出的结果

下图是阪口丰根据尾濑原（本州岛最大的沼泽地）泥炭层中的花粉分析、推断出的结果

另一方面，有数据表明 9 世纪至 11 世纪前半是气候湿润期（福泽仁之等《通过水月湖细粒堆积物确认的两千年间的风成尘、海水准、降水变动情况》），因此本书所对应的时期降水量很大。而且与前后时期相比，古坟时代后期至 10 世纪前半平原起伏很少。在这些有利条件下，基于条里分割田地变得容易，但反过来说，这也容易导致洪水泛滥（高桥学《古代庄园图与自然环境》）。

在《三代实录》中，9 世纪后半是洪水频发期。这不单是因为《三代实录》比其他国史更加详细，当时的气候和地形变动所引发的自然灾害也的确较多。如本章开篇所言，古代聚落没能存续至 10 世纪的原因之一，就是自然环境的变化。

第二节　郡司的变化与郡衙的消失

土地集中到权势手中

前文考察了聚落景观的变化。不过，即便聚落、耕地的景观不发生变化，聚落、耕地与人的所有关系也会发生变化。近江国（今滋贺县）爱智郡大国乡的“卖券”就是一例。幸得东大寺文书记录，“卖券”才为世人所知。

“卖券”是买卖田地、宅地时，写明所有权的转移，由卖方交由买方的权利证明。土地多次转卖时，此前所有的卖券都要贴在新制作的卖券上，交给新的买主。

现存的大国乡卖券基本上都是 9 世纪制作的。卖券要记录买卖契机，而该乡卖券上所记录的大多都是“未缴纳正税等税，因而买卖土地”（直木孝次郎《正税与土地的买卖》）。到了这一时期，租税不可再用除稻谷以外的物品代替缴纳。一旦缴不上税，就只能用土地（开垦荒地得来的垦田）来抵押。土地的买主从姓氏来看似乎均为本地人，但从卖券大量保存在东大寺这一情况来看，东大寺似乎才是这些卖券真正的所有人。也就是说，官方越施加征税压力，土地就越会集中到东大寺手中。

土地因相同原因流入权势之手的事例，早在8世纪末就已有出现。例如备前国（今冈山县）津高郡津高乡，许多人迫于催缴压力，将土地卖给唐招提寺，以此方式完成纳税义务（原秀三郎《庄园形成过程的一个片段》）。

不过，垦田即便收归东大寺、唐招提寺所有，也不能“不输租”（免除租税），因此各地税收实际上并未减少。只不过问题在于，大寺院一旦成为土地所有者，征税便会变得十分困难。这从上一章结尾部分介绍的抗税行为便可见一斑。而征税一方为眼下的征税定额所迫，只能挖自己的墙脚、给将来留下一堆烂摊子。

当然，不只大寺院才兼并土地。由于东大寺、唐招提寺及其文书有幸留存，因此我们才得以一窥当时土地的集中状况。实际上，贵族兼并土地的程度丝毫不逊于大寺院，这一点我们从频繁下发的禁令中即可窥见。

富豪阶层的出现

征税一方采取强硬的征税手段，也有其相应的理由。如上一章结尾部分所言，9世纪末，有人借贵族之威对抗国司、郡司，还有人寄生于征税程序，做居中代缴的生意。这些人之中的大多数通过“营田”（大规模田地经营）和私出举（私营高利贷）以肥私财。而且营田有时还不是他们自己的田。宽平六年（894）二月二十三日官符（《类聚三代格》卷十四）引用纪伊国解所述，有人以强硬手段从贫民的口分田中“借”来良田耕种。这样的事情之所以发生，原因就在于无底洞般的借贷关系（私出举），致使无可奈何的贫民只能交出自己的口分田。也就是说，私出举和营田是相辅相成的。

而此种状况也正是律令体制崩坏的罪魁祸首。户田芳实用学术用语“富豪阶层”来称呼这些人。时至今日，户田芳实的论点大体上仍未过时。只不过，户田芳实在强调富豪阶层中的富豪浪人（户田芳实《平安初期的国衙与富豪阶层》）时，也将郡司等体制内的人归到了富豪阶层，认为他们也在律令体制崩坏的过程中起到了推波助澜的作用（户田芳实《郡司级土豪的土地所有形态》）。但笔者认为，这一看法值得商榷。

不可否认的是，郡司之中的确有不少人通过救济贫民、向国家进献私财，获封位阶、蓄积资产，这种情况在8世纪后半的东国尤为常见。《日本灵异记》下卷第二十六话记载了一则发生在宝龟七年（776）的故事：

> 田中真人广虫女，赞岐国美贵郡大领、外从六位上小屋县主宫手之妻，生有八子，富贵多宝，有马牛、奴婢、稻、钱、田地等。然而为人无道心，悭吝不曾给予。酒里多加水，卖货要高价。贷出用小升，讨要用大升。出举用小斤（秤），偿收用大斤。强征利息，甚是非理，或征十倍，或征百倍。

故事的最后，女子按照因果报应故事常有的套路变成了一头牛。至于其中的姓名、年龄是否可信，早已不得而知。不过在奈良时代末期，一名郡司的妻子做出上述事情，似乎并没什么奇怪。富裕的郡司以财生财、越来越富也是常有的事。

郡司与律令制

我们尤其需要注意9世纪时郡司的处境。如上一章谈到各项税制时所言，律令国家将国造换成了郡司，让郡司继承国造的大部分服属仪礼，以此平稳过渡到律令体制。然而，当中央朝廷以统一的原则覆盖整个国家、通过编制籍账来掌控民众时，郡司级别的地方权势便无法再像国造那样随意支配百姓，扩张自己的势力。但是反过来，也可以说郡司有了一种更易于掌控现状的手段，即只要听从国司的安排，其后便可以随意居中牟利。另一方面，各郡民众还存在一种倾向，他们只认世代承袭郡司之职的门第，若非该门第郡司下发的指令，他们便不予承认（弘仁八年［811］二月二十日诏，《类聚三代格》卷七）。郡司统治郡内，靠的就是人际关系。因此对于郡司而言，律令体制就是人际关系的体制。这样看来，9世纪籍账制度的崩坏，让郡司失去了律令制给他们带来的好处，而郡司制度的动摇也加速了籍账制度的瓦解。

另一方面，逃脱籍账束缚、不领取口分田、活用自身资产经营广袤垦田和赁租田的富豪浪人同样值得关注。此外，脱离征税体制的“秩满解任”之人（国司任期结束后仍然留在当地的人）、王公贵族的后代，以及上一章提到的狐假虎威的六卫府舍人等，也很值得关注。

这些人无视国司、郡司，肆意妄为，“威陵百姓，妨夺农业”（延历十六年［797］四月二十九日官符，《类聚三代格》卷十二），“凌轹百姓，夺佃粮”（《三代实录》元庆五年［881］三月十四日条），甚至“任意打损郡司、百姓”（《续日本后纪》承和九年［842］八月二十九日条），“无畏国吏（国司及其使者）之威势，不遵郡司之差科（征发）”（贞观二年［860］九月二十日官符，《类聚三代格》卷二十）。官员前来征税时，这些人“对捍国宰，凌冤郡司。租税多逋，调庸阙贡，职此之由”（《三代实录》元庆八年［884］八月四日条），以致“租税专当、调纲郡司，惮彼威猛，不纳物实”（前章所引昌泰四年［901］官符）。当然，这些人大多有着说不清楚的背景和靠山。“既然如此，自己干脆也无视国司，投靠所谓的靠山即可。”这就是9世纪中叶以后郡司的处境。

拟任郡司的出现

律令规定的郡司分为大领、少领、主政、主账四个等级。即便根据各郡规模的不同，有时未必严格遵照这一规定，但至少各郡基本上都采取了上下级的官僚组织形式。

可是，这种单纯的组织结构无法很好地处理郡务。史料显示，早在8世纪就出现了专管某个税目的国司和郡司（泉谷康夫《税目分类专当制》）。到了9世纪，这种按不同税目分担郡务的体制得到了进一步的发展。为了支撑这一体制，国家任用了超过定员人数的郡司。这就是所谓“拟任郡司”。

拟任郡司制度虽然早在8世纪就已经出现，但是其前后本质却有很大的不同。最初的拟任郡司是指在现任郡司死亡或被解任的情况下，由国司选定并上报给中央的郡司候选人。从中央面试到正式任命，郡司候选人至少要等半年的时间。不过在这期间，郡司候选人仍需实际处理郡务。在这种情况下，郡司候选人即被称为“拟任郡司”。

然而到了弘仁三年（812），国司的推举权得到强化，地方层面的选定基本上就等于最终任命（弘仁三年八月五日官符，《类聚三代格》卷七）。紧接着弘仁十三年，各地甚至可以临时任用多名郡司候选人（弘仁十三年十二月十八日官奏，《类聚三代格》卷七）。此后，“拟任郡司”的含义就变成了“由国司临时任用之人”。从国司的立场看，拟任郡司制度就是增加郡司的定员人数，以及扩大郡司阶层的制度（参见第86—87页图“越中国砺波郡郡司补任情况”）。恰好同一时期因为国司长官转变为受领，任用国司的权限下降，这一变化就弥补了这种情况。而国司的行政职能，则向着担任拟任郡司等地方豪强的方向发展（山口英男《郡领的选拟及其变迁》《平安时代的国衙与在地势力》）。作为庸调、租税的具体负责人（称“预”“纲领”“专当”等），拟任郡司按照不同税目分掌郡务（松冈久人《乡司的形成》）。

《续日本后纪》承和元年（834）十一月二十三日条记载：

> 佐渡国言，国例，每郡郡司一人，专当贡赋。冬中勘备，夏月上道。

如上所示，专当郡司须在冬天备好庸调物，并将其准确无误地送往指定地点。上一章谈到，庸调最初是国造表示服属的证明，而郡司虽仿制于国造，但却并非国造，不过在很大程度上郡司可以被理解为“国造的后身”。既然如此，郡

年月日	上栏	第一阴影栏	第二阴影栏	下栏	出处
仁寿二·十一·七（八五二）		大初下 （转）中臣御成		大初下 春米吉长	交替记
齐衡二·六·二十九（八五五）		外从八上 利波臣氏良 外少初下 中臣御成			交替记
（ ）			正八下 利波臣广松		系图
贞观四·八·一（八六二）	外正八上 利波臣氏良	从八上 利波臣安直			交替记
贞观五·四·三十（八六三）		外大初下 （转）品治部稻积	飞鸟户造贞门		交替记
贞观六·七·八（八六四）		大初下 （转）品治部稻积	飞鸟户造今贞		交替记
（ ）				外从八下 利波臣望真	系图
元庆二·三·三（八七八）		外大初下 品治部鸭雄	白丁 飞鸟户造贞氏		交替记
元庆七·三·十九（八八三）		从七上 穗积谷守	从八上 利波臣氏高		交替记
宽平三·三·二十九（八九一）		正六上 秦忌寸常冈			交替记
宽平九·八·五（八九七）		正八下 飞鸟户造春宝	无位 物部连茂生 无位 粟田时世		交替记
延喜十·七·九（九一〇）		从八上 飞鸟户造嘉树 从八上 射水臣常行	从八上 利波臣春生		交替记
延喜十·十·十五（九一〇）		从八上 射水臣常行	从八上 利波臣保影		交替记
（ ）		正八上 利波臣丰高			系图

← 表示同一人物 ------ 表示父子关系

出处简称："系图"=《越中国石黑氏系图》"交替记"=《越中国官仓纳谷交替记》
"地图"= 井山村、伊加留岐村垦田地图

年月日	大领	拟大领	少领	拟少领	主政	拟主政	主账	拟主账	出典
（ ）	外从七上 利波臣千代								（系图）
天平胜宝二·二·十八（七五〇）							多治比部北理		万叶集
天平胜宝三·六·二十七（七五一）			外从八下 利波臣虫足				外大初下 蝮部北理		交替记
天平宝字元·十二·四（七五七）			外从八下 利波臣虫足		外大初上 蝮部北理				交替记
（ ）					外从八下 利波臣庭麿				（系图）
神护景云元·十一·十六（七六七）								（副拟主账）蝮部公诸木	地图
宝龟二·七·二十二（七七一）	外正八下 利波真公								交替记
（ ）	外正六上 利波臣真公								（系图）
延历三·六·二十二（七八四）		从七上 利波臣大田							交替记
延历十·六·六（七九一）		正六上 利波臣大田							交替记
大同二·九·十四（八〇七）		从八下 利波臣田人		利波臣丰成					交替记
大同二·九·十四（八〇七）		从八上 利波臣田人		利波臣丰成					交替记
大同三·七·四（八〇八）		利波臣丰成				中臣家成			交替记
弘仁九·十·十五（八一八）			外少初下 利波臣丰成		外从八下 飞鸟户造有成				交替记
天长四·十一·二十一（八二七）				从八上 （副）飞鸟户造浦丸		中臣家成 利波宫成		秦人部古绵	交替记
天长七·八·三（八三〇）		外正八下利波臣甥丸（麿）		少初下 （转）秦人部益继					交替记
承和十三·九·二（八四六）			外从八下 利波臣奥继		外少初下 中臣御成				交替记

越中国砺波郡郡司补任情况

（出自田岛公《越中国砺波郡东大寺领庄园图》）该郡原来的郡领（大领、少领）氏族都出自于《古事记》中可以见到的砺波臣一族。砺波臣一族出身的郡领虽然一直持续到 10 世纪，但在 9 世纪中叶以后，他们基本上都已不是正式的郡领，而成为“拟任郡司”（拟大领、拟少领）。此外，在“拟任郡司”之中，也出现了大量砺波臣一族以外的氏族司自然有义务将国司的庸调送往京城，甚至还要承担征收和清偿的责任。这一现象在奈良时代之所以没有引起广泛关注，只不过是因为郡内统治较为稳定罢了。

仅仅一百年前，有人为了当上郡司不惜纵火烧仓。然而如今，郡司不但要承受来自国司和中央朝廷的压力，还要在郡内忍受富豪浪人的胡作非为，并亲眼见证自身所依赖的基础——籍账制度的瓦解。在这种情况下，郡司终于变成了一份无人愿当的苦差事（元庆三年［879］九月四日官符，《类聚三代格》卷七）。

郡衙的消失

由上述可知，到了9世纪中叶，律令制下的郡司制度不得不从根本上加以改变。如后文所述，9世纪末至10世纪，郡司制度又进一步发生变化，其中的一个变化即为郡衙（又称"郡家"）的衰退和消失。

郡衙是郡的行政中心，由郡司执行政务、举行仪式的郡厅，以及附属的馆、厨家、正仓、工房等构成。不过地区不同，郡衙的组织结构和建筑配置也各不相同。如第289页图"郡衙的存续时间"所示，10世纪以后，几乎所有的郡衙都无法确认是否仍然存在。也可以说，郡衙在这段时期逐渐衰退乃至消失（山中敏史《古代地方官衙的形成与发展》）。换言

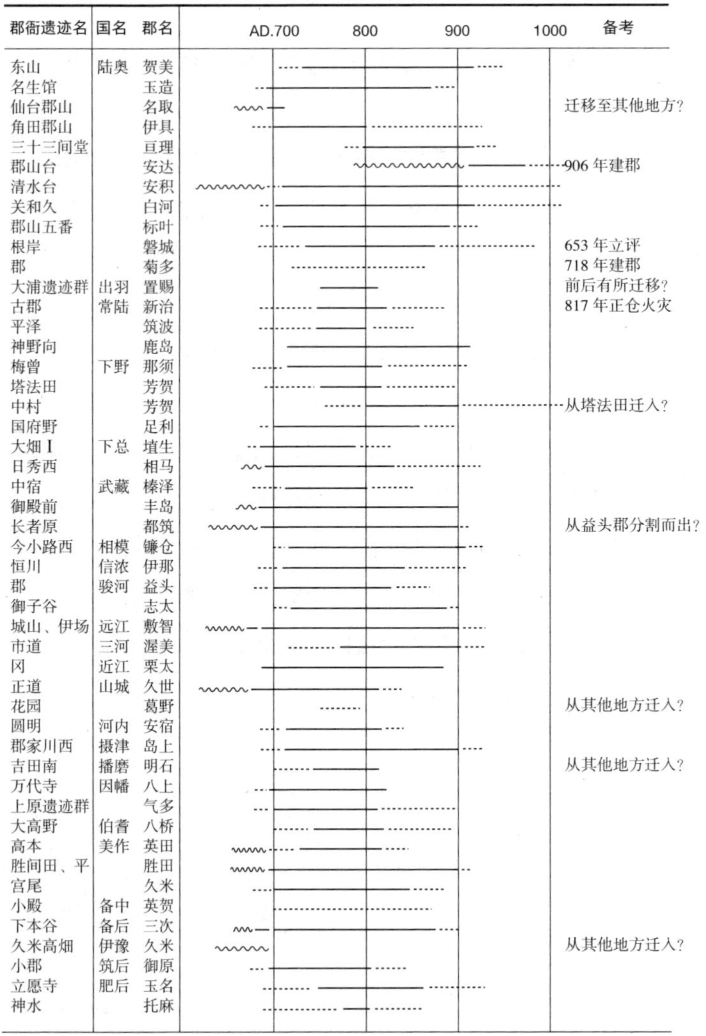

……… 表示不确定是否存在 〰 表示其性质与郡衙不同

郡衙的存续时间（出自山中敏史《古代地方官衙的形成与发展》）

之，9 世纪后半至 10 世纪，律令国家统治地方的基干——郡衙已不成体系。

尤其需要注意的是附属于郡衙的正仓的消失，这如实地体现了当时地方财政的状况。如上一章所述，本稻本身以及储存本稻的必要性已经消失，征上来的稻谷直接被中央调走。在这种状况下，仓库群也失去了存在的必要。

不仅如此，郡厅原本是郡司执行政务、迎接新国司上任或国司定期巡察时举办仪式的场所。郡厅的消失，正反映了郡司权威的衰退。8 世纪时，郡司由国造后裔担任或仿制于国造。如果将这一点与郡司权威的衰退联系起来考虑，可以说郡司在本书对应时期内所发生的变化，恰好反映了古代地域社会秩序的巨变。因此，我们不仅要考虑自然环境的变化，还要考虑到地域社会秩序的变化，这样才能说清楚本章开篇所提到的古代聚落如何消亡的问题。

第九章

受领与负名

第一节 | **受领的诞生**

财源困难的原因

随着地域社会和郡司发生变化，律令制下的国司也在同一时期产生巨变，财政问题便是变化的背景之一。

9世纪，朝廷最大的问题归根结底是财源问题。三善清行曾在《意见封事十二条》中喟叹：天下之富，奈良时代建造佛寺用去五成，桓武朝建造宫都用去三成，仁明朝之奢靡用去一成，贞观年间修复应天门等消耗剩余大半。

不过，就算百姓也能看出，财源不足的原因不仅在于大兴土木及军费开销。虽然也需考虑临时性支出的因素，但日常支出过多才是财源不足真正的原因所在。其中占比最大的当属人事费用。

如第七章第244页图“律令制下的租税贡物及其用途”所示，庸调还被用于支付官僚俸禄。土田直镇曾对官吏人数的变化做过仔细计算：奈良时代初期至天平年间前半，除郡司外五位以上的官吏大概有一百数十人，然而从天平年间中期开始，官吏人数则维持在两百人以上，称德朝更是突破三百人大关，并一直往后延续。到了仁寿、齐衡、天安年间的9世纪后半，官员人数已逼近四百人（土田直镇《关于奈良时代律令官制衰退的研究》)。这还仅是五位以上的官吏，如果算上五位以下的官吏，位禄、季禄等人事费用将会巨大到难以想象。

此外，官吏不仅人数有所增加，高官之位也愈发充实。例如奈良时代至平安时代初期，大臣常常只设一位（左大臣或右大臣）。然而大致从仁明朝开始，只有一位大臣反而成了稀罕事。官僚就像得了“大臣病[1]”一样，认为既然制度上设置了左右大臣，那么实际上也要任命两名大臣。大纳言及以下官位亦是如此。

除了官僚，支付给皇亲国戚的费用也不可小觑。桓武天皇的子女中有三位天皇、十一位亲王、十九位内亲王、两位臣子。嵯峨天皇的子女除了仁明天皇外，还有四位亲王、十二位内亲王、一位王、三十二位降为臣籍的源氏子女（《本朝皇胤绍运录》)。只要是亲王，就要为其提供大纳言或中纳言级别的待遇。这样看来，嵯峨天皇将许多子女降为臣籍、使其不再仰赖国家财政，实属明智之举。可即便如此，皇室子女所需消耗的费用仍然十分巨大。

第二章谈到，为了凸显皇太子的地位，其封户由一千变为两千，这一笔支出也相当巨大。顺便一提，当时的太政大臣和太上天皇封户三千，左右大臣与皇后、皇太子同为两千，大纳言与一品亲王同为八百（《新抄格敕符抄》)。以下官员则暂且不提。总之，臣子除位阶外，还可获得与之相符的位封（封户）。

---

1 大臣病，日本政界用语，指执政党国会议员执着于国务大臣的职位。

封户两千是什么概念呢？简单来说，五十户为一乡，两千户就是四十乡。四十乡比加贺国、越后国的总乡数还多，大致与越中国（今富山县）相当。整整一国的年租庸调都要悉数交与皇太子或左右大臣，在这样的情况下，国家财政不可能不吃紧。如此一来，无论怎么缩减看似抢眼的营建费和军费，律令国家都无法改变财政困难的事实。这一点，朝廷自然也是心知肚明。因此，每当爆发天灾，朝廷都会削减包括天皇在内的各项经费，要求高官退还俸禄。

此外，庸调的实际征收量也在此时有所缩水。至于原因，本书第七章已有所涉及。

专当国司制和连带责任制

朝廷自然不能容忍庸调缩水。9 世纪，朝廷对国司恩威并施，不断完善庸调的征收程序。10 世纪，朝廷的努力终于换回了成果，朝廷已经可以从国司手中得到预期的收益。下面我们就来追溯一下朝廷“奋斗”的历程。

虽说最终都是没有按照预期（规定）向中央朝廷进献庸调，但细分却可以分为粗恶、违期、未进三种情况。粗恶是指庸调质量粗劣；违期是指没有在规定期限内按时进献庸调（规定期限由国之远近决定）；未进则是指最终没有进献庸调。对此，朝廷主要有两个方面的对策，一是处罚违规者，二是制定补救措施，确保最终能收到规定的庸调。

宝龟六年（775）六月二十七日，朝廷命令国司进献庸调时，派“目”（国司四等官）以上官员一人以“专当国司”身份进京（《类聚三代格》卷十二）。这是朝廷在庸调问题上下发的首例正式命令。到了天应元年（781）八月二十八日，格规定，国司须事先提交专当国司的人选名单（《类聚三代格》卷十二）。由此可见，中央朝廷将专当国司当成了进献（缴纳）庸调的直接责任人，而非各地百姓（原田重《关于国司连座制变质的一点考察》）。

不过此处又出现了一个问题，即国司实行的是四等官制，由守、介、掾、目组成，四个等级的官员实行连带责任制，称“公坐相连”。在公务上，若有官员存在过失，则直接责任人受最重处罚，与此相关的官员亦需按比例接受处罚。这种依次递减的处罚制度名为“节级连坐”。但是在征税问题上，一旦出现违期、未进等情况，“国郡以长官为首，佐职（次官以下）节级连坐”（《户婚律》“输课税物违期条”），即最高长官“守”要负最大责任，其以下各级官员所负之责依次递减。

对于违反庸调规定的惩罚

可是如果严格执行上述规定，专当国司制又会与连带责任制产生不可调和的矛盾，事实上也的确发生过类似的情况。

延历四年（785）五月二十四日朝廷制定严格规定，若进献粗恶品，将解除专当国司职务，永不任用；其他国司节级连坐；解除负责运输的直接责任人（称“纲领郡司”）职务，子孙永不任用（《续日本纪》）。可这样一来，进京的专当国司将陷入与中央朝廷的斡旋和纠缠之中，最终被所在国的同僚当作替罪羊抛弃。于是，延历八年五月十五日官符修改规定，若有未进，不仅专当国司，其他国司也将被剥夺公廨[1]（《延历交替式》）。这一做法虽然严厉，但它实际上把惩罚手段和补救措施混为一谈了。因而延历十四年七月二十七日官符再次修改规定，若有未进，史生以上国司应按照公廨的领取比例补足未进部分（《延历交替式》）。史生虽位于国司四等官之下，但与四等官一样，由中央委派，参与公廨分配，因此自奈良时代起与国司的等同视之。说白了，这一命令就是让全体国司承担责任，按级别补足未进部分。

之后的大同二年（807）十二月二十九日又规定，若有庸调粗恶、违期、未进等情况，将以守为首实行节级连坐，用国司的公廨补足未进部分（《类聚三代格》卷八）。这实际上又回归到了《户婚律》的规定。在庸调粗恶方面，贞观六年（864）八月九日，朝廷再次重申了大同二年的规定，即《户婚律》的规定（《三代实录》），之后便未再颁布法令；在庸调违期方面，

1 官方利用公廨稻出举赚得利稻，其中一部分用于国衙财政，剩余部分根据国司级别分配下去，这一部分也称“公廨”，是地方官僚薪俸的一种形式。

大同二年以后基本不再采取实际措施，只在形式上继续实行以守为首犯的节级连坐制。这是因为在庸调未进成风的情况下，处罚庸调粗恶、违期也没有了意义。因此延喜、延长年间以后，中央朝廷只发布了一些徒有形式的劝诫式命令；在庸调未进方面，承和年间以后未再发布处罚命令（以上内容重点参见长山泰孝《庸调违反与对国司策》）。

这样看来，9 世纪末至 10 世纪的中央朝廷似乎已对庸调问题失去了信心，只发布了一些没有实际效果的训诫式命令，或是形而上的、充满理想主义的复古式法令。然而，事实却并非如此。实际上，9 世纪朝廷已创造了一种理想的环境。在这种环境下，朝廷只需用训诫式的命令便足以震慑地方，因而无须采取实际的惩罚措施。朝廷所使用的办法简单来说，就是以不断完善的解由制度为工具，扼住国司的要害。至于朝廷如何创造该环境，这一问题还需从朝廷补足未进部分的措施说起。

补足庸调未进部分

在处罚措施上，中央朝廷摇摆于专当原则和节级连坐原则之间。但在补救措施上，中央朝廷似乎认为延历十四年（795）的官符规定最为合理，因此朝廷基本沿用了以守为首的国司连带责任制。可是话又说回来，公廨稻出举原本是作为本稻公出举的一种补充形式而设立的（早川庄八《公廨稻制度的形成》)，因此要说公廨稻出举能填补庸调未进的部分，实在是有扩大解释之嫌。

需要注意的是，此处所说的“补足”是指国司换任之际，前任国司留下的庸调亏空需由其同僚以及后任国司补足。这是因为在人们当时的观念中，庸调未进之责任在于国司，进言之，在于整个国。到了承和十三年（846)，历年累积下的庸调未进之数额已达十分庞大的程度。于是朝廷在同年八月十七日出台法律，规定每任国司每年需补足积累未进之额的十分之一(《类聚三代格》卷八)。

结果，原本雄心壮志的新任国司被数额庞大的未进庸调压垮，到头来每任国司都不再主动补足未进部分了。

藤原保则的解状

经过长时间在未进责任问题上的摸索和试错，朝廷终于在仁和四年（888）七月二十三日下发官符(《类聚三代格》卷五)，迈出决定性的一步。该法令以藤原保则的解状（上奏文）为蓝本，规定历年累积下来的未进部分暂且搁置，每任国司只需保证本人任期内不出现未进即可。若出现未进，太政官将不受理国司解由（后任国司交与前任国司、证明交接完毕的文书)。解由不被受理，就意味没有完成交接，无法转任下一官职。如前所述，庸调未进乃国之责任。国司换任时，未进部分应由前任国司尚且在任的同僚以及后任国司补足。而仁和四年的官符彻底改变了这一规定，使进献庸调与解由联系在了一起。

与解由挂钩，就是与国司换任时的审查挂钩。只要庸调没有送往京城，那就只有两个可能，即要么庸调在国司、郡司手中，要么国司、郡司懈怠，尚未征收庸调。无论哪种情况，庸调无疑都在地方各国。而解由原本就是国司换任之际清点“留国官物”（各国资产）的凭证。因此这一做法实际上就是将庸调的未进部分视为“留国官物”。

仁和四年朝廷确立了只需缴清任期内庸调的原则之后，又针对历年累积下来的未进部分，采取了新的对策。如前所述，此前的规定是后任国司必须补足累积未进部分的十分之一。可是，即便是这十分之一，也要比正常一年的庸调还多，新任国司承担的压力无比巨大。有鉴于此，朝廷修改规定，国司可在其他方面另外征收每年庸调的十分之一（即征收 110% 的庸调），以此来填补历年未进部分的窟窿（宽平五年［893］五月十七日官符，《类聚三代格》卷八）。可以说，该规定在一定程度上激发了新任国司的积极性。

受领的诞生

宽平八年（896）六月二十八日的官符做出规定，任期内没有拿到“调庸总（惣）返抄”的国司长官，其解由将不予受理（《类聚三代格》卷五）。调庸总返抄大概是各国向中央诸司、诸家进献物品（除杂米、杂谷以外）的返抄（进献完毕证明）。只有缴清任期内（因进献时间特殊，因此此处所说的“任期内”包括前任卸任当年以及本人在任的三年）应该进献的所有物品，国司长官（称“国守”）才能拿到调庸总返抄。没有调庸总返抄，太政官便不受理国守的解由。

其后宽平九年（897）四月十九日的官符明确指出，若存在庸调未进的情况，对中央朝廷负责的责任主体仅为国司长官，介以下官吏（称“佐职”）只需各自对国司长官负责。具体如何负责，中央不予干涉。此即“不取返抄、不勘公文，则怠在长官，责非任用故也。立此一例，以明受领、任用之别”（《类聚三代格》卷五）。也就是说，朝廷将上述问题简化为：当国司没有拿到证明、被认定为没有进献庸调时，填补亏空的责任全归于国守一人。如此一来，对中央朝廷承担进献责任的“受领”便诞生了（以上内容重点参见北条秀树《从文书行政看国司受领化》）。

征物使的出现

当统治地方的人物由国司变为受领时，位居其下、实际处理国务的官员也不得不重新整编。

平安时代初期，将庸调运往指定地点的纲领郡司也可以领取进献收据，不过前提是其需缴清全部庸调。缴清庸调本身已十分困难，而且纲领郡司每次只能运送一定数量的庸调，因此要想缴清全部庸调不知得花多少年。所以在纲领郡司的要求下，朝廷于天长三年（826）五月二十五日、承和十年（843）三月十五日下发官符（《类聚三代格》卷十八），规定诸司、诸家接收庸调时，必须提供收据，由名为“主计寮”的机构统一监督。诸司、诸家不再具有直接监督权。

对此，诸司、诸家为了先于其他官厅、势家领收庸调，明知不可为而为之，派遣私人使者“征物使”到运输途中等待纲领郡司，或干脆前往各国，以武力和威慑力确保庸调率先运到自己手中。

受制于征物使的主要地区为畿内及京城周边诸国。不过伊豫、土佐等偏远地区的庸调在运送时，也时常会受到征物使的侵扰（宽平三年［891］五月二十九日官符，《类聚三代格》卷十九）。总之，院宫王臣家以及各寺院、神社无视法令的行径已经演变成了全国性的问题。至于诸司为何会给人一种较为温和的印象，如第五章所言，那是因为元庆年间官田被诸司瓜分，既然确保了财源，诸司的吃相也就不会那么难看了。

受领确立地方统治地位

仁和四年（888），在藤原保则的建议下，国司（受领）只需进献任期内的庸调。然而没想到的是，征物使无视法令的行径又带来了新的问题。为了改变这一局面，国司（受领）彻底摒弃此前的观念，以全新的对策应对现实。国司（受领）将征物使等王公大臣的手下以及自称六卫府舍人的诸司手下招入麾下，将其任命为上一章所介绍的拟任郡司，命其在当地征收庸调，并赋予他们专当郡司的身份，令其负责将庸调运往京城。如果国司（受领）再顺势将反抗国司、郡司的富豪浪人收编，任命他们为庸调运送人（称“纲丁”），那么一切问题便可迎刃而解（宽平七年［895］九月二十七日官符，《类聚三代格》卷十九）。

这的确是一步好棋。将肆意闯入他国、扰乱领地、胡乱指认自家财产、抢夺庸调及其他物品之辈，任命为征收、运输、进献庸调的责任人。这样一来，国司完全可以说，被这些人抢走的庸调就是原本要进献的庸调。反过来，一旦庸调没有按时按量进献以拿到上缴收据，国司也可以以此为由将这些人解职，并没收他们的财产（宽平二年六月十九日官符，《类聚三代格》卷七、北条秀树《关于平安前期征税机构的一项考察》）。这一做法实际上类同于返举、里仓的做法。毕竟都是同一时代、同一立场、同一处境下的国司（受领）所想出来的办法。不过前后转变之巨大，实在令人咂舌。

被收编之人虽然同样是在催缴庸调，但这一次他们明显底气不足。因为事情一旦办砸，他们自己便会破产。于是，有些人想出一个办法，那就是在被任命为拟任郡司时，他们竭尽全力在国内以合法手段强取豪夺，之后再想方设法到别国担任国司的下级官员或亲王家司，以此逃避国司追究。对此，国司诉诸朝廷，成功使朝廷下发了禁止拟任郡司转任的命令（宽平五年［893］十一月二十一日官符，《类聚三代格》卷七）。延喜二年（902）四月十一日，朝廷规定，对于那些居住在地方诸国，持有巨额财产，顶着京城诸司史生、六卫府舍人、王公大臣家臣头衔对抗国司、郡司之人，每任国司任职期间可命令这些人承担一次向中央运送庸调或在国内征缴的责任（《类聚三代格》卷二十）。这样一来，这些人便被赋予了"判官代"等国衙下级官员的头衔。朝廷之所以这样做，是因为受领以外的国司官员，尤其是掾（又称"判官"）、目（又称"主典"）等三、四级国司官员已经逐渐变成了只负责分配京官公廨的职位。

其后的延喜五年（905）八月二十五日，朝廷又发布命令禁止王公大臣擅自从国司处召回郡司和杂色人（《类聚三代格》卷十九）。杂色人就是被国司招入麾下的那些人。至此，受领终于在本国确立了排他性的行政主导权，无须再顾忌当地百姓各种各样的头衔。只要有人在当地扩张势力，他们便会被国司招入麾下。不管这些人是不是郡司，反正谁来处理政务都是一样的（山口英男《10世纪的国郡行政机构》）。

如此一来，9世纪末至10世纪初，以庸调为主轴的中央财政总算稳定了下来。之后，受领功课（实际政绩的评定）制度确立，中央朝廷以掌握受领的任免权为手段，终于建立起了全国性的统治体系。其制度的完善过程如下页图"国司换任与

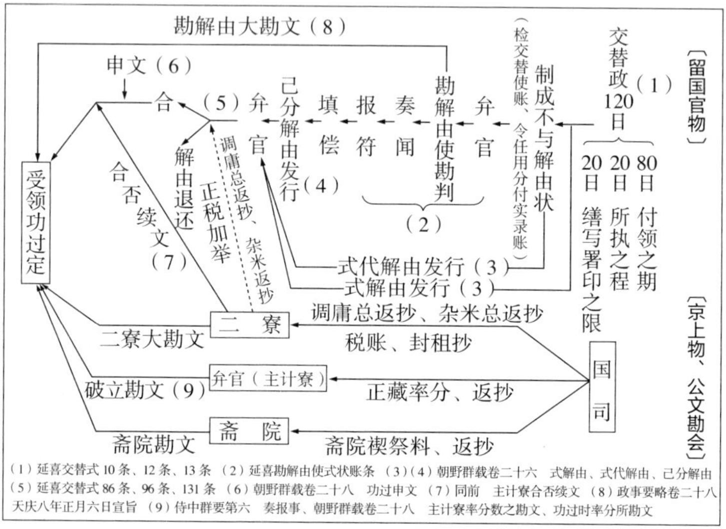

国司换任与功过制度的结构体系（出自佐佐木惠介《受领与地方社会》）

功过制度的结构体系”所示。

上文的叙述屡次涉及一个问题，那就是如何从封户征税。或许是解由制度起到了有效的牵制作用，总之封物（向封户征收的税）的征收尚称得上顺利。这使得摄关时代的贵族，尤其是摄关家，不用过度依赖庄园的收入（竹内理三《藤原政权与庄园》）。而以东大寺等大型寺院、神社为例，封户的征税开始变得困难则要等到11世纪末至12世纪（大石直正《平安时代后期的征税机构与庄园制》）。反过来说，11世纪末至12世纪之前的状况总体来说还是不错的。这是因为解由制度、庸调制度、封户制度互为补充，共同发挥作用。而这一现状的基础，正形成于9世纪中期。

第二节 | 名与负名

向堪百姓征缴

那么，9世纪后半至10世纪，国司（受领）又是怎样掌控征税对象，让他们纳税的呢？此时登上历史舞台的是征税单位“名”，以及与之相伴而生的纳税责任人“负名”。

后世有一则经常被引用的史料，此处做一介绍。东寺（教王护国寺）在丹波国（今京都府中部至兵库县北部一带）多纪郡有一座名为“大山庄”的庄园。东寺委派僧人平秀、势丰二人前往当地担任庄官。然而，丹波国以滞纳税款为由，将二人稻谷暂时扣押。东寺提出抗议，丹波国对此答复（《平安遗文》240号，意译）：

> 丹波国对东寺传法供家通知如下。
>
> 关于多纪郡大山庄之预（负责人）平秀、势丰稻谷一

事，本丹波国已于九月九日接到东寺传法供家于八月十一日发出的通知。该文书谈到许多问题，本国已对关键人物——多纪郡调物使、荫孙藤原高枝进行质询，藤原高枝称："专门负责余部乡的检校日置贞良说：'余部乡本就地少，该乡百姓的口分田均来自其他各乡班给。因此按照惯例，该乡百姓所应缴纳的调绢，应该从负责班给口分田的各乡堪百姓的名（征税单位）处征缴。如今平秀等人与俗人无异，他们被登记在播本账上，有缴税能力，且此前也一直有上缴调绢，因此应该让平秀、势丰二人所在的名各出二丈绢。'于是，我前往平秀等人私宅征绢，结果他们遁隐山野，全无缴纳之意。此间我扣押二人各二百束稻谷，待二人上缴绢后返还。"以上情况，敬请谅解。

承平二年（932）九月二十二日　　权大目长岑

守藤原朝臣忠文　　权掾山田

介藤原朝臣　　大目秦

权介藤原朝臣

上述史料涉及诸多信息，此处笔者尽可能对当时的征税系统做简单说明。

当时的调是从口分田中征收的。这一点已完全脱离了律令原则，事实上调已完全演变成了地税。

调物使是多纪郡征收调的责任人。此人仅凭荫孙（指祖父位阶三位以上、尚未任官之人）的身份便成了调物使，并非郡司。而且其姓为藤原，估计是个顶着头衔耀武扬威的家伙。征收调时，此人对外宣称自己是国司的手下，即国使。可见在当时的丹波国多纪郡，郡司至少在征税方面已经不复存在。

此外，在郡一级的调物使之下，还有乡一级的检校负责征收调的具体事务。说白了，检校就是乡一级的郡司（泉谷康夫《平安时代郡司制度的变迁》）。后来，检校干脆改称“乡司”。但是需要注意，检校虽然负责具体事务，但他并不是扣押稻谷的主体。

简单来说，郡调物使和乡检校碰到的征税对象恰好是东寺的僧人，因此才招致东寺不满。不过，调物使和检校认为无须顾虑对方的僧人身份，该国国司同样这样认为。国司的主张是，只要是堪百姓，即有实际收入、可堪纳税负担者，即可征税，不必论其身份。

名的产生

只是因为对方恰好是僧人，所以事情才变得复杂，如果换成普通人，国司的主张必定会畅通无阻。一般情况下，纳税额会成为争论的焦点。然而在上述史料中，滞纳部分应该如何补足成了问题的关键。按照该史料说法，滞纳部分根据余部乡百姓的口分田面积进行分摊。只不过，这些口分田算在了平秀等人所在的征税单位名下，平秀等人因此背负上了纳税的义务。所谓“播本账”，从字面来看大概是指春天播种时的登记册。百姓的纳税义务应该就记录在播本账中，而堪百姓所分属的征税单位，就叫作“名”。

“名”首次见于贞观元年（859）元兴寺领地近江国依智庄的报告书《近江国依智庄检田账》(《平安遗文》128号）中（原秀三郎《田使、田堵与农民》)。至于公领（国司管辖的土地）何时出现“名”则不得而知。不过从上述史料看，至少在10世纪前半，公领已经编制成了“名”。

当时的“名”仍带有陈旧、粗糙等特点。如上述史料所示，口分田的班给情况及其所有人的信息依然会被记录在国衙的账簿上。也正因如此，余部乡的负责人才要答复有关其他乡的税务情况。

此外，我们还要注意的是，当时仍然残留“调”这一税目，而且这一税目变成了仅征收绢的“调绢”。到了11世纪中期，上述情况已不复存在。

综上所述，自10世纪后半起，律令制下的税目消失不见，取而代之的是“官物”和“临时杂役”这两个枯燥无趣的税目。

郡司不再承担征税责任

那么，以堪百姓为征税对象、伴随“名”应运而生的上缴责任人在当时被称作什么呢？从字义来看，“负名”的叫法较为妥当。著名的永延二年（988）十一月八日《尾张国郡司百姓等解》(《平安遗文》339号）第八条有如下记载（意译）：

> 历代国司换任时，都不会征缴新旧之绢布、米颖等物。而今国守藤原元命催逼郡司、百姓上缴，祈请朝廷做出公道裁决。
>
> 所谓“新旧之物”，虽有税账记载，但有名无实，因此尾张国历代国司均不予征收。这是因为本地负名已逃散千余人，抑或死亡四五十年。然而自去年三月起，当今国守藤原元命派遣有能之使、暴恶之人催缴，手段之残酷犹如砍烧，历代国司不曾有如此恶行。这些人以郡内累积负债为由，将郡司搜刮殆尽；以应负责任为由，大肆压榨百姓（下略）。

由上述史料可知，有的负名在去世前没有尽到上缴责任，有的干脆因无法承担责任而逃跑。总之，纳税责任由负名承担。

另外还一个有趣的现象。从10世纪末郡司、百姓控诉国司的主张看，在负名死亡或逃亡的情况下，上缴责任并不会从负名转移到郡司和百姓身上。从永延二年往前追溯三四十年，恰好是前文提到的丹波国大山庄事件发生的时间。也就是说，最晚从那个时候起，在尾张国负名若没有上缴，则不予干预，暂时搁置。

如上一节所述，9 世纪后半至 10 世纪初，郡司要承担在受领手下征税以及将庸调运往京城的责任。到了 10 世纪末，郡司的这一立场发生变化。换言之，郡司从征税责任中解放了出来，郡司也因此才能以此为正当理由上诉中央朝廷。而这也成了藤原元命被解职的原因之一。那么郡司当时的立场是怎样的呢？诸位读者不妨参看文所述丹波国多纪郡余部乡的检校日置贞良。

里仓负名的出现

如上所述，10 世纪前半，郡司变成了征税事务官。但这并不意味着受领对中央朝廷承担征缴责任的体制发生了变化。这样一来，受领只能依靠自己的手腕设法征税。藤原元命之所以派遣手下那些如蛇蝎般令人忌嫌的子弟、郎党、有官（有官职之人）、散位强行征税，原因正在于此。

可是，无论使用怎样强硬的手段，总会有一部分税征缴不上来。如史料所述，藤原元命之前的尾张国国守对负名未上缴的部分均以搁置处理。为何搁置？《尾张国郡司百姓等解》写道，这是因为负名未上缴的部分都记录在了税账上。换言之，这是一种债权，即便算一种不良债权。而要想将这些债权兑换成实物，从尾张国的例子来看，除了掠夺无辜百姓之外似乎别无他法。

其后，这种不良债权又与上一章谈到的里仓做了结合。只要把因负名死亡或逃亡而未能上缴的部分当作已纳入里仓的部分，问题便迎刃而解了。这样一来“里仓负名”应运而生。所谓“里仓负名”，就是指将稻谷纳入里仓的负名，或指稻谷本身。如果负名频繁死亡或逃亡，又无人代替上缴，那么里仓负名自然会逐年递增，最终成为天文数字。

“里仓”一词首次出现于昌泰年间，自 11 世纪中叶消失在史料中。虽然并不清楚里仓负名（指稻谷）是否在这一时期内持续增加，但至少可以肯定的是，里仓负名的概念在这一时期被频繁使用。由此可以推断，到了这一时期，受领身边不再有承担征缴责任的人。也就是说，受领及其手下在征税、纳税问题上，将与负名直接产生对峙（坂上康俊《负名体制的形成》）。

国衙的变化

当国司发生上述变化时，各地的行政中心——国衙又是怎样的情况呢？上一章谈到，进入 10 世纪以后，郡衙逐渐衰颓

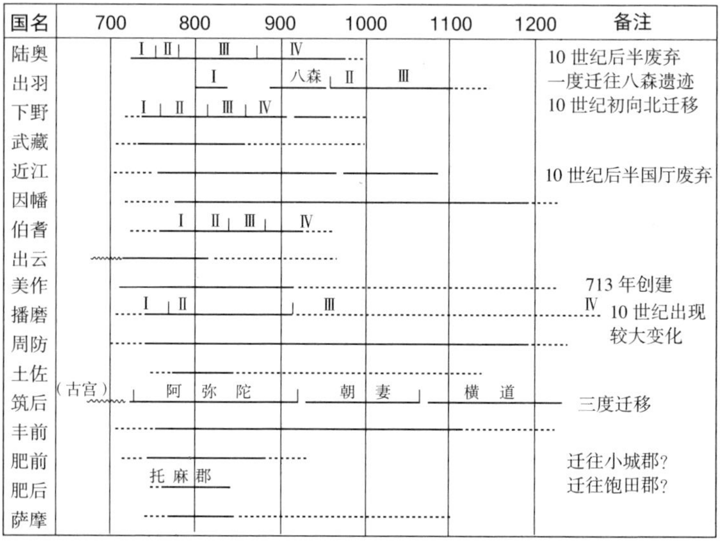

········ 表示不确定是否存在 〰 表示其性质与国衙不同国衙的存续时间

国衙遗迹的存续期（出自山中敏史《古代地方官衙的成立与变迁》）

甚至消失。实际上，国衙也在这一时期发生了变化。

8 世纪前叶至中叶，大多数地方按照基本样式营建国衙，即模仿并缩小中央朝堂院的布局。这种样式贯穿了整个 9 世纪。然而到了 10 世纪，国衙的基本样式发生了变化，迁移国衙的例子也很常见。这一情况表明，各地国衙不再以仪礼为第一要义进行整齐划一的平面设计，而是根据各国的实际行政情况进行调整（山中敏史《国衙、郡衙的成立与变迁》）。

具体样式可参见下文始建于 7 世纪末、历经三次迁移、一直存续至 13 世纪初的筑后国国府（松村一良《筑后国府的调查》）。

筑后国国府最早建于今天久留米市北部的古宫地区。该地区是筑后川和高良川两条河流切割出来的台地。7 世纪的最后几年，筑紫国被分成了筑前国和筑后国，而筑后国的国府正建造于这一时期。8 世纪中叶，筑后国一期国府（称“古宫国府”）突然被废弃，并在东边不远处的阿弥陀地区建造了新的国府（称“枝光国府”）。由于该国府附近出土了写有“守馆”或“守第”墨书字样的陶器，因此可以推断，该国府附近还建有名为“国司馆”的建筑以及其他作坊（称“风祭遗迹”）。

到了 10 世纪中叶，枝光国府也遭废弃，新国府建在了更东边的朝妻地区（称“朝妻国府”）。朝妻国府的建筑样式十分错综复杂，但朝妻地区则并未发现有所谓仿造朝堂院样式建造的政厅遗迹。由此看来，那时人们已经废弃了符合仪礼的朝堂院样式，而采用了更为实用的设计。延久五年（1073），朝妻国府因火灾而遭废弃，新国府继续往东迁至横道地区。该国府的部分情况被记录在仁治二年（1243）的《筑后国检交替使实录账》中（吉冈真之《检交替使账的基础考察》）。

筑后国国府多次迁移的真实原因我们已不得而知。但从结果来看，国府似乎逐步靠近了高良山。因此有人推测，这或许是当时的高良山神社（后来成为筑后国地位最高的神社）势力影响的结果。

当然，并不是所有的国府都经历了长时间的变迁。比如紧邻筑后国的肥前国进入 10 世纪后，国府政厅急剧缩小。从前

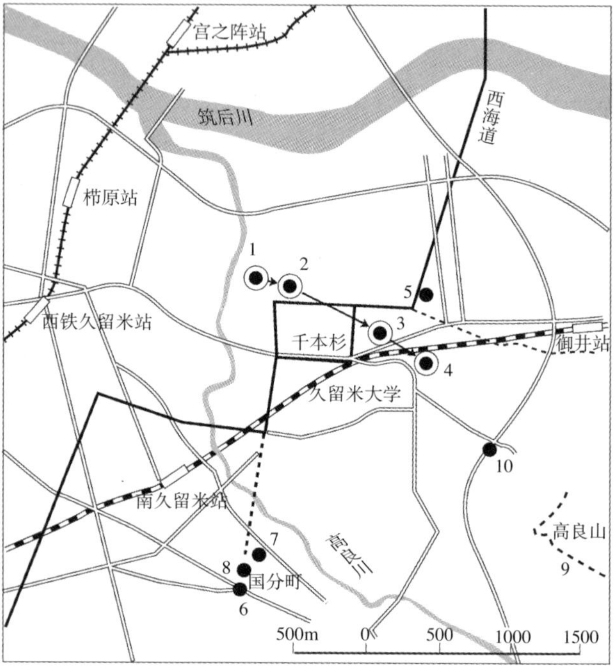

筑后国国府的迁移

1. 筑后国国府一期国厅遗迹（古宫国府，7 世纪末—8 世纪中期）
2. 筑后国国府二期国厅遗迹（枝光国府，8 世纪末—10 世纪前半）
3. 筑后国国府三期国厅遗迹（朝妻国府，10 世纪中期—11 世纪末）
4. 筑后国国府四期国厅遗迹（横道国府，11 世纪末—12 世纪后半）
5. 黑博诺木（Hebonoki）遗迹
6. 筑后国国分寺遗迹
7. 筑后国国分尼寺遗迹
8. 马场田瓦窑
9. 高良山神笼石
10. 高良山大祝邸遗迹

（出自《久留米市文化财调查报告书》第 139 册）

文的统计表来看，类似的例子还有很多。只不过与10世纪消失的大部分郡衙相比，筑后、出羽、因幡、周防等国的国衙能经历长时间的变迁，最后跨越10世纪存续下来，这一点值得我们注意。

从文献史料来看，在接下来的时代里，受领及其郎党开展政治的中心由国厅变成了国司的馆舍（称“馆”）。不过这已超出了本书所讨论的时代，因此笔者就此搁笔。

结束语

开始的结束、结束的开始

本书开头部分笔者设置了前言，提出了基本问题，并在此基础上叙述至此。现在到了回答这一基本问题的时候了。下面的内容略显艰涩，尚请读者理解包涵。

日本有个词叫“在地首长制”(“在地”即当地、本地)。石母田正在《日本的古代国家》一书中首次使用了这一概念。一言以蔽之，在地首长制即首长之人格体现共同体之共同性，首长与共同体成员结成“统治与从属”阶级关系的制度。

上述定义似乎有些难以理解，不过要想说明郡司的立场，在地首长制的概念无疑是非常方便的。首先，早先的国造既有地方首领的一面，又有中央任命(或认可)的地方官的一面。紧接着，郡司承袭了国造的地位。如果向前追溯国造、郡司等地方首领的属性，其源头应该是那些在祭祀、土地开拓、战斗等方面能够代表共同体的实力派。综上所述，郡司之所以是郡司，中央朝廷的任命算得上必要条件，但是究其根本，应该是拥有古老渊源的共同体的共同想象支撑着郡司。

本书谈到，律令国家统治全国的基础是在地首长制。另外，在地首长对地方的统治既有导入律令法的一面，又有将律令法删繁就简、因地制宜的一面。整个9世纪的社会动向就表现在削弱前者、促进后者。在地首长之所以为在地首长，原因就在于他们不仅仅是大地主或权门势家，他们还与当地居民有着来自共同祖先的“共同体想象”。然而到了9世纪末，这一逻辑已然来到了破灭的边缘。自阶级社会诞生以来，逐渐发展而来的地域社会秩序结构已经迎来了终结的时刻。取而代之的是人头税（来源于共同体成员向首长进献、首长向大王进献的贡物）消失的时代，是向地主缴纳地租变成向国家缴纳租税的时代。这一变化不可逆。抓住这一点，日本从古代到中世的过渡就变得很好理解了。至此，国家终于通过受领掌握了土地的经营者——负名。倘若强调这一点，我们也可以说，10世纪才是日本真正成为古代中央集权国家的时期。

另一方面，接受律令法之前，日本（倭）的国制以“氏制度”为基础。“氏”指拥有同一祖先的血缘集团（包括养子等人为的血缘联结）。大王通过赐给各氏族“氏”和“姓”的方式来决定各氏族在朝廷中的地位，各氏族再通过大王委任之职来为大王效力。日本接受律令法后，上述统治体制在表面上瓦解殆尽，取而代之的是根据每个人的才能授予官职且每个人都有义务为天皇效力的体制。但是，要想根据每个人的才能授予官职，君主自身必须得有相当的统治能力。正因如此，中国才会出现“天子”的概念，反复强调君权神授的逻辑，利用各种理论来为基于血统的皇位继承方式提供依据。可是这样一来，如果有比现任君主更贤能、更受人尊崇的人出现，理论上现任君主就应该禅让。

本书谈到，9世纪初期，日本天皇开始接近中国皇帝的形态。与此同时，以父系、母系谱系作为支撑天皇支柱的形式也逐渐备受关注。出身正统谱系与具备统治能力原本互不相干，甚至有时还会产生矛盾。于是，日本将实际统治权交给摄政、关白，以此解决这一矛盾。如此一来，天皇之所以为天皇，依据只剩下了谱系（父系或母系）。作为统治者，天皇也只剩下了反复强调既成事实、维稳朝政的作用。武家登上历史舞台后也是如此，天皇将军事指挥权慷慨地授予武士。日本的天皇仿佛超越了中国的皇帝，变成了更高位的昊天上帝。在中国，皇帝要有一个为其授予统治权的存在，于是便有了昊天上帝的概念。而在日本，天皇就是昊天上帝，只不过天皇是一个拥有肉身和人类意志的“人”。与前述地方统治的情况不同，9 世纪国制的核心是基于谱系的逻辑确保天皇统治的正统性。因为血统纯正，所以天皇才是天皇，这是整个社会都认可的逻辑。而世袭王权一旦得到肯定，带有世袭性质的统治与从属的关系也将在为王权效力的官员间复活。摄政、关白等权门势家与中下级贵族之间的庇佑关系即是如此。武家栋梁（头领）与武士、将军与御家人（直属于幕府将军的武士）之间的主从关系也是如此。乍一看，这种主从关系类似于西方的封建主从关系。但仔细比较即可发现，日本主从制中的契约性非常薄弱。反之，“主从关系就应该无理由地世代传承”之观念根深蒂固，说到底，天皇才是这一逻辑产生的最根本的原因。如果以此为视角来看 10 世纪以后的历史，日本可以说在某种意义上回归到了律令制以前的国制。

将眼光放远，中央与地方的关系也是如此。在日本为何采用律令制这一问题上，本书的解释偏重国际契机。要想建立高效的军国体制，导入中国北朝历代打磨而成的律令制无疑是最便捷省力的方式。不过，建立高效的军国体制还需调整中央各势力间的利害关系。“公地公民”即是这样一种政策。该政策让畿内地区的权门势家自主管制此前各自为政或有此倾向的地方势力，以此来向全国性统治转化。

可以说，上述体制是在国际局势紧张的重压下才得以被动实现的。因此当国家层面的外部威胁消失时，内部的个体利害冲突便凸显出来。院宫王臣家与地方势力的结合贯穿了整个9世纪。然而这种结合实际上是一种倒退，它可以被视为一种向古代大和王权国制，尤其是部民制[1]的回归。从这一视角看，受领的诞生正好抑制了这一趋势。

之后，为了对委任之国实行统治，受领亲自建立地方行政组织。另一方面，中央权贵和地方势力也在此时以进献庄园的形式扩张势力、重整秩序。因而此时的受领又与中央权贵、地方势力形成对立之势。结果，奉上皇、摄关家、寺院、神社为领主的庄园与受领统辖的区域各自分立，庄园公领制由此诞生。如果说庄园公领制是日本中世的土地制度，那么9世纪就是日本“古代”逐渐终结的开始。

公领如果说是曾经国造的统治区域或屯仓[2]的产物，庄园

1 部民制，6、7世纪大和王权的基本统治形式，指朝廷、豪族私有人民。
2 屯仓，大化改新前由大和政权直辖的土地。

是曾经为豪族所有的田庄和部民的产物，那么9世纪就是终结7世纪和8世纪的异常状态、再次开启由中央权贵主导全国势力的年代。可是如果这样说的话，那么日本的“古代”和“中世”也就没有什么区别了……

最后一个问题：9世纪是否可以说是日本古典国制的完成期？讨论这一问题，我们首先必须得明确“古典”的含义。文艺复兴以后，古希腊、古罗马文化被视为典范和憧憬的对象。在欧洲的历史语境下，说到“古典”或“古代”，指的就是孕育出古希腊、古罗马文化的时代。在那个时代，人类的觉醒带来了雕刻、绘画、戏剧等诸多的艺术形式。可即便如此，一旦抛开希腊哲学和罗马法，所谓的“古典”“古代”也无从谈起。其中，《理想国》《雅典政制》等关于理想人类（市民）社会的讨论，以及使之具备探讨环境的讨论尤其不能忽视。换言之，哲学必然是一门讨论何谓理想国家制度的学问。

中国春秋战国时期的诸子百家也是如此。中国的知识分子（政治家）乃至皇帝及以下文武百官，均将春秋战国时期至汉代成书的古典奉为统治之圭臬。假托周公、成书于汉代的《周礼》被新朝、北周、隋、唐、宋视为官制改革之典范；《大唐开元礼》以《仪礼》及其他礼典为基础编纂而成；唐代的律疏博引古典，解释行刑的正当性。这些即是明证。

如果说，当今日本人审美意识的原型形成于9世纪末，那么这里所说的“审美意识”更偏重于情感层面。至于国家制度、社会等层面，这一时期则并未出现因人类觉醒而孕育出的制度和规范。可以说，“古典”是以最精练的语言来叙述规范的准则。正因如此，“古典”虽为重新解读，却产生了新的理解；虽套着回归的外衣，却蕴含着创造新社会的力量。有鉴于此，说9世纪是日本古典国制的完成期，实在太过牵强。

即便单从现象来看，吉田孝所说的“大和古典国制”，即“以天皇为核心，摄政、关白、院（上皇）、征夷大将军代行权力”的国家制度也不可能形成于平安时代（初期）。首先，平安时代初期，上皇被驱逐出权力中心，这一点笔者在前文中已有论述。其次，平安时代的征夷大将军代行天皇权力的说法也是不成立的。征夷大将军之所以被委以军事指挥权和生杀予夺之权，只不过是因为从理论上说征夷大将军需要“领兵出征”。除此之外，征隼人持节大将军同样拥有这一权力，甚至遣唐大使也是如此。至于镰仓幕府的统帅为何会成为征夷大将军，简单来说只是因为幕府将军不必始终留在京城，而且将军也具备统领武士的能力，因此幕府将军才会被选为征夷大将军。征夷大将军真正回归字面含义、需要“领兵出征”的时期，实际上是在江户幕府的最后阶段。最后说到摄关，人们之所以认为平安时代的摄关代行了天皇之权，只是因为人们对“延喜、天历之治”怀有无比强烈的憧憬之情。换言之，人们认为天皇亲政才是最好的政治状态。另一方面也是因为摄关的政务处理难以具有规范性，故而常有僭越。

综上所述，“9 世纪是古典国制的形成期”之说法不仅牵强，而且所谓的“古典国制”的概念似乎也并不适用于日本。无论是用经验来追求统一的行事准则，并从该准则出发，以演绎的形式公开讨论理想的国制和社会制度，还是不断摸索、在不断试错中解决眼前的难题，不再提前规划蓝图、按图索骥地改变现状，前后二者皆无优劣之分，只不过相较于前者，后者才是 9 世纪日本的真实面貌，以及为后世日本所继承的国家形态。

附 录

律令制位阶一览

<table>
<tr><th>亲王
（品位）</th><th>诸王</th><th>诸臣</th><th>外位
（授予出身、门第低微者）</th></tr>
<tr><td rowspan="2">一品</td><td colspan="2">正一位</td><td rowspan="10"></td></tr>
<tr><td colspan="2">从一位</td></tr>
<tr><td rowspan="2">二品</td><td colspan="2">正二位</td></tr>
<tr><td colspan="2">从二位</td></tr>
<tr><td rowspan="2">三品</td><td colspan="2">正三位</td></tr>
<tr><td colspan="2">从三位</td></tr>
<tr><td rowspan="2">四品</td><td colspan="2">正四位上</td></tr>
<tr><td colspan="2">正四位下</td></tr>
<tr><td rowspan="11"></td><td colspan="2">从四位上</td></tr>
<tr><td colspan="2">从四位下</td></tr>
<tr><td colspan="2">正五位上</td><td>外正五位上</td></tr>
<tr><td colspan="2">正五位下</td><td>外正五位下</td></tr>
<tr><td colspan="2">从五位上</td><td>外从五位上</td></tr>
<tr><td colspan="2">从五位下</td><td>外从五位下</td></tr>
<tr><td rowspan="5"></td><td>正六位上
……
从八位下</td><td>外正六位上
……
外从八位下</td></tr>
<tr><td>大初位上</td><td>外大初位上</td></tr>
<tr><td>大初位下</td><td>外大初位下</td></tr>
<tr><td>少初位上</td><td>外少初位上</td></tr>
<tr><td>少初位下</td><td>外少初位下</td></tr>
</table>

（参照《养老律令·官位令》[757] 制成）

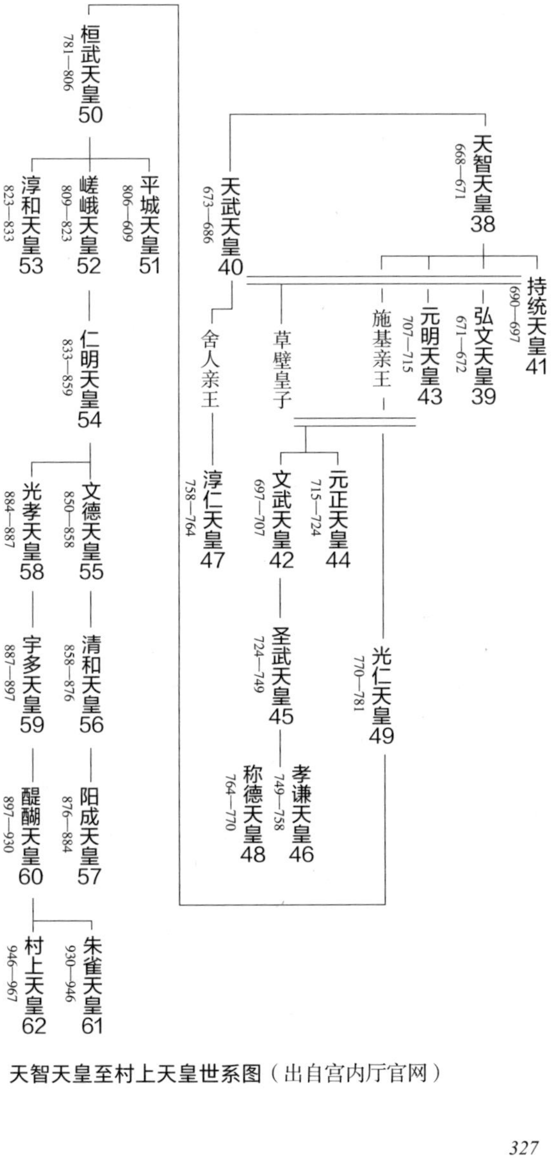

天智天皇至村上天皇世系图（出自宫内厅官网）

年表

公历	年号	天皇	日本	世界
770	宝龟元年	光仁	四月，百万塔完成，置于十大寺院内。 六月，称德天皇患病，左右大臣分掌七卫府。 八月，称德天皇驾崩。藤原永手、宿奈麻吕（藤原良继）等人拥立白壁王为太子。道镜左迁下野药师寺。 九月，废除重要官署以外的令外官。和气清麻吕等人回京。 十月，皇太子（白壁王）即位，改元宝龟。 十一月，井上内亲王被立为皇后。	这一年，诗人杜甫去世。
771	宝龟二年		一月，他户亲王被立为太子。 二月，左大臣藤原永手去世。 三月，藤原良继就任内臣。 十月，武藏国由东山道改为东海道所属。 十一月，建造遣唐使船。	
772	宝龟三年		二月，废除内竖省、外卫府。 三月，皇后井上内亲王被废。 五月，太子他户被废。 十月，废除郡领只能由嫡子继承之命令。废除开垦新田之禁令。	
773	宝龟四年		一月，山部亲王被立为太子。 二月，杨梅宫竣工。 三月，因米价暴涨而实施《常平法》。	

续表

公历	年号	天皇	日本	世界
			八月，针对神火事件中的郡司，制定处置办法。 十月，井上内亲王、他户亲王被软禁。	
774	宝龟五年		七月，派遣征夷军。虾夷袭击桃生城（对虾夷三十八年战争爆发）。 八月，光仁天皇谴责采取消极讨伐策略的镇守将军等人。	这一年，中国密教集大成者不空金刚圆寂。
775	宝龟六年		六月，佐伯今毛人等人被任命为遣唐使。（佐伯今毛人未渡唐）。	
776	宝龟七年		二月，为征夷而在陆奥、出羽征召军士。	这一年，新罗将唐朝风格的郡县名、官职名恢复原名。
777	宝龟八年		一月，藤原良继就任内大臣。	
778	宝龟九年		三月，藤原鱼名就任内臣。因皇太子（山部）患病而诵经、大赦。藤原鱼名就任忠臣。	
779	宝龟十年		一月，藤原鱼名就任内大臣。 八月，新旧钱币等价通用。	
780	宝龟十一年		三月，伊治呰麻吕叛乱。藤原继绳就任征东大使。	这一年，唐朝杨炎的两税法实施。新罗爆发金志贞叛乱。惠恭王被杀。
781	天应元年	桓武	一月，改元天应。 四月，光仁天皇退位，皇太子（山部）即位，早良亲王被立为太子。藤原鱼名就任左大臣。 八月，陆奥按察使征夷结束归朝。	这一年，唐朝树立唐大秦景教流行中国碑。

续表

公历	年号	天皇	日本	世界
			十二月，光仁太上天皇驾崩。	
782	延历元年		闰一月，冰上川继谋反，被处以流刑（史称“冰上川继之变”）。	
783	延历二年		四月，藤原乙牟漏被立为皇后。	
784	延历三年		二月，任命大伴家持就任持节征东将军。	这一年，颜真卿去世。
			五月，视察山背国长冈村的迁都之地。	
			六月，藤原种继等人被任命为造长冈宫使。	
			十一月，迁都长冈京。	
785	延历四年		八月，大伴家持去世。	
			九月，藤原种继被暗杀，太子早良受牵连被废。	
			十一月，河内国交野举行仪式祭祀天神。安殿亲王被立为太子。	
786	延历五年		七月，朝堂院建成，百官就朝座。	
787	延历六年		一月，禁止王臣百姓交易夷俘。	
			十月，行幸河内国交野。	
			十一月，河内国交野举行仪式祭祀天神。	
788	延历七年		七月，纪古佐美被任命为征东大使。	
789	延历八年		三月，废除造东大寺司。	
			六月，征讨军在巢伏村大败于阿弖流为军。	
			七月，废除三关（伊势国铃鹿关、美浓国不破关、越前国爱发关）。	
			九月，问责、处罚战败的征东将军。	

续表

公历	年号	天皇	日本	世界
			十二月，皇太后高野新笠去世。	
790	延历九年		闰三月，皇后藤原乙牟漏去世。	
			十月，重设铸钱司。佐伯今毛人去世。	
791	延历十年		三月，实施《删定律令二十四条》。	
			七月，大伴弟麻吕被任命为征东大使、坂上田村麻吕为副使。	
792	延历十一年		六月，废除陆奥、出羽、佐渡、大宰府以外的军团士兵制，建立健儿兵制。因皇太子安殿患病而向畿内明神奉币，占卜得知早良亲王作祟，遂祭祀早良亲王之灵。	
			十月，畿内地区实施班田。	
793	延历十二年		一月，为迁都视察山背国葛野郡宇太村。天皇移居长冈宫东院。	
			二月，向贺茂神社敬告迁都之事。征东使改称征夷使。	
			三月，摄津职改称摄津国。	
			九月，新京（平安京）班给宅地。	
794	延历十三年		一月，向征夷大将军大伴弟麻吕授予节刀。	
			六月，副将军坂上田村麻吕等人征讨虾夷。	
			七月，东西市迁至新京。	
			十月，天皇移居新京。	
			十一月，山背国改称山城国，新京定名平安京。	
795	延历十四年		七月，决定调庸未进部分由国司公廨抵偿。	

续表

公历	年号	天皇	日本	世界
			闰七月，出举利息改为三成，杂徭服役减为三十天。	
			十一月，废除防人司。	
796	延历十五年		一月，大极殿落成，天皇接受百官朝贺。	
			十一月，铸造隆平永宝（皇朝十二钱之四）。	
797	延历十六年		二月，《续日本纪》完成。	
			六月，实施《删定令格四十五条》。	
			十一月，坂上田村麻吕被任命为征夷大将军。	
798	延历十七年		三月，停止任用郡司谱第之人。	
799	延历十八年		二月，允许私出举，利息定为三成。禁止私出举。	
800	延历十九年		七月，行幸神泉苑。因忌惮早良亲王之冤魂，将其追赠为崇道天皇。	
			十二月，萨摩国、大隅国实施班田。	
801	延历二十年		二月，向征夷大将军坂上田村麻吕授予节刀。	这一年，杜佑《通典》成书。
			六月，畿内的班田改为十二年一次。停止隼人朝贡。	
802	延历二十一年		一月，营建胆泽城。	
			四月，虾夷阿弖流为投降。	
			八月，处斩阿弖流为。	
803	延历二十二年		二月，实施《延喜交替式》。	
			四月，向遣唐使授予节刀。遣唐使船遇难。	
			五月，遣唐大使藤原葛野麻吕返还节刀。	

续表

公历	年号	天皇	日本	世界
			十一月，朔旦冬至，大赦。	
804	延历二十三年		一月，坂上田村麻吕再度出任征夷大将军。	八月，空海等人抵达福州。
			三月，向遣唐大使藤原葛野麻吕授予节刀。	九月，最澄等人抵达天台山国清寺。
			六月，设置越中国，以之为上国（地方诸国四等级之次位）。	
			七月，遣唐使船从肥前出发。	
805	延历二十四年		七月，遣唐大使回京，返还节刀。	这一年，唐宪宗即位。
			九月，最澄于高雄山寺灌顶。	
			十二月，藤原绪嗣、菅野真道论天下之德政，中止营造平安京。	
806	大同元年	平城	一月，公出举利息定为五成。	这一年，白居易作《长恨歌》。
			三月，桓武天皇驾崩。	
			五月，废除参议，设置六道观察使。平城天皇即位。	
			闰六月，禁止王臣、寺院占有山野。废除勘解由使。	
807	大同二年		十月，国司任期改为六年。	
			十一月，桓武天皇皇子伊豫亲王与母亲藤原吉子涉嫌谋反被捕，于川原寺自杀。	
808	大同三年		七月，畿内班田改回六年一次。	
809	大同四年	嵯峨	四月，平城天皇退位，嵯峨天皇即位。	
			十二月，平城上皇前往故都平城京。	
810	弘仁元年		三月，设置藏人所，任命藤原冬嗣为藏人头。	

续表

公历	年号	天皇	日本	世界
			六月，废除观察使，重设参议。 九月，嵯峨天皇出兵平城京，逼迫受平城上皇宠爱的藤原药子自杀（史称“药子之变”）。公出举利息改回三成。	
811	弘仁二年		二月，重新任用郡司谱第之人。 四月，文室绵麻吕被任命为征夷大将军。	
812	弘仁三年		二月，神泉苑举办花宴。 八月，修改郡司选任法，尊重国司选定的候选人。 十一月，空海于高雄山灌顶。	
813	弘仁四年		八月，撤销大宰府管辖区内士兵。	这一年，李吉甫《元和郡县图志》成书。
814	弘仁五年		五月，嵯峨天皇子女被赐“源”姓。 六月，万多亲王等人编撰、进献《新撰姓氏录》。 这一年，《凌云集》成书。	
815	弘仁六年		七月，橘嘉智子被立为皇后。国司任期改回四年。	
816	弘仁七年		六月，将高野山下赐给空海。	
817	弘仁八年		十月，常陆国新治郡的十三座不动仓被烧毁。	
818	弘仁九年		四月，殿阁、诸门改用唐朝风格的名称。最澄著《山家学生式》。 十一月，铸造福寿神宝（皇朝十二钱之五）。这一年，《文华秀丽集》成书。	

续表

公历	年号	天皇	日本	世界
819	弘仁十年		这一年，藤原冬嗣、藤原绪嗣等人奉命修撰《日本后纪》。	
820	弘仁十一年		二月，远江、骏河的七百名新罗人叛乱。最澄进献《显戒论》。 四月，实施《弘仁格》。	这一年，唐宪宗遭宦官毒杀。
821	弘仁十二年		一月，藤原冬嗣等人编撰、进献《内里式》。这一年，藤原冬嗣创办劝学院。	这一年，唐蕃会盟。
822	弘仁十三年		六月，最澄圆寂。《日本灵异记》编撰成书。比叡山获敕许，设立戒坛。 十二月，决定郡司候选人需试用三年。	这一年，唐朝实行《宣明历》。
823	弘仁十四年	淳和	一月，下赐空海东寺，定名教王护国寺。 二月，在大宰府管辖区内实施公营田制度。 三月，设置加贺国。 四月，延历寺首次受戒。嵯峨天皇退位，淳和天皇即位。	这一年，在唐朝，科举出身的牛僧孺成为宰相，与门阀出身的李德裕之间的对抗激化（史称“牛李党争”）。
824	天长元年		六月，渤海国使来朝定为十二年一次。 九月，重设勘解由使。	这一年，韩愈去世。
825	天长二年		七月，桓武天皇皇子葛原亲王之子高栋王被赐“平”姓（史称“桓武平氏”）。	
826	天长三年		九月，上总、常陆、上野三国成为亲王任国。	
827	天长四年		五月，《经国集》成书并被进献天皇。	
828	天长五年		十二月，空海创办综艺种智院。	

续表

公历	年号	天皇	日本	世界
829	天长六年			
830	天长七年		九月，药师寺举办最胜会。	
831	天长八年			这一年，元稹去世。
833	天长十年	仁明	二月，清原夏野等人编撰、进献《令集解》。淳和天皇退位，仁明天皇即位。	
834	承和元年		一月，藤原常嗣、小野篁等人被任命为遣唐使。 十二月，实施《令义解》。	
835	承和二年		一月，铸造承和昌宝（皇朝十二钱之六）。 三月，空海圆寂。	这一年，唐朝宰相李训谋划诛杀宦官失败（史称“甘露之变”）。
836	承和三年		五月，遣唐使船出航。 闰五月，遣唐使船漂流至新罗。 七月，遣唐使船出航，后遇难，漂流至肥前。	
837	承和四年		七月，遣唐使船再次出航。 八月，遣唐使船再度遇难。	
838	承和五年		六月，遣唐使船出航，圆仁等人同行，遣唐副使小野篁称病不出。 十二月，小野篁遭流放。	十月，遣唐大使藤原常嗣一行人前往长安，圆仁等人等待唐朝下发进入天台山的敕令。

续表

公历	年号	天皇	日本	世界
				十二月，藤原常嗣一行人抵达长安。
839	承和六年		八月，遣唐大使一行人归朝。 九月，遣唐使奏上大唐敕书。	
840	承和七年		四月，遣唐使第二艘船漂流至大隅。 五月，淳和天皇驾崩。	八月，圆仁进入长安。 这一年，唐文宗驾崩，唐武宗即位。
841	承和八年		十二月，《日本后纪》成书并进献天皇。	这一年在新罗，张宝高被杀。
842	承和九年		七月，嵯峨天皇驾崩。伴健岑、橘逸势等人的谋反计划暴露。皇太子恒贞被废，伴健岑、橘逸势遭到流放（史称“承和之变”）。 八月，道康亲王被立为太子。	这一年，会昌毁佛开始。
843	承和十年		十二月，文室宫田麻吕的谋反计划暴露，遭到流放。	
844	承和十一年		十月，任命畿内班田使。	
846	承和十三年			这一年，唐武宗驾崩，唐宣宗即位。白居易去世。
847	承和十四年		九月，圆仁归国。在此前后，橘嘉智子等人创办学馆院。	
848	嘉祥元年		九月，铸造长年大宝（皇朝十二钱之七）。	
849	嘉祥二年			

续表

公历	年号	天皇	日本	世界
850	嘉祥三年	文德	三月，仁明天皇驾崩。 四月，文德天皇即位。	
851	仁寿元年		二月，清凉殿迁建至嘉祥寺。	
852	仁寿二年			张议潮在沙州（敦煌）建立政权。
853	仁寿三年		四月，瘟疫流行，大赦天下。免除承和十年以前的未进调庸，免除十天杂徭。 七月，圆珍搭乘唐朝商船赴唐。	
854	齐衡元年		四月，圆仁成为天台座主。	
855	齐衡二年		二月，藤原良房等人奉命撰修《续日本后纪》。 五月，东大寺大佛的头部在地震中掉落。	
856	齐衡三年		四月，五世王从皇族中被除名。	
857	天安元年		二月，藤原良房就任太政大臣。	
858	天安二年	清和	五月，平安京遭遇洪灾。 六月，圆珍归国。 八月，文德天皇驾崩。 十一月，清和天皇即位。藤原良房成为摄政。	这一年，李商隐去世。
859	贞观元年		四月，铸造饶益神宝（皇朝十二钱之八）。 八月，迎请八幡神至石清水男山。	这一年，裘甫起义，唐末农民起义爆发。

续表

公历	年号	天皇	日本	世界
861	贞观三年		三月，东大寺大佛修造完毕。	
			八月，真如法亲王为入唐前往大宰府。	
862	贞观四年		五月，濑户内诸国奉命追捕海盗。	
863	贞观五年		五月，神泉苑举行御灵会，祭祀崇道天皇、伊豫亲王。	
864	贞观六年		一月，圆仁圆寂。	这一年，唐军在广西与南诏作战，败北。
			五月，富士山喷火。	
866	贞观八年		闰三月，应天门失火。	
			七月，分别授予最澄传教大师、圆仁慈觉大师谥号。	
			八月，藤原良房被任命为摄政。	
			九月，伴善男等五人被流放（史称“应天门之变”）。	
868	贞观十年		六月，圆珍成为天台座主。	
			闰十二月，实施《贞观交替式》。惟宗直本著《令集解》。	
869	贞观十一年		六月，新罗海盗袭击丰前国进贡丝绵的船只。	
			八月，《续日本后纪》成书并被进献天皇。	
			九月，实施《贞观格》。	
870	贞观十二年		一月，铸造贞观永宝（皇朝十二钱之九）。	
			二月，大宰府奉命加强警备。	
			十一月，藤原元利万吕涉嫌勾结新罗。	
871	贞观十三年		十月，实施《贞观式》。	

续表

公历	年号	天皇	日本	世界
872	贞观十四年		九月，藤原良房去世。	
873	贞观十五年			这一年，王仙芝起兵。
874	贞观十六年		七月，开闻岳喷发。	
875	贞观十七年		四月，《左右检非违使式》成书并被进献天皇。 五月，下总国俘囚叛乱。	这一年，黄巢起义。
876	贞观十八年	阳成	四月，大极殿烧毁。 十一月，清和天皇退位，藤原基经被任命为摄政。	
877	元庆元年		一月，阳成天皇即位。	
878	元庆二年		三月，畿内地区实施班田。出羽国夷俘袭击秋田城（史称“元庆之乱”）。 五月，藤原保则被任命为出羽国权守。	
879	元庆三年		六月，小野春风被任命为镇守将军。 十月，大极殿落成。 十一月，《日本文德天皇实录》成书。 十二月，为填补中央财源和官吏俸禄的亏空，在畿内地区划出四千町官田（史称“元庆官田”）。	
880	元庆四年		五月，在原业平去世。	这一年，黄巢攻占洛阳、长安后称帝。
881	元庆五年		十二月，藤原基经就任太政大臣。	
882	元庆六年		十月，接到消息称真如法亲王于罗越国去世。	这一年，黄巢部将朱温降唐。

续表

公历	年号	天皇	日本	世界
883	元庆七年		二月，上总国俘囚叛乱。	
			六月，筑后守都御酉被射杀。	
884	元庆八年	光孝	二月，阳成天皇退位，光孝天皇即位。	这一年，黄巢起义结束。
			六月，藤原基经就任关白（关白之始）。	
885	仁和元年			
886	仁和二年		四月，菅原道真出任赞岐守。	
887	仁和三年	宇多	八月，光孝天皇驾崩。	
			十一月，宇多天皇即位。	
888	仁和四年		五月，信浓国爆发大洪水。	
			六月，藤原基经逼迫宇多天皇撤回敕书（史称“阿衡之争”）。	
			八月，仁和寺创建。	
			十一月，设置两名五位藏人。	
889	宽平元年		五月，高望王等人被赐“平”姓。	
890	宽平二年		四月，铸造宽平大宝（皇朝十二钱之十）。	
			这一年，橘广相编撰、进献《藏人式》。	
891	宽平三年		一月，关白、太政大臣藤原基经去世。	
			二月，菅原道真就任藏人头。	
892	宽平四年		五月，源能有等人开始编纂《日本三代实录》，菅原道真撰修《类聚国史》。	这一年，甄萱在完山建立后百济。

续表

公历	年号	天皇	日本	世界
893	宽平五年		五月，新罗海盗袭击肥前国。	
			九月，菅原道真编撰、进献《新撰万叶集》。	
894	宽平六年		四月，新罗海盗袭击对马岛。	
			八月，菅原道真被任命为遣唐大使。	
			九月，菅原道真建议停止派遣遣唐使。	
895	宽平七年		三月，为防备新罗海盗，博多加强戒备。禁止王公大臣家私出举。	
			十二月，制定检非违使职掌内容。	
896	宽平八年		七月，菅原道真就检税使问题上奏。	
897	宽平九年	醍醐	七月，宇多天皇退位，醍醐天皇即位。退位之际，宇多天皇赐醍醐天皇遗诫(史称“宽平御遗诫”)。藤原时平、菅原道真被任命为内览。	
899	昌泰二年		二月，藤原时平被任命为左大臣，菅原道真被任命为右大臣。	
			九月，为打击“僦马党”(出没于日本东部的盗贼团伙)，分别在相模国足柄坂、上野国冰坂设关。	
900	昌泰三年		十一月，三善清行上奏称次年辛酉年乃变革之年。	
901	延喜元年		一月，菅原道真涉嫌谋反，左迁大宰权帅(史称“昌泰之变”)。	
			二月，三善清行以革命为由，奏请改元。	
			八月，《日本三代实录》成书。	
902	延喜二年		三月，下令停止经营违法庄园(“延喜庄园整理令”)。规定班田十二年一次。	

续表

公历	年号	天皇	日本	世界
			这一年，阿波国编制户籍。	
903	延喜三年		二月，菅原道真于大宰府去世。 八月，禁止院宫王臣私购唐物。	
904	延喜四年		二月，保明亲王被立为太子。	这一年，朱温杀害唐昭宗，拥立唐哀帝。
905	延喜五年		四月，纪贯之等人编撰、进献《古今和歌集》。 八月，藤原时平开始编撰《延喜式》。	
906	延喜六年			
907	延喜七年		十一月，铸造延喜通宝（皇朝十二钱之十一）。藤原时平等人进献《延喜格》。	这一年，朱温逼迫唐哀帝禅让，唐朝灭亡，中国进入五代十国时期。
908	延喜八年		十二月，实施《延喜格》。	
909	延喜九年		四月，藤原时平去世。	
910	延喜十年			
914	延喜十四年		四月，三善清行上奏《意见封事十二条》。	
916	延喜十六年			这一年，契丹建国（辽）。
918	延喜十八年			这一年，王建建立高丽。
921	延喜二十一年		一月，《延喜交替式》被进献给天皇。 十月，授予空海弘法大师谥号。	

续表

公历	年号	天皇	日本	世界
923	延长元年		三月，皇太子保明去世，有传言称此与菅原道真冤魂作祟有关。 四月，恢复菅原道真右大臣职位，追赠正二位。	
926	延长四年			这一年，契丹灭渤海国。
927	延长五年		十二月，《延喜式》编撰完成并被进献天皇。	
930	延长八年	朱雀	六月，清凉殿遭雷击，传言是菅原道真冤魂作祟。 九月，醍醐天皇驾崩，藤原忠平被任命为摄政。 十一月，朱雀天皇即位。	

参考文献

（为方便读者检索，本书对原书参考文献各条目均予保留，作者名、书名、论文名、刊物名及出版社名等均按原文照录。）

前言

原勝郎『日本中世史』（講談社学術文庫、一九七八年）
北山茂夫『日本の歴史 4　平安京』（中央公論社、一九六五年）
桑原武夫·北山茂夫「日本史の特色」（『対談　日本の歴史』中央公論社、一九七一年）
吉田孝『大系日本の歴史 3　古代国家の歩み』（小学館、一九八八年）
吉田孝『日本の誕生』（岩波新書、一九九七年）
早川庄八『日本の歴史 4　律令国家』（小学館、一九七四年）
早川庄八「律令国家·王朝国家における天皇」（『天皇と古代国家』講談社学術文庫、二〇〇〇年）
土田直鎮·永井路子·早川庄八「座談会　律令と日本人」（『日本の歴史』月報四、小学館、一九七四年）

第一章

林陸朗「奈良朝後期宮廷の暗雲」(『上代政治社会の研究』吉川弘文館、一九六九年)

阿部猛「天応二年の氷上川継事件」(『平安前期政治史の研究』大原新生社、一九七四年)

山田英雄「早良親王と東大寺」(『南都仏教』一二、一九六二年)

高田淳「早良親王と長岡遷都」(林陸朗先生還暦記念会編『日本古代の政治と制度』続群書類従完成会、一九八五年)

春名宏昭「平安時代の后位」(『東京大学日本史学研究室紀要』四、二〇〇〇年)

清水みき「長岡京造営論」(『ヒストリア』一一〇、一九八六年)

山中章・清水みき「長岡京」(坪井清足編『古代を考える　宮都発掘』吉川弘文館、一九八七年)

金子裕之「朝堂院の変遷に関する諸問題」(奈良国立文化財研究所)『古代都城の儀礼空間と構造』、一九九六年

日下雅義「古代都京の立地環境」(中山修一先生古稀記念事業会編)『長岡京古文化論叢』同朋舎出版、一九八六年

平川南「環境と歴史学」(『歴博』七五、一九九六年)

北村優季「京戸について」(『史学雑誌』九三—六、一九八四年)

笠井純一「『山城遷都』に関する疑問」(『続日本紀研究』二二四、一九八二年)

西本昌弘「早良親王薨去の周辺」(『日本歴史』六二九、二〇〇〇年)

小林清『長岡京の新研究』(比叡書房、一九七五年)

橋本義彦「“薬子の変”私考」(『平安貴族』平凡社選書、一九八六年)

佐々木恵介「薬子の変」(『歴史と地理』五一四、一九九八年)

春名宏昭「太上天皇制の成立」(『史学雑誌』九九—二、一九九〇年)

山中裕『平安朝の年中行事』(塙選書、一九七二年)
海野よし美·大津透「勧学院小考」(『山梨大学教育学部研究報告』四二、一九九二年)
福井俊彦「承和の変についての一考察」(『日本歴史』二六〇、一九七〇年)
山田孝雄『櫻史』(講談社学術文庫、一九九〇年)

第二章

大津透「天皇の服と律令·礼の継受」(『古代の天皇制』岩波書店、一九九九年)
西嶋定生「遣唐使と国書」(『倭国の出現』東京大学出版会、一九九九年)
西本昌弘「古礼からみた『内裏儀式』の成立」(『日本古代儀礼成立史の研究』塙書房、一九九七年)
大隅清陽「儀制令と律令国家」(池田温編『中国礼法と日本律令制』東方書店、一九九二年)
早川庄八「律令国家·王朝国家における天皇」(『天皇と古代国家』講談社学術文庫、二〇〇〇年)
井上光貞『日本古代の王権と祭祀』(東京大学出版会、一九八四年)
柳沼千枝「践祚の成立とその意義」(『日本史研究』三六三、一九九二年)
加茂正典「大嘗祭“辰日前段行事”考」(『日本古代即位儀礼史の研究』思文閣出版、一九九九年)
堀江潔「奈良時代における『皇嗣』と皇太子」(『日本歴史』六〇九、一九九九年)
荒木敏夫『日本古代の皇太子』(吉川弘文館、一九八五年)
坂上康俊「東宮機構と皇太子」(九州大学国史学研究室編『古代中世史論集』吉川弘文館、一九九〇年)

堀江潔「東宮封の成立」(『続日本紀研究』三一八、一九九九年)
福井俊彦「承和の変についての一考察」(『日本歴史』二六〇、一九七〇年)
春名宏昭「皇太妃阿閇皇女について」(『日本歴史』五一四、一九九一年)
玉井力「女御・更衣制度の成立」(『名古屋大学文学部研究論集』史学一九、一九七二年)
林陸朗「嵯峨源氏の研究」(『上代政治社会の研究』吉川弘文館、一九六九年)
津田京子「『女御・更衣』の成立について」(『奈良古代史論集』二、一九九一年)
坂上康俊「古代の法と慣習」(岩波講座『日本通史』古代二、一九九四年)
筧敏生「太上天皇尊号宣下制の成立」(『古代王権と律令国家』校倉書房、二〇〇二年)
尾形勇『中国古代の「家」と国家』(岩波書店、一九七九年)
春名宏昭「太上天皇制の成立」(『史学雑誌』九九—二、一九九〇年)
橋本義則「天皇宮・太上天皇宮・皇后宮」(荒木敏夫編『古代王権と交流』五、名著出版、一九九四年)
春名宏昭「平安期太上天皇の公と私」(『史学雑誌』一〇〇—三、一九九一年)
河内春人「日本古代における昊天祭祀の再検討」(『古代文化』五二—一、二〇〇〇年)
藤堂かほる「律令国家の国忌と廃務」(『日本史研究』四三〇、一九九八年)
藤堂かほる「天智陵の営造と律令国家の先帝意識」(『日本歴史』六〇二、一九九八年)
中村一郎「国忌の廃置について」(『書陵部紀要』二、一九五二年)
堀裕「平安初期の天皇権威と国忌」(『史林』八七—六、二〇〇四年)
笹山晴生「続日本紀と古代の史書」(新日本古典文学大系『続日本紀』一、岩波書店、一九八九年)
池田温「中国の史書と続日本紀」(新日本古典文学大系『続日本紀』三、岩

波書店、一九九二年）
橋本義彦「"薬子の変" 私考」（『平安貴族』平凡社選書、一九八六年）
渡辺勝義『鎮魂祭の研究』（名著出版、一九九四年）
曽根正人「平安京の仏教」（『古代仏教界と王朝社会』吉川弘文館、二〇〇〇年）
中嶋宏子「大嘗祭における御禊行幸の成立と特徴」（『國學院大學大学院紀要』文学研究科二一、一九九〇年）
寺崎保広『長屋王』（吉川弘文館、一九九九年）
渡辺晃宏「二条大路木簡と皇后宮」（奈良国立文化財研究所『平城京左京二条二坊・三条二坊発掘調査報告』、一九九五年）

第三章

東野治之『遣唐使船』（朝日選書、一九九九年）
平野邦雄「国際関係における"帰化"と"外蕃"」（『大化前代政治過程の研究』吉川弘文館、一九八五年）
宮沢俊義『天皇機関説事件（下）』（有斐閣、一九七〇年）
田島公「日本の律令国家の『賓礼』」（『史林』六八—三、一九八五年）
亀田隆之「『続日本紀』考証三題」（関晃先生古稀記念会編『律令国家の構造』吉川弘文館、一九八九年）
森公章「古代日本における対唐観の研究」（『古代日本の対外認識と通交』吉川弘文館、一九九八年）
廣瀬憲雄「倭国・日本の隋使・唐使に対する外交儀礼」（『ヒストリア』一七九、二〇〇五年）
石井正敏「大伴古麻呂奏言について」（『法政史学』三五、一九八三年）
石母田正「天皇と『諸蕃』」（『日本古代国家論』第一部、岩波書店、一九七三年）
石上英一「古代における日本の税制と新羅の税制」（『朝鮮史研究会論文集』

一一、一九七四年)
浜口重国「府兵制より新兵制へ」(『秦漢隋唐史の研究』上、東京大学出版会、一九六六年)
下向井龍彦「日本律令軍制の基本構造」(『史学研究』一七五、一九八七年)
上田雄『渤海国の謎』(講談社現代新書、一九九二年)
中村明蔵『隼人の研究』(学生社、一九七七年)
伊藤循「律令制と蝦夷支配」(田名網宏編『古代国家の支配と構造』東京堂出版、一九八六年)
熊田亮介「古代国家と蝦夷・隼人」(『古代国家と東北』吉川弘文館、二〇〇三年)
笹山晴生「平安初期の政治と文化」(井上光貞他編『日本歴史大系二　律令国家の展開』山川出版社、一九九五年)
松本政春「律令制下諸国軍団数について」(『奈良時代軍事制度の研究』塙書房、二〇〇三年)
直木孝次郎「律令兵制についての二、三の考察」(『飛鳥奈良時代の研究』塙書房、一九七五年)
浦田(義江)明子「編戸制の意義」(『史学雑誌』八一―二、一九七二年)。
吉田孝「編戸制・班田制の構造的特質」(『律令国家と古代の社会』岩波書店、一九八三年)
蒲生京子「新羅末期の張保皐の抬頭と反乱」(『朝鮮史研究会論文集』一六、一九七九年)
大津透「近江と古代国家」(『律令国家支配構造の研究』岩波書店、一九九三年)
ブルース・バートン『日本の「境界」』(青木書店、二〇〇〇年)
山内晋次「一〇～一一世紀の対外関係と国家」(『ヒストリア』一四一、一九九三年)

田島公「大宰府鴻臚館の終焉」(『日本史研究』三八九、一九九五年)
保立道久「平安時代の国際意識」(『歴史学をみつめ直す』校倉書房、二〇〇四年)
永山修一「天長元年の多褹島停廃をめぐって」(『史学論叢(東大)』一一、一九八五年)
村井章介「王土王民思想と九世紀の転換」(『思想』一九九五年一月)
利光三津夫「嵯峨朝における死刑停止について」(『律の研究』明治書院、一九六一年)
鈴木景二「日本古代の行幸」(『ヒストリア』一二五、一九八九年)
早川庄八「律令国家·王朝国家における天皇」(『天皇と古代国家』講談社学術文庫、二〇〇〇年)
仁藤敦史「古代王権と行幸」(『古代王権と官僚制』臨川書店、二〇〇〇年)
義江彰夫「天皇と公家身分集団」(『講座　前近代の天皇』第三巻、青木書店、一九九三年)
伊藤喜良『中世王権の成立』(青木書店、一九九五年)
村井章介「中世日本列島の地域空間と国家」(『アジアのなかの中世日本』校倉書房、一九八八年)

第四章

坂上早魚「九世紀の日唐交通と新羅人」(Museum Kyushu 28，一九八八年)
井上光貞「光仁·桓武朝の仏教政策」(『日本古代国家と仏教』岩波書店、一九七一年)
薗田香融「草創期室生寺をめぐる僧侶の動向」(『平安仏教の研究』法蔵館、一九八一年)
薗田香融「古代仏教における山林修行とその意義」(『平安仏教の研究』法

蔵館、一九八一年）
堀池春峰「奈良時代仏教の密教的性格」（『南都仏教史の研究』下　法蔵館、一九八二年）
薗田香融「平安仏教の成立」（家永三郎監修『日本仏教史　一』法蔵館、一九六七年）
木内堯央『最澄と天台教団』（教育社歴史新書、一九七八年）
石田尚豊「空海請来目録をめぐって」（『青山史学』七、一九八二年）
川崎庸之「伝教大師と弘法大師との交友について」（『日本仏教の展開』東京大学出版会、一九八二年）
曽根正人「平安初期南都仏教と護国体制」（『古代仏教界と王朝社会』吉川弘文館、二〇〇〇年）
高木訷元『空海と最澄の手紙』（法蔵館、一九九九年）
石田一良「最澄晩年の思想とその歴史的意義」（天台学会編『伝教大師研究』別巻、早稲田大学出版部、一九八〇年）。
朝枝善照「最澄の時代観と『顕戒論』」（『平安初期仏教史研究』永田文昌堂、一九八〇年）
平岡定海「宮中真言院の成立」（『日本寺院史の研究』吉川弘文館、一九八一年）
池田温「中国の史書と続日本紀」（新日本古典文学大系『続日本紀』三、岩波書店、一九九二年）
佐伯有清『最後の遣唐使』（講談社学術文庫、二〇〇五年）
エドウィン·O·ライシャワー著、田村完誓訳『円仁　唐代中国への旅』（講談社学術文庫、一九九九年）
厳耕望「新羅留唐学生与僧徒」（『唐史研究叢稿』、新亜研究所出版、一九六九年）

第五章

古瀬奈津子「宮の構造と政務運営法」(『日本古代の王権と儀式』吉川弘文館、一九九八年)
森田悌「奏請制度の展開」(『日本古代の政治と地方』高科書店、一九八八年)
橋本義則「朝政・朝儀の展開」(『平安宮成立史の研究』塙書房、一九九五年)
西本昌弘「八・九世紀の内裏任官儀と可任人歴名」(『日本古代儀礼成立史の研究』塙書房、一九九七年)
橋本義則「『外政記』の成立」(『平安宮成立史の研究』塙書房、一九九五年)
瀧浪貞子「議所と陣座」(『日本古代宮廷社会の研究』思文閣出版、一九九一年)
清水みき「長岡京造営論」(『ヒストリア』一一〇、一九八六年)
吉川真司「律令国家の女官」(『律令官僚制の研究』塙書房、一九九八年)
橋本義彦「"薬子の変"私考」(『平安貴族』平凡社選書、一九八六年)
吉川真司「申文刺文考」(『律令官僚制の研究』塙書房、一九九八年)
前田禎彦「摂関期裁判制度の形成過程」(『日本史研究』三三九、一九九〇年)
目崎徳衛『日本の歴史文庫４　平安王朝』(講談社、一九七五年)
村井康彦「元慶官田の史的意義」(『古代国家解体過程の研究』岩波書店、一九六五年)
笹山晴生『古代国家と軍隊』(講談社学術文庫、二〇〇四年)
吉田孝「類聚三代格」(『国史大系書目解題』上、吉川弘文館、一九七一年)
鎌田元一「弘仁格式の撰進と施行について」(『律令国家史の研究』塙書房、二〇〇八年)
川尻秋生「平安時代における格の特質」(『日本古代の格と資財帳』吉川弘文館、二〇〇三年)
虎尾俊哉「『例』の研究」(『古代典籍文書論考』吉川弘文館、一九八二年)
虎尾俊哉『延喜式』(吉川弘文館、一九六四年)

吉岡眞之「『延喜式覆奏短尺草写』の研究」(『國學院大學大学院紀要（文学研究科)』三一、二〇〇〇年)
瀧川政次郎「万葉集に見える『論時合理』の出典『反経制宜』は律令運用の原則なること」(『國學院法学』一二—四、一九七五年)
滋賀秀三「清朝時代の刑事裁判」(『清代中国の法と裁判』創文社、一九八四年)
早川庄八『中世に生きる律令』(平凡社選書、一九八六年)
大津透「摂関期の律令法」(『山梨大学教育学部研究報告』四七、一九九七年)

第六章

土田直鎮「類聚三代格所収官符の上卿」(『奈良平安時代史研究』、吉川弘文館、一九九二年)
神谷正昌「九世紀の儀式と天皇」(『史学研究集録』一五、一九九〇年)
目崎徳衛「在原業平の歌人的形成」(『平安文化史論』、桜楓社、一九六八年)
筧敏生「中世王権の特質」(古代王権と律令国家』校倉書房、二〇〇二年)
熊谷公男「古代王権とタマ（霊)」(『日本史研究』三〇八、一九八八年)
所功「『西宮記』の成立」(『平安朝儀式成立史の研究』国書刊行会、一九八五年)
北村有貴江「贈官としての太政大臣」(『寧楽史苑』四五、二〇〇〇年)
今正秀「摂政制成立考」(『史学雑誌』一〇一—一、一九九七年)
坂上康俊「初期の摂政・関白について」(笹山晴生編『日本律令制の展開』吉川弘文館、二〇〇三年)
甲田利雄『年中行事御障子文注解』(続群書類従完成会、一九七六年)
古瀬奈津子「平安時代の『儀式』と天皇」(『日本古代王権と儀式』吉川弘文館、一九九八年)
角田文衛「尚侍藤原淑子」(『紫式部とその時代』角川書店、一九六六年)
長谷山彰「阿衡の紛議における諸家の法解釈」(『日本古代の法と裁判』創

文社、二〇〇四年）
坂上康俊「関白の成立過程」（笹山晴生先生還暦記念会編『日本律令制論集』下、吉川弘文館、一九九三年）
古瀬奈津子「昇殿制の成立」（『日本古代王権と儀式』吉川弘文館、一九九八年）
菊池（所）京子「『所』の成立と展開」（『平安朝「所・後院・俗別当」の研究』勉誠出版、二〇〇四年）
石井正敏「いわゆる遣唐使の停止について」（『中央大学文学部紀要』史学科三五、一九九〇年）
山本崇「宇多院宣旨の歴史的前提」（『古文書研究』四八、一九九八年）

第七章

小口雅史「日本古代における『イネ』の収取について」（黛弘道編『古代王権と祭儀』、吉川弘文館、一九九〇年）
早川庄八「律令国家と社会」（井上光貞他編『日本歴史大系二　律令国家の展開』山川出版社、一九九五年）
大津透「貢納と祭祀」（『古代の天皇制』岩波書店、一九九九年）
青木和夫「雇役制の成立」（『日本律令国家論攷』岩波書店、一九九二年）
大津透「律令収取制度の特質」（『律令国家支配構造の研究』岩波書店、一九九三年）
大津透「雑徭から臨時雑役へ」（『律令国家支配構造の研究』岩波書店、一九九三年）
滋賀秀三「奥村郁三『唐代公廨の法と制度』」（『法制史研究』一五、一九六五年）
横山裕男「唐代の捉銭戸について」（『東洋史研究』一七—二、一九五八年）
大津透「唐西州高昌県粟出挙帳断簡について」（『日唐律令の財政構造』岩波書店、二〇〇六年）

舟尾好正「出挙の実態に関する一考察」(『史林』五六—五、一九七三年)
杉本一樹「日本古代家族研究の現状と課題」(『日本古代文書の研究』、吉川弘文館、二〇〇一年)
滋賀秀三『中国家族法の原理』(創文社、一九六七年)
泉谷康夫「現存平安時代戸籍の考察」(『律令制度崩壊過程の研究』鳴鳳社、一九七二年)
渡辺晃宏「平安時代の不動穀」(『史学雑誌』九八—一二、一九八九年)
早川庄八「律令財政の構造とその変質」(『古代の財政制度』名著刊行会、二〇〇〇年)
高井悌三郎『常陸国新治郡上代遺跡の研究』(真陽社、一九八八年復刊)
門脇禎二『采女』(中公新書、一九六五年)
義江彰夫『神仏習合』(岩波新書、一九九六年)
赤松俊秀「公営田を通じて見たる初期荘園制の構造について」(『古代中世社会経済史研究』平楽寺書店、一九七二年)
西別府元日「公営田政策の背景」(田村圓澄先生古稀記念会編『東アジアと日本　歴史編』、吉川弘文館、一九八七年)
村井康彦「公出挙制の変質過程」(『古代国家解体過程の研究』岩波書店、一九六五年)
戸田芳実「平安初期の国衙と富豪層」(『日本領主制成立史の研究』岩波書店、一九六七年)
坂上康俊「負名体制の成立」(『史学雑誌』九四—二、一九八五年)

第八章

鬼頭清明「入門・日本村落史〔2〕古代」(『日本村落史講座』九、特論、雄山閣出版、一九九三年)

阿部義平「律令期集落の復元」(『国立歴史民俗博物館研究報告』二二、一九八九年)

鎌田元一「古代の人口」(『律令国家史の研究』塙書房、二〇〇八年)

平川南・天野努・黒田正典「古代集落と墨書土器」(『国立歴史民俗博物館研究報告』二二、一九八九年)

松村恵司「古代籍帳と古代集落についての覚え書」(Circum-Pacific7、一九七七年)

寺内隆夫「信濃の古代と屋代遺跡群」(『木簡研究』二〇、一九九八年)

小田和利「製塩土器からみた律令期集落の様相」(『九州歴史資料館研究論集』二六、1996年)。

福沢仁之・小泉格・岡村真・安田喜憲「水月湖細粒堆積物に認められる過去二〇〇〇年間の風成塵・海水準・降水変動」(『地学雑誌』一〇四—一、一九九五年)

広瀬和雄「畿内の古代集落」(『国立歴史民俗博物館研究報告』二二、一九八九年)

高橋学「古代荘園図と自然環境」(金田章裕他編『日本古代荘園図』東京大学出版会、一九九六年)

直木孝次郎「正税と土地の売買」(『奈良時代史の諸問題』塙書房、一九六八年)。

原秀三郎「荘園形成過程の一齣」(『静岡大学人文学部人文論集』一八、一九六七年)。

戸田芳実「平安初期の国衙と富豪層」(『日本領主制成立史の研究』岩波書店、一九六七年)

戸田芳実「郡司級土豪の土地所有形態」(『日本領主制成立史の研究』岩波書店、一九六七年)

泉谷康夫「税目別専当制について」(『日本中世社会成立史の研究』高科書店、一九九二年)

山口英男「郡領の銓擬とその変遷」(笹山晴生先生還暦記念会編『日本律令制論集』下、吉川弘文館、一九九三年)

山口英男「平安時代の国衙と在地勢力」(『国史学』一五六、一九九五年)

松岡久人「郡司の成立について」(『歴史学研究』二一五、一九五八年)

田島公「越中国砺波郡東大寺領荘園図」(金田章裕他編『日本古代荘園図』東京大学出版会、一九九六年)

山中敏史「古代地方官衙の成立と展開」(『古代地方官衙遺跡の研究』塙書房、一九九四年)

第九章

土田直镇「奈良時代に於ける律令官制の衰頽に関する一研究」(『奈良平安時代史研究』吉川弘文館、一九九二年)

原田重「国司連座制の変質についての一考察」(『九州史学』一〇、一九五八年)

長山泰孝「調庸違反と対国司策」(『律令負担体系の研究』塙書房、一九七六年)

早川庄八「公廨稲制度の成立」(『日本古代の財政制度』名著刊行会、二〇〇〇年)

北條秀樹「文書行政より見たる国司受領化」(『日本古代国家の地方支配』吉川弘文館、二〇〇〇年)。

北条秀樹「平安前期徴税機構の一考察」(『日本古代国家の地方支配』吉川弘文館、二〇〇〇年)

山口英男「十世紀の国郡行政機構」(『史学雑誌』一〇〇―九、一九九一年)

竹内理三「藤原政権と荘園」(『律令制と貴族政権』二、御茶の水書房、一九五八年)

大石直正「平安時代後期の徴税機構と荘園制」(『東北学院論集』一、一九七〇年)
佐々木恵介『受領と地方社会』(山川出版社、二〇〇四年)
泉谷康夫「平安時代における郡司制度の変遷」(『日本中世社会成立史の研究』高科書店、一九九二年)
原秀三郎「田使と田堵と農民」(『日本史研究』八〇、一九六五年)
坂上康俊「負名体制の成立」(『史学雑誌』九四—二、一九八五年)
山中敏史「国衙·郡衙の成立と変遷」(『古代地方官衙遺跡の研究』塙書房、一九九四年)
松村一良「筑後国府の調査」(『古代文化』三五—七、一九八三年)
久留米市教育委員会『久留米市文化財調査報告書271　筑後国府跡(1)』(二〇〇八年)
吉岡眞之「検交替使帳の基礎的考察」(『古代文献の基礎的研究』吉川弘文館、一九九四年)

结束语

石母田正『日本の古代国家』(岩波書店、一九七一年)

出版说明

“讲谈社·日本的历史”是日本讲谈社出版的日本通史系列丛书，由日本史学家网野善彦领衔撰写，邀请各领域的一流学者，讲述日本从旧石器时代到平成年间的历史，共二十六卷。

在日本出版界，各大出版社都曾在不同时期出版过日本通史系列。“讲谈社·日本的历史”问世前，中央公论社于 1965 年至 1967 年出版的“日本的历史”系列二十六卷本，是日本通史系列丛书中的权威作品。对于这些日本通史读物，文艺评论家三浦雅士曾指出，若以时间为基轴阅读，即可窥见历史观随时代迁移呈现出的变化。中央公论社的“日本的历史”代表着战后二三十年的研究结晶，“讲谈社·日本的历史”呈现的则是直至当代的研究动向，在承袭前人的基础之上，还有新时代独有的创新之处，兼具权威性与前沿性。

整体而言，该丛书呈现了日本历史发展的主要脉络，也涉及各个时期的学术性问题和专题性问题。考虑到完全引进的工程量与中国市场的实际情况以及中国读者的阅读偏好，此次出版的中文版主要选择呈现历史脉络的卷册，剔除了部分学术性或专题性较强的卷册。选取的十卷本既呈现了日本学者从内部看待自身的独特切入点，涉及的内容亦包罗万象，读者可从中获得对特定时代的全景式了解。

因编者和译者能力有限，本书难免出现各种错误，敬请广大读者提出指正。

图书在版编目（CIP）数据

律令国家的转变：奈良时代－平安时代前期 /（日）坂上康俊著；石晓军译. -- 上海：文汇出版社，2021.5
（讲谈社·日本的历史）
ISBN 978-7-5496-3449-1

Ⅰ.①律… Ⅱ.①坂… ②石… Ⅲ.①日本－古代史－奈良时代－平安时代（794–1192）Ⅳ.①K313.24

中国版本图书馆 CIP 数据核字（2021）第 031197 号

律令国家的转变：奈良时代－平安时代前期

作　　者／〔日〕坂上康俊
译　　者／石晓军
责任编辑／苏　菲
特邀编辑／高伟健　林俐姮　高　云
装帧设计／尚燕平
内文制作／张　典
出　　版／文匯出版社
上海市威海路 755 号
（邮政编码 200041）
发　　行／新经典发行有限公司
电　　话／010-68423599　邮　　箱／editor@readinglife.com
印刷装订／山东韵杰文化科技有限公司
版　　次／2021 年 5 月第 1 版
印　　次／2021 年 5 月第 1 次印刷
开　　本／787×1092　1/32
字　　数／228 千
印　　张／12

ISBN 978-7-5496-3449-1
定　　价／78.00 元

敬启读者，如发现本书有印装质量问题，请与发行方联系。

«NIHON NO REKISHI 05 RITSURYOU KOKKA NO TENKAN TO < NIHON >»

© Yasutoshi Sakaue 2009

All rights reserved.

Original Japanese edition published by KODANSHA LTD.

Publication rights for Simplified Chinese character edition arranged with KODANSHA LTD. through KODANSHA BEIJING CULTURE LTD. Beijing, China.

本书由日本讲谈社正式授权，版权所有，未经书面同意，不得以任何方式作全面或局部翻印、仿制或转载。

Simplified Chinese language edition © 2021 by Thinkingdom Media Group LTD.

版权登记图字 09-2021-0101